国際通商規制の
新潮流と企業戦略

人権・環境・経済安全保障

[編]

西村あさび法律事務所
国際通商・投資プラクティスグループ

[編著]

藤井康次郎　根本拓
中島和穂　平家正博

商事法務

はじめに

　本書は、国際通商政策および規制の最新動向を、人権、環境および経済安全保障という３つの軸で解明し、解説するものである。解説にあたっては、国際的なルール形成の動向に加えて、日米欧という主要国・地域の政策規制動向についても、掘り下げて調査し、分析している。さらに、本書では解説書という位置づけから一歩踏み出して、日本企業が通商ルールの最前線において活躍していくために、経営課題や取り組むべき施策についても、提言をしている。

　これらの内容の詳細は、本書本体の解説に委ねるとして、ここでは、本書の特徴でもある、人権、環境および経済安全保障という課題を、一括して取り扱う意義についてはじめに述べておきたい。

　人権、環境および経済安全保障を巡る通商政策および規制の背景として、主要国の地政学的、外交的、産業政策的な動機、普遍的な価値を標榜する市民社会的関心が大きな影響を及ぼしている。そして、これらの通商規制は、そうした目的を達成するために、企業活動や経済活動を、いわば「梃子（レバレッジ）」として用いる点に共通点がある。人権や環境といった普遍的価値の追求や、経済安全保障といった地政学的課題への対処に向けて、規制を媒介として、企業がいわば「動員」されるようになっているというわけである。したがって、当然のことながら、これらの規制が企業活動に及ぼすインパクトは非常に大きい。さらに、人権、環境および経済安全保障に関する通商政策の基礎には、短期間での解消が見込まれない構造的要因が存在し、今後も同様の通商政策が継続および発展する可能性が高い。すなわち、これらの通商政策および規制は、一過性の「流行」ではなく、中長期的に継続、発展していくいわば不可逆的な「傾向」として捉えるべきである。それゆえ、企業も政府も、やり過ごすことはできず、腰を据えて、その対応に取り組まなくてはならない。

　また、企業の経済活動という観点からみた際の共通点も重要である。人

i

権、環境および経済安全保障に関するルールに共通して重要となるのは、「グローバルサプライチェーン」に根ざしたリスクマネジメントである。いずれのルールも、自社のグローバルサプライチェーンの適切な把握と構築を課題として突きつけるものである。開発、投資、購買、生産、販売、広告（メッセージング）、人事・採用といった重要な企業活動について、地球儀を俯瞰した視点の構築が重要となり、それゆえ、通商ルールへの対応を各部署による取組みだけに任せるのではなく、一括した視座から、経営課題として取り組むべきことが求められる。

　さらに、ルール形成の形態についても、着目すべき新たな動向がある。すなわち、人権、環境および経済安全保障に関する通商ルールは、多国間、有志国間または単独のいずれのアプローチによっても、またときには非政府アクターも参加する形で、さまざまなフォーラムで多層的に、また複雑に発展することになると考えられる。企業としては、そのような世界において国際競争力を維持ないし強化するために、かかる多層的なフォーラムにおける議論およびルールの形成を正確に把握し、これを遵守し、さらに自社にとって有益なルールの形成に向けた働きかけを行うことができる体制を整える必要があるといえる。

　このように、人権、環境および経済安全保障を巡るルール形成は、「複雑」であり、それがもたらす企業活動への影響は「深く」、「長い」ものとなる。また、サプライチェーン全体を網羅する「広範」な企業活動のあり方が問われることになる。したがって、企業は、これらをばらばらに捉えるのではなく、包括的に重要経営課題として捉え、羅針盤を得て、的確な情報収集や分析に基づき、ルールを遵守しつつ、主導権を取り、時にはルール形成への参加もいとわず、戦略的に取り組むべきである。このような問題意識から、本書では、人権、環境および経済安全保障を巡る通商政策および規制を一括して取り上げているのである。

　実は、本書にはもう一つ重要な特徴がある。それは、WTO協定や投資協定をはじめとする伝統的な国際経済ルールの射程と可能性についても検討していることである。人権や環境、経済安全保障という価値観がハイライトされているからといって、長年の通商ルールの知恵、つまり、開かれ

て、差別のない自由な通商という価値観の重要さが失われたわけではないことに注意すべきである。本書を貫く視点は、これら3つの課題がそのまま反自由貿易につながると安直に捉えているわけではなく、むしろそうした人権、環境および経済安全保障を重視する潮流の中で、自由貿易体制がどのようにアップデートされていくのかが問われているというものである。したがって、人権、環境および経済安全保障を建前とする恣意的または過剰な自由貿易の制限に対しては、国際ルールに依拠しながらこれを抑止していくこともまた重要であろう。そのような観点から、本書は、国際通商規制の最新動向について解説するとともに、それが既存のWTOルールをはじめとする国際経済ルールに照らして、どのように評価されるのかについても一定の分析を行っている。

　さらに、企業が、人権、環境および経済安全保障を根拠とする規制が次々と導入されることが見込まれる状況下においては、以下の観点からも、自社の利益が不当に損なわれないように、規制の内容や運用を常にそのまま受け入れるのではなく、ときには相手国政府や規制当局に対してその是正を求める姿勢を持つことも必要になる。

　たとえば、規制の内容が不明確である場合や規制相互の矛盾抵触がある場合、さらには規制の設計に不備があるために企業に無用な遵守コストが生じる場合には、相手国政府に対して規制内容の明確化、規制間の整合性の確保、規制目的に対する規制手段の合理性の確保等に向けた働きかけを行うべきであろう。同様に、規制の運用が不透明または恣意的である場合、運用側の能力やリソース不足により遅延する場合等には、規制当局に運用の改善を促していくべきと考えられる。こうした企業の取組みを進めていく上でも、本書の整理が一助となれば幸いである。

　本書において、西村あさひ法律事務所の通商プラクティスを担当する弁護士らの長きにわたる実務、執筆、講演活動等の成果をとりまとめ、発表できることを大変喜ばしく思う。本書の執筆には、経済産業省、外務省、財務省等の官庁で、通商交渉や紛争に従事した弁護士や経済安全保障関連の法制の制定に携わった弁護士、国際機関で国際ルール形成や通商政策の分析に従事した弁護士、国際機関や業界団体において人権とビジネスの問

題にいち早く取り組んできた弁護士、欧米の法律事務所やコンサルティングファームで最先端の通商政策および規制の実務経験を積んだ弁護士、西村あさひ法律事務所の中東拠点でのイラン制裁への対応を経て近時のロシア制裁まで長らく経済制裁への対応に従事している弁護士らが参集した。また、西村あさひ法律事務所において通商分野の業務を担う若い世代の弁護士らも積極的に貢献している。さらに、弁護士の枠にとどまらない視点を補うべく、政治外交の観点から東京大学の佐橋亮准教授、ESG・SDGsの観点から、先駆者である田瀬和夫SDGパートナーズCEOと夫馬賢治ニューラルCEOの参加を得て、開催した座談会も収録している。本書が、日本の政策担当者や企業が、新たな局面を迎えた国際経済秩序がもたらす大きな挑戦を乗り越えていく一助となることを切に願うものである。

2022年12月

執筆者一同を代表して　弁護士　藤　井　康次郎

弁護士　根　本　　　拓

目　次

第1部　人権・環境と通商規制

第2部　米欧日の経済安全保障法制

本書の第1章〜第9章は、NBL上で連載された「国際通商政策の最前線
（全11回）（1192号〜1218号）」の内容を基に、その構成を組み替えた
うえで、情報のアップデートを行うとともに、日本や欧州の経済安全保障法
制など、新たな内容を追加する等の大幅な加筆を行ったものとなる。
なお、本書は、2022年11月30日の時点での政策規制動向について取り
上げている。

第 1 部

人権・環境と通商規制

▶**第 1 章**

人権問題と通商規制

▶▶▶▶▶▶▶▶

:: I　はじめに

　近年、特に米国および EU を中心として、グローバルなサプライチェーンおよび企業の事業活動が影響を及ぼす範囲（以下「バリューチェーン」という）における人権侵害に対処するための規制が急速に拡大している。

　伝統的には、特に自国外における人権侵害は、国連や ILO といった国際的なフレームワークの下で対処されてきた。これに対して、近年のかかる問題への各国のアプローチは、各国が、上記のような多国間の国際的なフレームワークに必ずしも依拠することなく、限られた有志国間または単独で、かつ、物品やサービスの国際的な取引を制限する通商規制（輸入規制、輸出規制等）を用いて行われているという特色がある。

　かかる規制の拡大には、さまざまな背景があると考えられる。たとえば、これらの規制の進展が、人権という普遍的価値の尊重を徹底すべきとの国際社会における機運拡大を基礎としていることは間違いない。また、人権侵害により安価に生産された外国産品と、そうではない自国産品の公正な競争（いわゆる「level playing field」）を確保すべきとの問題意識も、かかる規制を促進している。さらに、世界において、民主主義か権威主義かという異なる国家統治モデルないし国際秩序のあり方をめぐる競争が先鋭化する中で、前者の陣営に属する政府にとって、人権や民主主義という普遍的価値の戦略的な重要性が増してきていることも、これらの政府の取組みを支えていると考えられる。

　このような問題意識は短期的に解消することは見込まれず、むしろ近年の国際社会においてより先鋭化しているように思われる。そうであるとす

ると、そのような動きに伴い、人権侵害に対処するための通商規制も今後さらに発展していく可能性が高い。

　本章は、これらの人権問題に対する近年の通商政策の発展について横断的に分析する。具体的には、これらを体系的に分析するための枠組みを提示した上で（本セクション）、欧米を中心として世界各国で導入または議論されているグローバル・バリューチェーン上の人権侵害に関する通商政策を当該枠組みの下で整理し（Ⅱ、Ⅲ）、あわせてこれらの通商政策の形成および執行について、有志国間の国際的なフォーラムにおける協調が進展していることに触れる（Ⅳ）。さらに、これらの政策のうち、各国単独で用いられる通商規制についてWTO協定との関係を検討し（Ⅴ）、最後に以上の分析から導き出される実務的インプリケーションについて論じる（Ⅵ）。

　各国が人権問題に対処するために講じるさまざまな通商政策を体系的に整理するために、本章では、これらをまず、⑴複数国による何らかの国際枠組みを基礎とするアプローチ（以下「複数国間アプローチ」という）と、⑵そのような国際枠組みに基づかない特定の政府による単独でのアプローチ（以下「単独アプローチ」という）に大別する。両アプローチは、その成立過程や関与するステークホルダーが一般的に異なるのみならず、後述のとおりWTO協定との整合性の確保のしやすさという点で大きな違いがある（図表1-1-1）。

　⑴複数国間アプローチの中には、人権保護のために従来から用いられてきた①人権保護ないし人道上の危機に対処するための国連安全保障理事会決議に基づく経済制裁、および②キンバリー・プロセス等の人権保護を直接の目的として貿易制限を行う特別の国際枠組みが含まれる。その上で、本章は、近時、③人権の保護を必ずしも直接の目的とはしないFTA[1] において、人権問題への対処につながる規律が発展していることに着目する。

　一方、⑵単独アプローチには、貿易相手国の人権保護状況への懸念に基

1）FTA および EPA を含む二国間ないし多国間自由貿易協定を指し示す語として用いる。

図表 1－1－1　人権問題に対する通商政策的アプローチの分類枠組み

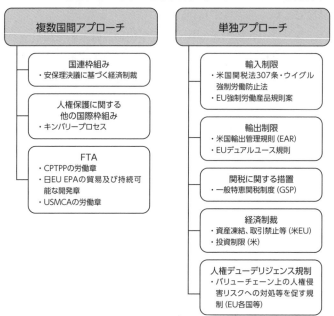

づいて各国政府により講じられる①輸入制限、②輸出制限および③関税に関する措置が存在する。この中には、(1)の国際枠組みの具体的な実施という性格を帯びる措置（たとえばキンバリー・プロセスに基づく各国政府の紛争ダイヤモンドの輸出入制限）も含まれる。しかし、近年の傾向として特に重要なのは、国際枠組みに基づかない、または基礎とする国際枠組みを超える措置が拡大していることであり、本章はそのような措置を中心に論じる。

　また、各国によるグローバル・バリューチェーン上の人権侵害に対処するための単独アプローチとして、④経済制裁や、⑤人権デューデリジェンス規制といった措置も、企業間の国際的な取引に影響を与える[2]。そこで、本章では、このような措置についても解説する。

　FTA および単独アプローチに分類される各措置の進展の概要を示すと以下のとおりとなる。

FTA：CPTPP[3] および日 EU EPA、USMCA といった FTA を通じて、関連する ILO 条約が未批准であっても締約国は ILO 宣言上の中核的労働基準を尊重する法的義務を課され、またこれらの義務違反が FTA 上の紛争解決手続等によって争われうるようになっており、さらに政府、企業、個人等が締約国の労働問題から生じる不利益に対処するために活用しうる多様な手段が提供されている。

輸入制限：近年、米国において、強制労働に関する輸入制限の規律と執行の強化が進む。かかる執行は、中国産品に限られず幅広い地域からの産品を対象に拡大しているが、特に、2021 年 12 月のウイグル強制労働防止法の成立によって、新疆ウイグル自治区で生産された産品等に対する輸入制限が強化されている。一方で、EU においても、強制労働によって作られた産品に対する輸入制限の導入に向けた機運が高まっている。

輸出制限：米国の輸出管理規則について、輸出対象国の人権侵害状況をより考慮することを可能とする同規則の改正、近時の他国における人権侵害に対応するための対象品目および対象エンドユーザーの追加等がなされている。一方で、EU においては、2021 年 9 月に、相手国のサイバー監視技術を用いた人権侵害に対処するためのデュアルユース規則の改正が成立した。

関税に関する措置：米国および EU は、開発途上国を原産地とする産品の輸入について一般の関税率より低い税率を適用する一般特恵関税（GSP）の対象国の認定に際して、当該国における人権の尊重状況を考慮している。

---

2) なお、この他にもたとえば、政府調達について、国内外のバリューチェーン上に人権侵害がないことを政府調達の条件として求めることも、そのような人権侵害への対処につながるものとなる。かかる規律を含む米国の政府調達制度については、日本貿易振興機構（ジェトロ）海外調査部ニューヨーク事務所「グローバル・バリューチェーン上の人権侵害に関連する米国規制と人権デューディリジェンスによる実務的対応」（2022 年 6 月）29 頁以下参照。
3) 環太平洋パートナーシップに関する包括的及び先進的な協定。

経済制裁：米国および EU は、深刻な人権侵害に関与した主体を経済制裁の対象として指定し、資産凍結、取引禁止等を行う法制度を有し、実際にかかる観点からの経済制裁が拡大している。

人権デューデリジェンス規制：欧州各国や EU を中心として、バリューチェーン上の人権侵害のリスクの特定、予防、軽減、対処等の取組みについて開示や実施を促したり義務付けたりする規制が進展している。

これらのうち各国が単独で講じる措置は、一見すると、米国および EU を中心として個別に発展しているようにもみえる。しかし、国際的なフォーラムに目を向ければ、FTA を通じたルール形成に加えて、G7 等において、特定の問題に有志国が共同で取り組む意思の表明や、具体的な規制の導入および執行における国際的な連携に向けた動きが活発化している。したがって、今後の動向を分析するに当たっては、これらの国際フォーラムを通じて関連する通商規制の共通化ないし収れんが進む可能性にも留意することが重要となる。

さらに、特に単独アプローチとしての輸出入制限について、WTO ルールとの関係を検討する。これらは、GATT が定める輸出入制限の禁止や最恵国待遇義務に抵触する一方で、理論的には GATT の例外条項等によって正当化されうると考えられる。しかし、個別具体的な措置がいかなる範囲ないし条件の下で正当化されうるかについては、WTO の先例もふまえた慎重な検討が必要となる。

以上をふまえて最後に、本章の分析が実務に対して有するインプリケーションについて述べる。

:: Ⅱ　人権侵害に関する複数国間での通商政策アプローチ

これまでも、人権保護を直接の目的とする国際的なフレームワークにおいては、その目的達成の手段として、輸出入制限等の貿易関連措置が用いられてきた。これに対して、貿易に関する基本的な国際枠組みである

WTO 協定は、人権に関する規律を明示的に含んでおらず、特に労働の分野については、1996 年のシンガポール閣僚宣言において、これを国際労働機関（ILO）に委ね、WTO では扱わないとされた。しかし、同時期から、FTA の中に労働分野に関するルールが組み込まれ始め、近年はそのような FTA の数が増加および規律が強化され、人権保護に関する通商政策としての FTA の重要性が高まっている[4]。

1　国連安保理決議に基づく経済制裁

　人権保護ないし人道的危機への対処を目的とする輸出入制限を含む最も大きな国際枠組みは、国連安全保障理事会決議に基づく経済制裁（国連憲章 41 条）である[5]。このような経済制裁は、これまで、南アフリカ（1977年）、ソマリア（1992 年）、コンゴ民主共和国（2003 年）、スーダン（2004年）、リビア（2011 年）等を対象として発動されてきた[6]。

2　国連外での国際枠組みに伴う輸出入制限

　輸出入制限を伴う人権保護を目的とする国際枠組みは、国連の外でも発展してきた。その代表例が、2002 年に採択されたいわゆるキンバリー・プロセス証明制度である[7]。同制度は、ダイヤモンド原石の取引が反政府武装勢力の資金源となって武装対立が激化し、また人々の安全が危険にさらされていることに鑑み、そのような勢力によって扱われるダイヤモンド原石（いわゆる紛争ダイヤモンド）を、原産地証明の厳格化を通じて国際市

---

4) 箭内彰子「貿易だけではない貿易協定 労働法の執行を怠ると貿易協定違反になるのか？」IDE スクエア・世界を見る眼（日本貿易振興機構アジア経済研究所）(2019)〈http://hdl. handle.net/2344/00051416〉2 ～ 3 頁および 7 頁図 1 参照。
5) 国連において成立した輸出入制限を伴う国際枠組みの他の例として、2000 年に採択された児童の売買等に関する児童の権利条約選択議定書がある。同議定書は、児童ポルノの輸出入等を犯罪化する義務を規定している（3 条 1 項(c)）。
6) 国連安保理決議に基づく経済制裁を詳しく分析したものとして、三菱 UFJ リサーチ＆コンサルティング株式会社「委託調査　安保理決議による経済制裁：制裁に至る事情・内容・効果等の横断的比較分析報告書」(2013)（外務省委託調査）。
7) 同制度の詳細についてはたとえば、西元宏治「紛争ダイヤモンド取引規制レジームの形成と展開」中山信弘編代『国際社会とソフトロー』（有斐閣、2008）137 頁以下。

場から排除しようとするものである[8]。同制度には現在、59 の国および地域が参加しており[9]、各国は、ダイヤモンド原石が本制度に基づき取り扱われたものであることの証明書（キンバリー・プロセス証明書）の添付を輸出入時に求める等の管理を行っている[10]。

3　FTA の労働関連ルール

　以上に対して、一般的には人権の保護を直接の目的とはしない FTA についても、人権に関するルールを盛り込んだものが増えている。たとえば、CPTPP においては、労働章、協力及び能力開発章（教育、ジェンダー平等等）、開発章（女性の経済への参加等）等に人権に関係する規定が含まれている。

　これらのうち特に、労働者の権利保護に関する規律が、多くの FTA において強化されてきている。これは、労働者の国際基準に基づく人権保護の必要とともに、労働基準の不遵守は公正な国際競争を歪めうるものであり、貿易歪曲的措置の一つとして貿易協定の枠組みの中でも対処されるべきとの発想を背景としているとされる[11]。このような FTA のうち、以下では日本への影響が大きいと考えられる CPTPP、日 EU EPA、さらには USMCA の労働関連ルールについて分析する。

(1)　CPTPP

　CPTPP 労働章は、各締約国が法令および慣行において、ILO 宣言上の中核的労働基準（以下「ILO 中核的労働基準」という）を採用し、および維

---

8)　"Interlaken Declaration of 5 November 2002 on the Kimberley Process Certification Scheme for Rough Diamonds"; Kimberley Process Certification Scheme, 5 November 2002（以下「KPCS 文書」という）〈https://www.kimberleyprocess.com/en/kpcs-core-document〉。

9)　2022 年 11 月 24 日現在のキンバリー・プロセス HP〈https://www.kimberleyprocess.com/en/participants〉参照。EU が一つの参加地域としてカウントされているため、国としては全体で 85 ヵ国が参加していることになる。

10)　KPCS 文書 Section III。

11)　International Labour Organization et al., "Social dimensions of free trade agreements"（ILO, 2015), pp. 6-7.

持することを求める（19.3 条 1 項）。ILO 中核的労働基準とは、(a)結社の自由および団体交渉権の実効的な承認、(b)あらゆる形態の強制労働の撤廃、(c)児童労働の実効的な廃止および最悪の形態の児童労働の禁止、ならびに(d)雇用および職業に関する差別の撤廃である[12]。さらに、上記 19.3 条 1 項の規定を実施する自国の法令について免除その他の逸脱措置をとってはならないこと（19.4 条(a)）、および自国の労働法令の効果的な執行を怠ってはならないこと（19.5 条 1 項）も定められている。一方で、これらの規定の不遵守が協定上の義務違反となるためには、当該不遵守が「締約国間の貿易または投資に影響を及ぼす態様」であったことを、違反を主張する締約国が示さなければならない（同章注 4、19.4 条第 2 文、19.5 条 1 項）。

　CPTPP 労働章上生じる問題は、CPTPP 紛争解決章の対象となり（19.15 条）、紛争解決パネルによって、対象措置が CPTPP に基づく締約国の義務に適合しないこと等を認定されうる（28.19 条 2 項）。この場合に違反国は、違反を解消しなければならず、違反が解消されない場合には、最終的に申立国から同等の効果を有する利益を停止されうる（28.20 条）。

　CPTPP 上はこのような争いはまだ提起されていないが、他の FTA 上定められた労働に関する義務が争われた近年の事例として、中米・ドミニカ共和国・米国自由貿易協定（以下「CAFTA-DR」という）の下で、米国が、グアテマラ政府による結社の自由、団体交渉権および適切な労働条件に関する労働法の実効的な執行の懈怠を争った事例がある。CAFTA-DR は、CPTPP と同様、かかる懈怠が協定違反となるためには、「締約国間の貿易に影響を与えるような態様」であることが要件となっていたところ[13]、仲裁パネルは、2017 年の最終報告書において、かかる執行の懈怠を一部認めた一方で、それが両国の貿易に影響を与えていることまでは認められないとして、グアテマラの協定違反は認定しなかった[14]。

　この他にも、CPTPP 労働章は、よりソフトな紛争解決の仕組みも設け

12）なお、2024 年 12 月から、安全で健康的な職場環境分野（1981 年職業上の安全及び健康に関する条約および 2006 年職業上の安全及び健康促進枠組条約）も中核的労働基準へと追加される。

13）CAFTA-DR 16 章 2 条 1 (a)項。

ている。この一つがパブリックサブミッション制度であり、各締約国が、すべての締約国の者から労働章の規定に関連する事項（規定違反等）について意見書を受領し、適時に回答等することが求められている（19.9 条）。また、締約国が他の締約国に対し、労働章の下で生ずる問題に関する対話を要請する労働対話制度も定められている（19.11 条）。さらに、同章の規定に関連する事項の利害関係者は、締約国政府間で設置される労働評議会に申立てを行うことができる（19.14 条）。

(2) 日 EU EPA

EU は、国際法に基づく義務を再確認する人権条項を政治協定に規定した上で、当該政治協定を貿易協定とリンクさせ、または政治協定を締結しない場合には、人権条項を貿易協定に含めることにより、世界最大の貿易圏としての影響力を利用して、人権の尊重を促進してきた[15]。

たとえば、日 EU EPA の貿易及び持続可能な開発章は、労働者の保護について、CPTPP と同様に、労働に関する法令の効果的な執行を怠らない等の義務（16.2 条 2 項）、ILO 中核的労働基準を自国の法令および慣行において尊重等する義務（16.3 条 2 項）等を定める[16]。ここで着目すべきは、後者の ILO 中核的労働基準に関する義務については、CPTPP と異なり、「貿易または投資への影響を及ぼす」態様であることが違反の要件となっておらず、同項に定める原則の不遵守が直ちに協定違反となる点である[17]。

日 EU EPA の貿易及び持続可能な開発章に関する紛争は、CPTPP と異なり、同 EPA の紛争解決手続ではなく、専門家パネルにより扱われる

---

14) Guatemala − Issues Relating to the Obligations under Article 16.2.1 (a) of the CAFTA-DR, Final Report of the Panel, June 14, 2017, para. 594.

15) European Parliament, "Human rights in EU trade agreements: The human rights clause and its application"（July 2019）、pp. 2-5〈https://www.europarl.europa.eu/RegData/etudes/BRIE/2019/637975/EPRS_BRI（2019）637975_EN.pdf〉.

16) 日 EU EPA 16.3 条 3 項はさらに、各締約国は、自己の発意により、批准することが適当と認める基本的な ILO の条約および他の ILO の条約の批准を追求するための継続的かつ持続的な努力を払うものとされている。

17) 他方で、労働法令の執行に関する義務については、貿易または投資への影響を及ぼす態様であることが違反の要件となっている。

（16.18条1項）。この仕組みの下では、問題の解決は、専門家パネルの最終報告書およびその提案を考慮した上での締約国の討議に委ねられる（同条6項）。

コラム1：EU韓国FTAにおける労働規律に関する専門家パネル判断

　日EU EPAの専門家パネルの先例はまだない一方で、日EU EPAと同様の労働ルールを含むEU韓国FTA下での紛争について、2021年1月に、韓国の義務違反を認定する専門家パネルの最終報告書が出されており、日EU EPAにも示唆を与えるものとして注目に値する＊1。
　当該報告書において、専門家パネルは、韓国の労働組合法の「労働者」の定義が個人事業主や失業者を含んでいないこと等が結社の自由および団体交渉権の実効的な承認の原則に反し、ILO中核的労働基準を自国の法令において尊重等するとの同協定上韓国が負う義務に違反すると認めた。かかる判断に当たり専門家パネルは、貿易に影響が及んでいることはかかる義務の違反を認定するために不要であること、また韓国は、問題となった結社の自由に関するILO条約＊2は未批准であったものの、EU韓国FTAの規律によってILO憲章やILO宣言に従い結社の自由の原則を遵守するFTA上の法的義務を負ったことを確認している＊3。

＊1　Panel of Experts Proceeding Constituted Under Article 13.15 of the EU-Korea Free Trade Agreement, Report of the Panel of Experts, January 20, 2021.
＊2　結社の自由及び団結権保護条約（第87号条約）および団結権及び団体交渉権条約（第98号条約）。
＊3　＊1、パラグラフ68、107、112、122および127。

　また、日EU EPAも、問題解決に向けたよりソフトな仕組みを設けており、使用者団体、労働者団体等の独立した利害関係者で構成される国内の諮問機関との協議（16.15条）や市民社会との対話（16.16条）を定めている。

⑶　USMCA

　USMCAにも労働章が設けられ、ILO中核的労働基準の採用および維持等に関する規律とともに、主にメキシコの労働者保護の水準を引き上げる

ことを通じて米国およびカナダの労働者を保護することを目的とした、労働に関する先進的な規定や仕組みが盛り込まれている。具体的には、強制労働によって生産された物品の輸入禁止[18] 等の規定等とともに、労働に関する義務違反を認めやすくするための種々の規定が置かれた。

　たとえば、USMCA 23.3 条に基づき、各締約国は、(i) ILO 宣言に述べられている権利を国内法令等において採用・維持する義務、(ii)最低賃金、労働時間等を規律する国内法令等を採用・維持する義務を負う。かかる義務への違反は、CPTPP の規律同様、当該違反が「締約国間の貿易または投資に影響を及ぼす態様である」場合にのみ認められる（USMCA 23.3 条、脚注 4、第 1 文）一方で、かかる労働関連の義務への違反の立証を容易にするための仕組みも設けている。すなわち、同条は、違反が「締約国間の貿易又は投資に影響を及ぼす態様である」と認められる場合の具体例として、「締約国間で取引される物品を生産し又はサービスを供給する個人又は産業が関係している場合」等を明記し（同脚注、第 2 文）、さらに、紛争解決手続において、パネルは、違反を申し立てられた国による反証がない限り、違反が「締約国間の貿易又は投資に影響を及ぼす態様である」と推認しなければならないと定めている（同条脚注 5）。

　加えて、USMCA では、米国・メキシコ間またはカナダ・メキシコ間の労働に関する協定違反の紛争に関して、通常の紛争解決手続とは別に、「事業所特定の迅速な労働問題対応メカニズム（Facility-Specific Rapid Response Labor Mechanism：以下「RRLM」という）」という新制度が導入された[19]。米国の観点からみると、RRLM の適用対象は、メキシコ国内の「対象事業所（Covered Facility）」[20] の労働者が、メキシコの国内法令で保障されるべき団結権および団体交渉権を侵害されている場合とされる[21]。米国政府は、かかる権利侵害があると判断する根拠がある場合[22]、メキシコ政府に対し、かかる権利侵害に関する調査（review）の実施を要求する

---

18) USMCA 23.6 条。
19) USMCA Annex 31-A（米国・メキシコ）、31-B（カナダ・メキシコ）。以下、便宜上、米国・メキシコ間の RRLM について論じるが、カナダ・メキシコ間の RRLM も基本的にその仕組みは同様である。なお、米国・カナダ間に RRLM は設けられていない。

ことができる[23]。その後、RRLM の手続を通じて権利侵害が確認された
にもかかわらず[24]、両国が是正措置の内容に合意できない場合、最終的
に、調査要求から僅か 125 日程度で、米国政府は、当該事業所の製品・
サービスに対し、特恵関税の停止（製品の場合のみ）、罰金の賦課、輸入の
禁止等の是正措置を一方的に講じることができる[25]。

⑷ 小 括

　上記のような CPTPP、日 EU EPA および USMCA の労働者の権利に関
する規律の意義は、ILO 中核的労働基準を尊重することについて、関連す
る ILO 条約が未批准（たとえば日本については雇用及び職業についての差別
待遇に関する条約（第 111 号条約）が未批准である）であっても、当事国に
法的義務を課すこと、またさらに、かかる義務についての争いを、専門家
パネルまたはパネル決定の不履行に経済的なサンクションが伴う紛争解決
手続に強制的に付す仕組みを提供していることにある[26]。特に、ILO 中核

---

20) RRLM の対象となる「対象事業所」とは、「優先業種（Priority Sector）」の事業所のうち、
　ⅰ 締約国間で取引される物・サービスを生産・提供するもの、またはⅱ 相手方締約国の
　物・サービスと自国内で競争する物・サービスを生産・提供するものをいう（USMCA 31-
　A.15 条）。また、「優先業種」は、製品（特に、航空宇宙製品・部品、自動車・自動車部品、
　化粧品、パン・焼菓子、鉄鋼・アルミニウム、ガラス、陶器、プラスチック、鍛造品、お
　よびセメント）を製造する、サービスを提供するまたは採鉱を伴う産業と広く定義されて
　いる（USMCA 31-A.15 条、脚注 4）。さらに、USMCA が定義する「優先業種」とは別に、
　USMCA を施行するための米国の国内法は、米国政府が優先的に RRLM による執行を行う
　べき業種として、自動車組立て、自動車部品、航空宇宙、パン・焼菓子、電子機器、コー
　ルセンター、鉱業、および鉄鋼・アルミニウムを定めている（United States-Mexico-Canada
　Agreement Implementation Act, §713（19 U.S.C. §4643）⑵）。
21) USMCA 31-A.2 条。
22) かかる権利侵害を米国政府が探知する端緒として、締約国の個人または法人は、米国政府
　に対し、メキシコの対象事業所における労働者の権利侵害に関して申立てを行うことがで
　きる（暫定 USMCA 手続ガイドライン（2020 年 6 月 30 日付官報（85 FR 39257）〈https://
　www.federalregister.gov/d/2020-14086〉）Section C. 1-7）。
23) 暫定 USMCA 手続ガイドライン Section D. 1-2、USMCA 31-A.4 条。
24) 具体的には、ⅰ メキシコ政府が調査実施を拒む場合、またはⅱ 権利侵害なしと判断したメ
　キシコ政府の調査結果に米国政府が同意できない場合等に、米国政府の要請によりパネル
　が設置され、かかるパネルが権利侵害の有無を判断する（USMCA 31-A.5 条、31-A.8 条）。
25) USMCA 31-A.10 条。ただし、輸入禁止は、同一の事業所等に対する 3 回目以降の是正措置
　の場合にのみ講じることができる。

的労働基準の不遵守等による「貿易または投資への影響」が、FTA上の義務違反の要件として要求されない日EU EPA型の協定の下では、上記コラム1のEU韓国FTA下での事例に表れているように、CPTPP型の協定に比べて締約国の義務違反が認定されやすくなっており、締約国政府はILO中核的労働基準の遵守等をより強く迫られることになろう。

　また、これらのFTAが、多様なステークホルダーを巻き込んだより柔軟な問題解決の仕組みを用意している点も重要である。たとえば、上述のCPTPPのパブリックサブミッション制度に関しては、北米自由貿易協定（NAFTA）に伴い締結された北米労働協力協定（NAALC）が同様の制度を備えていたところ、実際にこの制度の下で私人から締約国政府のFTA上の義務違反について多くの申立てがなされ、この中には申立てを契機として行われた閣僚間協議等を通じて問題解決に至った事例もあった[27]。

　このようなFTAの規律は、ILOシステムとは異なるアプローチで締約国の労働者の権利保護を図るにとどまらず、政府や企業に対して、FTA締約国の労働問題によって生じる貿易上その他の不利益の解消に向けた多様な手段を、新たに提供するものであるといえる。

　一方で、特にUSMCAのRRLMでは、個別の事業所における労働条件が問題になることから、海外に事業所を有する日本企業（たとえば、メキシコに工場等の事業所を置き、メキシコから米国へ製品・サービスを輸出している日本企業）にとっては、かかる事業所において、現地の労働法を遵守し、そこで働く労働者の団結権および団体交渉権を確実に保障することが重要となる。また、問題の早期発見のため、団結権や団体交渉権に関する現地の労働者の不満や懸念を把握し、的確に対処するための仕組み（グリーバンス・メカニズム等、第2章Ⅲ1参照）を整備・拡充することも有効

26）これに対して、ILO憲章は、批准されていないILO条約上の義務違反に関する争いを強制的に紛争解決手続に付す仕組みを持たず、加盟国が批准した条約の不遵守について争う場合のみ、国際労働事務局への苦情申立て、審査委員会による勧告を経て最終的に国際司法裁判所に付託されうる。

27）伊藤一頼「TPPと『労働者の権利』通商協定の下で国際化される労働問題」国際商事法務45巻1号（2017）69～70頁。

であると考えられる。

:: Ⅲ 人権侵害に関する単独での通商政策アプローチ

1 輸入制限

　人権問題に関して各国政府により単独で用いられる通商政策アプローチの一つが、人権を侵害する態様で製造等された産品の輸入制限である。近年、米国は、強制労働により製造等された不当に安価な製品が米国の産業を害することや、消費者が予期せぬ反倫理的な購買を行ってしまうことへの懸念の高まりを背景として[28]、輸入制限を強化している。特に、中国のウイグル族等の少数民族の強制労働問題に関して規制が強化されており、2021年末に、新疆ウイグル自治区等からの産品の輸入を原則として禁止するウイグル強制労働防止法が成立した。

　他の国・地域に目を向けると、カナダも、2020年に、強制労働によって採掘等された産品の輸入を禁止した[29]。また、EUについても、規制の導入に向けた議論が具体的に進展していることに注意が必要である。一方で、日本はかかる措置を講じていない。

　以下では米国およびEUの状況について概観する。

(1) 米国の輸入規制における人権の考慮
ア　関税法307条
　米国において、貨物の輸入禁止および制限は、米国関税法[30]を含む各

---

28) CBP Acting Commissioner の Mark A. Morgan 氏は、2021年1月に下記の新疆ウイグル自治区産の綿製品等に WRO（貨物引渡保留命令）を発する際に、「強制労働を利用した安価な輸入は、人権を尊重する米国企業の利益を害し、無防備な消費者を非倫理的な購買にさらす。」との声明を出している〈https://www.cbp.gov/newsroom/national-media-release/cbp-issues-region-wide-withhold-release-order-products-made-slave〉。

29) 米国・メキシコ・カナダ協定（USMCA）23.6条1項が強制労働によって生産された商品の輸入を禁止する義務を当事国に課したことから、2020年7月1日に関税法の改正がなされた。

30) The Tariff Act of 1930（United States Code, Title 19, Chapter 4）.

種法令を根拠に行われるが、特に米国関税法 307 条は、輸入禁止の対象産品の一つとして、外国において強制労働により採掘、生産または製造された商品（以下「強制労働産品」という）を定めている[31]。

同条および関連規定[32] の下、税関国境保護局（Customs and Border Protection：以下「CBP」という）長官が、入手可能な情報により輸入される貨物が強制労働産品であることが確定的でなくとも合理的に示されていると認定した場合、貨物引渡保留命令（Withhold Release Orders：以下「WRO」という）が発せられ、当該貨物の税関における引渡しは保留される[33]。この WRO の対象となった貨物は、輸入日から 3 ヵ月以内に、当該貨物が再輸出されないまたは強制労働産品でないことの異議申立が認められない場合、輸入者に、当該貨物は輸入できない旨が通知され、通知から 60 日経過すると、当該貨物は放棄されたと見做され、破棄される[34]。また、WRO 発出後、当該貨物が確定的に強制労働産品であると判断された場合には当該決定が公表され[35]、輸入者から提出された異議の認容等がなされない限り、当該貨物は押収され、没取手続が開始される[36]。

米国関税法は、1930 年時点ですでに、強制労働産品の輸入を制限する規定を含んでいたが、当時は国内産業保護を主眼としていたため、米国で同等の製品が製造されていない場合、または国内生産の水準が国内需要を満たしていないことが示された場合には強制労働産品の輸入を認める例外条項が設けられていた[37]。しかし、人身売買問題への関心が集まり、また労働問題への懸念が世界的に強まる中、2016 年 2 月に制定された貿易円

31）米国関税法 307 条は、強制労働を「ある者が不履行に対する罰則の脅威の下で強要され、かつその労働者が自発的に提供しない一切の仕事またはサービス」と定義している。この強制労働の定義は、1930 年の ILO の強制労働条約（第 29 号条約）の文言をモデルに策定されている（Congressional Research Service, "Section 307 and Imports Produced by Forced Labor", updated February 1, 2021, p.1〈https://crsreports.congress.gov/product/pdf/IF/IF11360〉）。

32）米国連邦規則第 19 編（Title 19, Code of Federal Regulations）。

33）米国連邦規則第 19 編 12.42 条(e)。

34）米国連邦規則第 19 編 12.44 条(a)。

35）米国連邦規則第 19 編 12.42 条(f)。

36）米国連邦規則第 19 編 12.44 条(b)。

滑化・貿易執行法[38] は、この例外を廃止して強制労働産品の輸入に対する規律を強化した[39]。

　実際に、この例外条項の廃止後、米国関税法307条に基づく執行例は増加しており、異なる産地からの多様な製品についてWROが発出されている[40]。また、執行措置の対象範囲の指定方法にも変化が生じている。すなわち、従来WROは、強制労働との関連が疑われる産品が輸入されるまたは輸入される可能性がある場合に、特定の生産者により生産等される産品に対象を限定する形で発出されていた。しかし、2016年以降、CBPは、あらかじめ国または地域全体について制限をかける形でWROを発出する手法も用いるようになっている。2021年1月に新疆ウイグル自治区産の綿および綿製品、ならびにトマトおよびトマト製品の輸入が禁止されたことが記憶に新しいが、その前にも、トルクメニスタン産の綿花（2018年）、マラウイ産のたばこ（2019年）が輸入禁止の対象となった[41]。

　以上の輸入制限は、輸出主体の所在する国の所在を問わず課されるものであるため、対象となる生産者、地域等から直接米国に輸入される物品に限定されず、第三国から輸入される対象品目を含む物品にも適用される。したがって、日本から米国に物品を輸出している日本企業も、当該物品に上記の輸入制限の対象となる原材料、部品等が組み込まれている場合には、当該物品が規制の対象となることに注意する必要がある。

---

37) Congressional Research Service, "Section 307 and U.S. Imports of Products of Forced Labor: Overview and Issues for Congress", Updated February 1, 2021, p.6 〈https://fas.org/sgp/crs/misc/R46631.pdf〉.
38) Trade Facilitation and Trade Enforcement Act of 2015 （H.R.644）.
39) Congressional Research Service, supra note 37, p.4.
40) たとえば、2021年から2022年にかけては、中国製のシリコン関連製品、インドの衣料品、マレーシア製の使い捨て手袋、メキシコのトマト等について、当該国の一部の生産者に対象を限定する形でWROが発出されている（CBP, "Withhold Release Orders and Findings List"〈https://www.cbp.gov/trade/programs-administration/forced-labor/withhold-release-orders-and-findings〉および各WRO発出の際のCBPによるPress Release参照）。
41) 前掲注40）のCBPウェブサイト参照。

イ　ウイグル強制労働防止法

　上記のとおり、米国は、中国の新疆ウイグル自治区産品に対する WRO の発出を強化していたが、新疆ウイグル自治区における強制労働に対する批判が米国において高まるなか（コラム 2 参照）、2021 年 12 月、ウイグル強制労働防止法[42] が成立した。

　ウイグル強制労働防止法は、新疆ウイグル自治区において製造等された製品や、ウイグル族等の少数民族の強制労働に関与しているとして米国政府から指定された事業者により製造等された製品を、強制労働産品として推定し、その輸入を原則として禁止するとの規律を含む[43]。かかる推定を覆すためには、対象製品が強制労働により製造等されていないことを「明白で説得的な証拠」により示す等の要件を満たす必要がある。

　米国政府から発表されたガイダンス[44] において、かかる反証のためにはサプライチェーンに関する詳細な情報を示すことが要求されている一方で、中国において新疆ウイグル自治区関連の強制労働の有無の調査が困難であることに鑑みると、かかる反証は実務上容易ではない。したがって、日本企業としては、現実的には、少なくとも米国向けの産品については、サプライチェーン上に、新疆ウイグル自治区に所在するまたは米国政府に指定された事業者が存在しないことを確実に確保することが求められる。特に、現段階において、上記の米国政府によるガイダンスによって、執行優先度の高いセクターとして指定されているアパレル、綿花および綿製品、シリカ系製品（ポリシリコンを含む）、ならびにトマトおよびその下流製品といった産業分野については、代替品の調達を含むそのようなサプライチェーン上の確保が急務となる。

42）正式名は、「An act to ensure that goods made with forced labor in the Xinjiang Uyghur Autonomous Region of the People's Republic of China do not enter the United States market, and for other purposes.（H.R.6256）」。本章では、「ウイグル強制労働防止法」と呼称する。

43）ウイグル強制労働防止法 3 条。

44）U.S. Department of Homeland Security, "Strategy to Prevent the Importation of Goods, Minded, Produced, or Manufactured with Forced Labor in the People's Republic of China"（17 June 2022）and CBP "Operational Guidance of Importers"（13 June 2022）.

コラム２：ウイグル族等の強制労働問題とサプライチェーンリスク

　中国新疆ウイグル自治区においては、2017 年以降 100 万人を超すウイグル族およびムスリム系少数民族（以下「ウイグル族等」という）が「再教育施設」に送られるなど弾圧が続いているとされ、米国政府はこれを「ジェノサイド」（集団民族虐殺）と非難している。また、前掲注 44）で紹介した米国国土安全保障省が発出したガイダンスでは、中国政府は、新疆ウイグル自治区において、イスラム教徒であるウイグル人とその他の少数民族・宗教のメンバーに対して大量虐殺と投獄、拷問、強制不妊手術、強制労働、宗教や信念、表現、移動の自由に対する非合法な制限の賦課等の人道に対する罪を犯しているとされている。国連人権高等弁務官事務所も 2022 年 8 月 31 日に新疆ウイグル自治区における人権状況に関する懸念についてのアセスメント・レポートを発行し、恣意的拘束、拘束中の拷問や虐待、家族の分離、強制失踪、強制労働等に関する懸念を表明している。

　ウイグル族等の強制労働によって生産される製品は、米国が執行戦略において優先度の高いセクターとして指定しているアパレル、綿花および綿製品、シリカ系製品（ポリシリコンを含む）ならびにトマトおよびトマト製品に限られず、電子製品、プラスチック製品、レアアース、農産物等多岐にわたるとされ、低技能労働集約型産品を含む中国産品は一般に、ウイグル族等の強制労働が介在している可能性が高まっているとまで指摘されている＊1。新疆ウイグル自治区で実効性ある監査を行うことが不可能であること、新疆ウイグル自治区外にウイグル族等を移送した上で、強制労働に従事させられているリスクがあり、新疆ウイグル自治区外で生産等される品目についても強制労働のリスクがあること、および製品のサプライチェーンが国際的に広がっていることが問題をより複雑にしており＊2、適切なデューデリジェンス体制なしには、企業が気づかぬうちに強制労働産品を使用してしまうおそれがある。実際、2020 年にオーストラリア戦略政策研究所から、日本企業 10 社以上を含む 82 社の企業が直接または間接にウイグル族等による労働の恩恵を受けている潜在的な可能性があるとの指摘がなされて注目を集めた＊3。

　米国への輸入産品が関税法 307 条に基づく WRO などの措置やウイグル強制労働防止法の対象となった場合、対象産品の輸出企業は、当該産品を米国に輸出できなくなるので、対象産品に組み込まれた部品や原材料に問題がある場合に、当該部品等の調達先を変更する必要に迫られる。また、当該企業は、レピュテーションリスクや、投資引き揚げ（ダイベストメント）リスクにもさらされるおそれがある。たとえば、2020 年にパーム油およびパーム油製品が WRO の対象となったマレーシアの FGV 社の株価は、WRO が発せられた翌日に 10％近く下落した＊4。

＊1　Amy K. Lehr, "Addressing Forced Labor in the Xinjiang Uyghur Autonomous Region"（CSIS, 2020）, p.2〈https://www.csis.org/analysis/ addressing-forced-labor-xinjiang-uyghur-autonomous-region-toward-shared-agenda〉。

＊2　Ibid, p.3 参照。サプライチェーンの広がりについては、たとえば東南アジアから輸出されるアパレル製品はウイグル族等の強制労働により生産された綿が用いられているおそれがあると指摘されている（Ibid, p.4.）。

＊3　Vicky Xiuzhong Xu et al., "Uyghurs for sale: 're-education', forced labour and surveillance beyond Xinjiang"（Australian Strategic Policy Institute, 2020）〈https://www.aspi.org.au/report/uyghurs-sale〉。

＊4　NIKKEI Asia, "Shares in Malaysia's FGV drop on US ban of its palm oil products", October 1, 2020〈https://asia.nikkei.com/Politics/ International-relations/Shares-in-Malaysia-s-FGV-drop-on-US-ban-of-its-palm-oil-products〉。

(2)　EU の輸入規制等の強制労働産品規制

　EU は過去に、ミャンマーにおける人権侵害等に対処するために、同国への経済制裁の一環として個別立法により一定の品目にかかる輸入制限を定めたことがある[45]。しかし、少なくとも現時点では、EU および英国において、人権侵害に対応するための包括的な輸入規制は定められていない。

　もっとも、現在、EU においては、輸入規制を含む強制労働産品に対する一般的な規制の導入に向けた議論が進展しており、近い将来において、かかる規制が導入される可能性が高まっている。

　具体的には、フォン・デア・ライエン欧州委員会委員長は、2021 年 9 月の一般教書演説において、EU 市場における強制労働産品の包括的な禁止制度の導入提案を将来的に行うと明言した[46]。その上で、欧州委員会

45）Council Regulation（EC）No 194/2008 of 25 February 2008〈https://eur-lex.europa.eu/legal-content/EN/TXT/PDF/?uri=CELEX:32008R0194&from=EN〉2 条参照。

46）"State of the Union Address by President von der Leyen"（15 September 2021）〈https:// ec.europa.eu/commission/presscorner/detail/en/SPEECH_21_4701〉。また、2022 年 6 月 9 日には、欧州議会がコーポレートサステナビリティ・デューディリジェンス指令案を補完するために、強制労働産品の輸出入および域内流通を規制する措置を求める決議を採択した "European Parliament resolution of 9 June 2022 on a new trade instrument to ban products made by forced labour（2022/2611（RSP））"（9 June 2022）。

は、2022 年 9 月 14 日に、強制労働産品（EU への輸入品および EU 域内産品のいずれもを含む）の EU 域内における上市および EU からの輸出を禁止する規則案を提案した[47]。かかる欧州委員会の規則案は、今後欧州議会と閣僚理事会で議論されることとなっており、欧州議会・閣僚理事会での合意を得て発効してから 24 ヵ月後に適用されるとされている[48]。

　このように、EU においても、輸入規制等の強制労働産品規制に向けた動きが加速しており、今後、規制成立までの議論の内容、スケジュール等について注視する必要がある。

2　輸出制限

　各国の輸出貿易管理制度の多くは、安全保障上の理由を根拠とする。かかる制度に基づく輸出制限措置には、ワッセナー・アレンジメント（通常兵器および関連汎用品・技術の輸出管理に関する国際枠組み）等の国際取決めに基づいて行われるものがある一方で、各国が単独で実施するものもある[49]。

　米国および EU においては近時、これらの輸出貿易管理制度において相手国の人権侵害状況をより考慮する法改正や運用が行われており、以下ではこれらを概観する。なお、日本の輸出貿易管理制度は人権侵害状況の考慮を現時点では取り込んでいない。

⑴　米国の輸出規制における人権の考慮

　米国では、米国商務省産業安全保障局（Bureau of Industry and Security：以下「BIS」という）が、輸出管理規則（Export Administration Regulations：以下「EAR」という）に基づき、デュアルユース品目（民生用および軍事用

---

47) COM（2022）453 - Proposal for a regulation on prohibiting products made with forced labour on the Union market（14 September 2022）〈https://single-market-economy.ec.europa.eu/document/785da6ff-abe3-43f7-a693-1185c96e930e_en〉（以下「規則案」という）。
48) 規則案 31 条。
49) 松下満雄＝米谷三以『国際経済法』（東京大学出版会、2015）238 頁。これらの国際取決めについては黒崎将広ほか『防衛実務国際法』（弘文堂、2021）168 頁以下〔石垣友明〕。

の双方に用いることができる貨物、技術およびソフトウェア）等の輸出、再輸出および国内移転を規制している。かかる規制には、品目の性状に着目したリスト規制と、品目の用途または需要者に着目した規制が含まれる。前者のリスト規制は、EAR 対象品目のうち、デュアルユース品目等を商務省規制品目リスト（Commerce Control List：以下「CCL」という）[50] に掲載し、CCL 掲載品目の輸出等について、規制理由と仕向国に応じて、BIS の輸出許可の取得を義務付けるものである[51]。これに対して後者は、懸念のある特定の需要者に向けたまたは特定の用途での使用等を知って行われる輸出等について、BIS の輸出許可の取得を義務付けるものである。この中には、国家安全保障または外交政策上の利益に反する活動に従事している者等を「エンティティリスト（Entity List）」に掲載し、これらの者への輸出等を原則として制限する規制が含まれる[52]。なお、一般に、EAR に基づく規制は、たとえば、米国から輸出された貨物や技術が、輸入国から第三国へ再び輸出される場合にも適用されうる。そのため、米国からの輸出を行っていない日本企業も、上記の人権侵害を考慮する米国輸出規制の対象となりうることに注意する必要がある。

　このような米国の輸出規制の目的は、自国の安全保障、国際的義務の遵守とともに外交政策の促進にあり、「外交政策」の概念には世界における人権の保障の促進も含まれる[53]。この一例として、従前、リスト規制において、CCL 掲載品目のうち、規制理由の中で、世界の人権保障の促進に向けた外交政策が掲げられている犯罪防止・探知関連の品目（以下「犯罪防止品目」という）[54] について、輸出許可審査の際に、①仕向国等での市民暴動の発生または②仕向国政府が国際的に認められた人権を侵害した可能性についての証拠がない限り、許可を与える方向で判断すると規定され

50）EAR Supplement No. 1 to Part 774.
51）EAR §736.2(b)(1). CCL に基づく規制の詳細に関しては、EAR Part 738 参照。
52）EAR §744.16. 許可申請の審査基準も対象者ごとにエンティティリストに記載されるが、許可申請は、多くの場合、「原則として不許可」とされる（EAR §744.16(c)(1), Supplement No. 4 to part 744)。
53）Export Control Reform Act of 2018 §1752(1)（50 U.S.C. §4811(1)）、EAR §742.7(a)参照。
54）EAR §742.7.

ていた。

　さらに近年、このような輸出先国での人権侵害に対処するための法改正および運用について、以下のような進展がみられる。

　第一に、2020 年 10 月 6 日に、上記の CCL 掲載品目の輸出許可審査に関する要件のうち、上記②の条件を「当該品目が人権侵害に利用されるおそれがない限り」と変更し[55]、過去の人権侵害の可能性を問わず、将来の人権侵害のおそれが認められる場合には輸出許可について好意的な判断が与えられないこととした。また、CCL 掲載品目のうち、国家安全保障等の犯罪防止以外の理由で規制される品目についても、一部の例外を除いて、犯罪防止品目と同様に、輸出許可の審査時に人権侵害のおそれが考慮されることが新たに明記された[56]。

　第二に、CCL への特定の品目の追加が、人権保護の観点からなされる事例もみられる。たとえば、2020 年 10 月 6 日に、香港警察による民衆に対する放水砲の利用をふまえ、放水砲が犯罪防止品目として CCL に追加された[57]。

　第三に、特定の仕向国における人権侵害状況等を考慮し、CCL 掲載品目に係る輸出管理が厳格化される事例もある。EAR では、CCL 掲載品目の輸出等の場合、規制理由および仕向国に応じて許可の要否が決定される[58]。また、許可が必要とされる場合であっても、特定の仕向地や用途の

---

55) EAR §742.7(b)(1)。2020 年 10 月 6 日 付 官 報 (85 FR 63007)〈https://www.federalregister. gov/documents/2020/10/06/2020-21815/amendment-to-licensing-policy-for-items-controlled-for-crime-control-reasons〉。

56) 85 FR 63007, EAR §742.7(b)(2). 電気通信、情報セキュリティセンサー関連等、犯罪防止以外の理由で規制されている品目についても、仕向国において人権侵害等のために使用されるのを防止するための改正である（Federal Register, supra note 55）。

57) Public Law 116-77（November 27, 2019）〈https://www.congress.gov/116/plaws/publ77/PLAW-116publ77.pdf〉; Federal Register, 85 FR 63009 "Controls on Exports and Reexports of Water Cannon Systems"（October 6, 2020）〈https://www.federalregister.gov/documents/2020/10/06/2020-21816/controls-on-exports-and-reexports-of-water-cannon-systems〉. なお、規制は香港に限らず、Commerce Country Chart（Supplement No. 1 to part 738 of the EAR）の CC Column 1 に掲載されている国に広く適用される。

58) EAR§736.2(b)(2)(ii)。CCL 掲載品目に該当する場合、County Chart（Part 738 Supplement No. 1）で規制理由と仕向国を確認し、許可の要否を確認することになる。

条件を満たす場合、事前許可の取得を免除する許可例外制度が存在する[59]。かかる許可例外が適用されるか否かは仕向地によって大きく異なり、旧自由圏諸国等を含むＡおよびＢというカントリーグループは、中国、ロシア等を含む懸念国が分類されるカントリーグループＤと比較して、幅広い許可例外が認められている[60]。かかる許可の要否および許可例外に関して、特定の国の人権侵害状況等を考慮し、当該国の分類を変更すること等で輸出管理が強化される場合がある。また、CCL掲載品目に関する輸出規制とは別に、軍事用途・エンドユーザーに関する規制[61]や、軍事諜報用途・エンドユーザーに対する輸出規制[62]の対象国に追加される場合もある。これらには、以下のような例がある。

・　香港について、2020年12月23日、中国の施策で香港の自治が損なわれたことを理由に、香港は中国とは独立した別の優遇された仕向国であることのステータスを失い、許可要否の判断にあたって香港は中国と同様に扱われるようになった。また、許可例外についても、元々カントリーグループA6・Bに分類されることによって香港に認められていた許可例外が適用されなくなった。さらに、中国は、上記の軍事用途・エンドユーザーに対する輸出規制[63]等の対象となっているところ、香港は中国と同じ扱いを受けることとなったため、当該軍事用途・エンドユーザーに対する輸出規制も香港に同様に適用されることになった[64]。

・　ミャンマーについて、2021年2月の軍事クーデター以降のミャンマー軍による民主的に選出された政権の転覆、民主的政権の指導者等の不当な拘束等を受け、同年3月8日、対ミャンマー制裁の一環とし

59）EAR §740.
60）カントリーグループについてはEAR Supplement No.1 to Part 740参照。カントリーグループにはA, B, Dの他にテロリスト支援国または禁輸国にあたるカントリーグループＥが存在する。
61）EAR §744.21.
62）EAR §744.22.
63）EAR §744.21.

て、許可例外に関してミャンマーのカントリーグループが B（許可例外適用可）から D：1（許可例外適用不可）に変更され、また上記の軍事用途・エンドユーザーに対する輸出規制の対象となった[65]。

・　カンボジアについて、2021 年 12 月 9 日に、政府による汚職と人権侵害の拡大への対応を理由の一つとして、カントリーグループが D:5（武器禁輸国群）に変更されて EAR 上の規制が強化され、また軍事用途・エンドユーザーおよび軍事諜報用途・エンドユーザーに対する輸出規制の対象にもなった[66]。

　第四に、人権侵害等を理由として、特定の政府機関や事業者がエンティティリストに基づく規制の対象とされている。すなわち BIS は、2019 年末以降、ウイグル族等に対する人権侵害への関与等が米国の外交政策上の利益に反することを理由に、関連する中国政府機関、新疆ウイグル自治区における強制労働や高度技術による監視に関与する中国企業等をエンティティリストに次々と追加した[67]。また、2021 年 3 月 8 日には、ミャンマー軍による民主的に選出された政権の転覆、民主的政権の指導者等の不当な拘束等への対応として、ミャンマーの国防省、内務省および国防省傘下の企業等、ミャンマーの軍事政権に関与する者がリストに加えられた[68]。

64）2020 年 7 月 17 日 付 大 統 領 令 13936（85 FR 43413）〈https://www.federalregister.gov/documents/2020/07/17/2020-15646/the-presidents-executive-order-on-hong-kong-normalization〉; 2020 年 12 月 23 日付官報（85 FR 83765）〈https://www.federalregister.gov/documents/2020/12/23/2020-28101/removal-of-hong-kong-as-a-separate-destination-under-the-export-administration-regulations〉。

65）2021 年 3 月 8 日付官報（86 FR 13173）〈https://www.federalregister.gov/documents/2021/03/08/2021-04745/burma-implementation-of-sanctions〉。

66）2021 年 9 月 12 日付官報（86 FR 70015）〈https://www.federalregister.gov/documents/2021/12/09/2021-26633/revision-of-controls-for-cambodia-under-the-export-administration-regulations〉。

67）2021 年 7 月 12 日分までの Entity List への追加は、Xinjiang Supply Chain Business Advisory の勧告 21-22 頁に記載（https://www.state.gov/wp-content/uploads/2021/07/Xinjiang-Business-Advisory-13July2021-1.pdf）。

(2) EU の輸出規制における人権の考慮

EU は、主に Council Regulation（EC）No 428/2009（以下「デュアル
ユース品目規則」という）に基づいて輸出管理を行っており、ソフトウェ
アおよびテクノロジーを含む民生用および軍事用に用いられうる品目（以
下「デュアルユース品目」という）がこの規制対象となってきた（デュアル
ユース品目規則については第 6 章Ⅲも参照）[69]。デュアルユース品目規則は、
輸出許可の対象となるすべての品目を Annex I に掲載するとともに（リス
ト規制）、Annex I に掲載されていない品目についても、仕向先等によって
は輸出許可の対象とする（キャッチオール規制）という二重構造になって
いる[70]。従来より、後者のキャッチオール規制の適用において、各加盟国
は、公共の安全とともに仕向国の人権侵害状況を考慮して、デュアルユー
ス品目を輸出禁止または輸出許可の対象とすることができるとされてい
た[71]。

かかるデュアルユース規則は、近時、人権保護をさらに強化したものと
して改正された。具体的には、サイバー監視技術が、抑圧的な体制の国
家、紛争地域等に輸出され、人権侵害に用いられていることを背景の一つ
として、2021 年 9 月に、そのようなサイバー監視技術がデュアルユース
品目に該当することの明確化等を内容とする改正規則[72] が施行された。

改正規則は、前文において加盟国当局はサイバー監視品目が人権侵害等

---

68) 2021 年 3 月 8 日付官報（86 FR 13179）〈https://www.federalregister.gov/documents/2021/
   03/08/2021-04794/addition-of-entities-to-the-entity-list〉や 2021 年 7 月 6 日付官報（86 FR
   35389）〈https://www.federalregister.gov/documents/2021/07/06/2021-14367/
   addition-of-certain-entities-to-the-entity-list-correction-of-existing-entry-on-the-entity-list〉参照。
69) 2 条 1 項。
70) デュアルユース規則 3 条 1 項および 2 項、4 条ならびに 8 条。
71) 現行規則の 12 条 1 項(c)は、輸出許可の判断の際に、Council Common Position 2008/944/
   CFSP of 8 December 2008 が規定する輸出管理に関する基準を考慮可能としており、当該基
   準の一つに、最終仕向国における人権および国際人道法の尊重がある（2 条 2 項）。
72) Regulation（EU）2021/821 of the European Parliament and of the Council of 20 May 2021
   setting up a Union regime for the control of exports, brokering, technical assistance, transit and
   transfer of dual-use items, p.6〈https://eur-lex.europa.eu/legal-content/EN/TXT/PDF/?uri=C
   ELEX:32021R0821&from=EN〉（以下、「改正規則」という）。

に用いられるリスクを考慮しなければならないと定めた上で[73]、サイバー監視品目を規制対象となるデュアルユース品目に新たに加えた（2条20項）[74]。このうち Annex I に掲載される個別品目が、輸出許可が求められるリスト規制の対象となるとともに、Annex I に掲載されていない品目もキャッチオール規制の対象とされる[75]。後者については特に、サイバー監視品目のみに適用されるキャッチオール規制が設けられ、輸出される対象品目が抑圧、人権侵害または国際人道法違反行為に用いられるまたはその可能性があると輸出者が当局から通知された場合には、輸出許可が必要となる（5条1項）。さらに、輸出者のデューデリジェンス[76] により、輸出されるサイバー監視品目が上記の用途のいずれかに用いられることが認識された場合、輸出者は当局に対して当該事実を通知しなければならず、当局は当該通知をふまえて輸出許可の対象とするかを決定しなければならない（5条2項）。加えて、上記5条1項の場合のみならず、各加盟国は、輸出者が、サイバー監視品目が上記5条1項に規定される用途のいずれかに用いられるまたはその可能性があると疑う根拠を有している場合にも輸出許可を必要とする法律を定めることができる（5条3項）。

　以上の改正によって、今後 EU からサイバー監視品目に該当する製品や技術を輸出する事業者には、それらが輸出先で人権侵害に用いられるおそれがないことを十分に確保することが求められることになると考えられる。

---

73) 改正規則前文2項。
74) 情報通信システムから得られるデータを監視・抽出・収集・分析することによって、秘密裏に自然人を監視することが可能なように特別に設計されたデュアルユース品目と定義される。
75) 改正規則3条1項および2項。
76) 改正規則では、グローバル輸出許可（2条13項：ある類型のデュアルユース品目に関して輸出者単位で付与されるもので、一もしくは複数の最終使用者および／または一もしくは複数の第三国に対する輸出を包括的に有効にする許可）を用いる輸出者が履行しなければならない内部コンプライアンスプログラム（ICP, 12条4項）に、当該品目の輸出に関して、最終使用者および最終使用目的に係るリスクを評価するデューデリジェンスが含まれることが明確化された（2条21項）。なお、輸出許可には、個別輸出許可、グローバル輸出許可、加盟国一般輸出許可、EU 一般輸出許可の4類型がある（12条1項）。

3 関税に関する措置

対象国における人権の尊重が考慮される代表的な関税に関する措置として、一般特恵関税制度（Generalized System of Preferences：以下「GSP」という）がある。

GSP は、開発途上国を原産地とする産品の輸入について、一般の関税率より低い税率を適用することにより、先進国が開発途上国の経済発展を支援する制度である。米国および EU は、この GSP の対象国の認定に際して当該国における人権の尊重状況を考慮しており、以下において概観する。なお、日本の GSP に関する規定には、対象国における人権の尊重の考慮は少なくとも明示的には含まれていない[77]。

(1) 米国の GSP

米国の GSP においては、特定の国において、国際的に認められた労働者の権利保障のための措置がとられていない場合、最悪の態様で行われる児童労働の廃止に向けたコミットメントを履行していない場合等には、原則として当該国を GSP の受益国として指定してはならないとされている[78]。

かかる規定に基づき、たとえばミャンマーは、1989 年から 2016 年まで、労働者の権利を侵害していることを理由に GSP の適用が停止されていた。また最近では、2019 年 10 月にタイが、労働者の権利を十分に保障していないことを理由に、従前供与されていた GSP の一部の適用を受けられなくなった。

なお、米国の GSP は 2020 年 12 月末で失効しており、現在、GSP の制度改革について連邦議会で議論が継続している。

---

77) 関税暫定措置法 8 条の 2、関税暫定措置法施行令 25 条。

78) 19 U.S.C. §2462 (b)(2). 米国の GSP の詳細については、USTR, "U.S. Generalized System of Preferences GUIDEBOOK"（November, 2020）〈https://ustr.gov/sites/default/files/gsp/GSPGuidebook_0.pdf〉。

⑵ EU の GSP

EU は、Regulation（EU）No 978/2012（以下「GSP 規則」という）に基づき、適用される特恵関税の範囲に応じて Standard GSP、GSP＋および EBA（Everything but Arms）[79] という 3 つの区分を設けており、すべての区分において対象国における人権および労働者の権利の保護が考慮される仕組みとなっている。

具体的には、まず、いずれの区分についても、対象国が、GSP 規則で指定されている中核的な人権および労働者の権利に関する条約の原則を遵守していない場合には、GSP の供与が撤回されうる（19 条 1 項(a)）。さらに、対象国が GSP＋の適用を受けるためには、これに加えて、人権、労働者の権利、環境保護およびグッドガバナンスに関する 27 の国際条約を批准および遵守し、これらの条約に規定される報告義務および監視メカニズムの履践も受け入れなければならない（9 条 1 項）。近年ではたとえば、EBA の恩恵を受けていたカンボジアが、中核的な人権および労働者の権利の深刻な侵害があるとして、2020 年 8 月から一部産品に関する特恵的な地位を失った[80]。

EU の GSP に係る現状の枠組みは 2023 年 12 月末に失効するため、現在その後の枠組みについての議論が進んでおり、2021 年 9 月に発表された欧州委員会の規則案では、GSP＋の条件として遵守が求められる国際条約を追加すること等が提案されている[81]。

---

79) Standard GSP は、GSP の対象品目として規定される品目のうち、非センシティブ品目の関税を免除し、センシティブ品目には低い税率を適用するものである。GSP＋は、本文記載の要件を満たすことを条件に、さらにセンシティブ品目の関税も免除するものである。EBA は、後発開発途上国に対してさらなる特別待遇を供与するものであり、GSP の対象品目として規定されているかに関係なく、武器以外のすべての製品の関税を免除し、輸入割当も行わないものである。制度の詳細については、European Parliament,"Human rights in EU trade policy: Unilateral measures applied by the EU"（2018）〈https://www.europarl.europa.eu/RegData/etudes/BRIE/2018/621905/EPRS_BRI（2018）621905_EN.pdf〉。

80) European Commission,"Cambodia loses duty-free access to the EU market over human rights concerns"（August 12, 2020）〈https://trade.ec.europa.eu/doclib/press/index.cfm?id=2177〉.

4　経済制裁

　米国および EU は、深刻な人権侵害に関与した他国の主体を経済制裁の対象として指定し、資産凍結、取引禁止等を行うことを可能にする法制度を有しており、実際にかかる観点からの経済制裁が拡大している。このような経済制裁も、企業の国際的な取引に影響を及ぼすものとなっている。

(1)　米国の経済制裁

　米国の法制度において、人権侵害への関与を理由とする他国の主体に対する経済制裁には、具体的に、(a)制裁対象者が米国内に保有する資産等の凍結、制裁対象者との取引の禁止、制裁対象者の米国への入国禁止等の措置と[82]、(b)制裁対象企業に対する投資禁止という２つのタイプの措置が含まれる。

　(a)資産凍結、取引禁止等の経済制裁については、これまで、たとえば、新疆ウイグル自治区、ミャンマー、香港の問題に関して、以下の制裁が発動された。

- ウイグル族等への弾圧について、財務省外国資産管理室（以下「OFAC」という）は、グローバルマグニツキー法を根拠とする大統領令 13818 号[83]に基づき、恣意的な拘禁や身体的虐待を含む深刻な人権侵害への関与を理由に制裁措置を発動している。たとえば、2020年 7 月 31 日、新疆生産建設兵団（XPCC）、中国政府の幹部等が、指定された主体との取引が広く禁止されたりその米国内の資産が凍結さ

---

81)　European Commission, "Proposal for a REGULATION OF THE EUROPEAN PARLIAMENT AND OF THE COUNCIL on applying a generalised scheme of tariff preferences and repealing Regulation（EU）No 978/2012 of the European Parliament and of the Council"（September 22, 2021）〈https://eur-lex.europa.eu/resource.html?uri=cellar:0fe49a24-1c94-11ec-b4fe-01aa75ed71a1.0024.02/DOC_1&format=PDF〉.

82)　米国の制裁措置の全体像や、それらの措置が日本企業に及ぼしうる影響については、中島和穂「米国制裁法・輸出規制の概要と日本企業のコンプライアンス体制」NBL1176 号（2020）21 頁以下を参照。

83)　2017 年 12 月 20 日付大統領令 13818 号（82 FR 60839）〈https://www.federalregister.gov/documents/2017/12/26/2017-27925/blocking-the-property-of-persons-involved-in-serious-human-rights-abuse-or-corruption〉

れる Specially Designated Nationals（以下「SDN」という）に指定され
た[84]。また、2021 年 3 月 22 日、同大統領令に基づき、イギリス、カ
ナダおよび EU と同日に制裁措置を発動し、ウイグル関連問題に他の
有志国と連携しながら対処する姿勢を示している[85]。

- ミャンマー国軍による人権侵害に関し、米国は、2021 年 2 月 10 日
  に、ミャンマー国軍による民主的に選出された政権の転覆、民主的政
  権の指導者等の不当な拘束等が、「米国の国家安全保障と外交政策に
  とって異例かつ甚大な脅威」に当たるとし、国家緊急事態を宣言する
  大統領令を定めた[86]。かかる大統領令は、制裁対象者が米国内に保有
  する資産等の凍結、制裁対象者との取引の禁止、制裁対象者の米国へ
  の入国禁止等を規定する。かかる大統領令に基づき、OFAC は、国軍
  関係者、国軍関連企業等へ制裁措置を発動している[87]。
- 香港における自治の侵害や表現の自由ないし集会の自由の侵害に関与
  したことを理由に、米国は、2020 年 7 月 14 日に発令された大統領令
  13936 号[88] に基づき、香港政府の行政長官や主要閣僚を SDN に指定
  した[89]。また、同日、香港自治の侵害に重大な寄与をする外国人とこ
  れらの者と重大な取引をした金融機関に対して制裁を科すことができ

84）U.S. Department of the Treasury, "Treasury Sanctions Chinese Entity and Officials Pursuant
 to Global Magnitsky Human Rights Executive Order"（July 31, 2020）〈https://home.
 treasury.gov/news/press-releases/sm1073〉
85）U.S. Department of the Treasury, "Treasury Sanctions Chinese Government Officials in
 Connection with Serious Human Rights Abuse in Xinjiang"（March 22, 2021）〈https://home.
 treasury.gov/news/press-releases/jy0070〉
86）2021 年 2 月 10 日 付 大 統 領 令 14014 号（86 FR 9429）〈https://www.federalregister.gov/
 d/2021-03139〉
87）US Department of State, "Burma Sanction"〈https://www.state.gov/burma-sanctions/〉
88）2020 年 7 月 14 日 付 大 統 領 令 13936 号（85 FR 43413）〈https://www.federalregister.gov/
 documents/2020/07/17/2020-15646/the-presidents-executive-order-on-hong-kong-
 normalization〉
89）2020 年 8 月 7 日、同大統領令に基づき、香港国家安全維持法の執行等に関与したことや香
 港の自治を脅かしたこと等を理由として、11 人の個人（香港の行政長官であるキャリー・
 ラム氏を含む）が SDN に指定され（Department of the Treasury, "Treasury Sanctions
 Individuals for Undermining Hong Kong's Autonomy"（7 August 2020）〈https://home.
 treasury.gov/news/press-releases/sm1088〉）、その後も制裁対象が追加された。

る香港自治法が成立した。

一方で、(b)制裁対象企業に対する投資禁止は、「中国の軍産複合体企業（Non-SDN Chinese Military-Industrial Complex Companies：NS-CMIC）」について、米国人による公開有価証券等の売買を禁止する措置であり、人権侵害に関与する企業への米国資金の流入を阻止しようとするものである[90]（第5章「米国の経済安全保障法制」のⅡ2(1)イ(い)およびウ(い)も参照）。たとえば、2021年6月3日に、監視技術が人権侵害に用いられていることを理由に、監視技術分野の中国企業がかかる規制の対象に追加された[91]。

このような経済制裁を用いて米国外の人権侵害に対処する動向はトランプ政権からバイデン政権に至るまで一貫している。さらに、近時はたとえば、製造する監視カメラが人権侵害に用いられていることを理由として元々(b)の投資禁止規制の対象となっていた中国の企業が、より厳しい制裁の対象となる(a)のSDNに指定される可能性があるという報道もなされるなど、規制がさらに拡大する動きがある[92]。

(2) EUのグローバル人権制裁スキーム

EUも、EU域外におけるより深刻な人権侵害に対処する手段として、経済制裁を用いることができる。

具体的には、閣僚理事会が2020年12月に採択した、EUグローバル人権制裁スキームを新設する決定（以下「人権制裁スキームに関する決定」という）および規則（以下「人権制裁スキームに関する規則」という）[93]は、深刻な人権侵害[94]に責任がある、関与するまたは関係がある個人および（国家・非国家を問わない）団体を閣僚理事会が指定し、EU域内への渡航禁止や資金凍結を行うことを可能としている[95]。加えて、EU所在の個人

---

90) 2021年6月3日付大統領令14032号（86 FR 30145）〈https://www.federalregister.gov/documents/2021/06/07/2021-12019/addressing-the-threat-from-securities-investments-that-finance-certain-companies-of-the-peoples〉。

91) 同大統領令 Annex。

92) Financial Times, "US moves towards imposing sanctions on Chinese tech group Hikvision"（4 May 2022).

および法人は、リストに掲載された制裁対象に対して、直接間接を問わず、資金供与を禁止される[96]。

　かかるスキームの下で、2021年3月には、中国におけるウイグル族に対する大規模な恣意的拘禁や北朝鮮における弾圧等を含む人権侵害に責任のある11の個人および4の団体に対して制裁が課された[97]。

5　人権デューデリジェンス関連規制

　人権デュー・ディリジェンス関連規制は、企業に対してバリューチェーン上の人権侵害のリスクの特定、予防、軽減、対処等の取組み（デューデリジェンス）について開示や実施を促したり義務付けたりする規制である。かかる規制は、直接に企業の国際的な取引を制限するものではないが、人権侵害リスクへの取組みが不十分な企業が十分な是正措置を講じなかった場合に最終的に国際サプライチェーンから排除される効果を生じさせうるものであり、少なくとも間接的に国際貿易にも影響を及ぼすものとなっている。

93）Council Decision（CFSP）2020/1999 of 7 December 2020 concerning restrictive measures against serious human rights violations and abuses；Council Regulation（EU）2020/1998 of 7 December 2020 concerning restrictive measures against serious human rights violations and abuses〈https://eur-lex.europa.eu/legal-content/EN/TXT/PDF/?uri=OJ:L:2020:410I:FULL&from=EN〉。

94）深刻な人権侵害には、ジェノサイド、人道に対する罪、その他深刻な人権侵害（拷問、超法規的殺害等）等が該当するほか、欧州連合条約に掲げられた共通外交安全保障政策（Common Foreign and Security Policy（CFSP））の目的との関係で深刻な人権侵害に該当すると判断されるものもある（人権制裁スキームに関する決定1条1項、人権制裁スキームに関する規則2条1項）。

95）人権制裁スキームに関する決定3条1項、5条1項、人権制裁スキームに関する規則前文、3条1項。

96）人権制裁スキームに関する決定3条2項、人権制裁スキームに関する規則3条2項。

97）European Council,"EU imposes further sanctions over serious violations of human rights around the world"（22 March 2021）〈https://www.consilium.europa.eu/en/press/press-releases/2021/03/22/eu-imposes-further-sanctions-over-serious-violations-of-human-rights-around-the-world/〉.

(1) 米国の関連規制

　米国では、連邦レベルでは事業者に対して一般的に人権デューデリジェンスを義務付ける法律は存在しない。一方で、連邦レベルおよび州レベルで、たとえば、以下のような人権デューデリジェンスに関連する法令が存在する[98]。

- 　関税法は、上記1(1)の強制労働産品に対する輸入規制との関係で、輸入者に対し、サプライチェーンにおける強制労働の有無について相応の注意を払うことを求めている[99]。

- 　ドッド・フランク法[100] 1502条の紛争鉱物に関する規制は、コンゴ民主共和国周辺地域において紛争鉱物の取引が武装勢力の資金源になっており、これによって人道上の危機が生じていることに対処することを目的として、一定の米国の上場企業に対して、紛争鉱物（タンタル・スズ・タングステン・金）に関するサプライチェーン・デューデリジェンスについての開示義務を課すものである。

- 　州レベルの人権デューデリジェンス規制として、カリフォルニア州のサプライチェーン透明法[101]は、カリフォルニア州で事業を行う一定規模以上の製造業者または小売業者に対し、製品のサプライチェーンにおける人身取引および奴隷労働に関するリスクへの対処等についての開示を義務付けている。

(2) EUの関連規制

　欧州においては近時、英国（2015年）、フランス（2017年）、ノルウェー（2021年）、ドイツ（2021年）等において、企業による人権デューデリジェ

---

98) これらの詳細については、日本貿易振興機構海外調査部ニューヨーク事務所「グローバル・バリューチェーン上の人権侵害に関連する米国規制と人権デューディリジェンスによる実務的対応」（2022年6月）25〜29頁参照。

99) 関税法484条。

100) Dodd-Frank Wall Street Reform and Consumer Protection Act（Pub.L. 111-203）〈https://www.congress.gov/bill/111th-congress/house-bill/4173/text〉。

101) The California Transparency in Supply Chains Act of 2010〈https://oag.ca.gov/sites/all/files/agweb/pdfs/cybersafety/sb_657_bill_ch556.pdf〉。

ンスに関する法律が相次いで制定された。

　さらに、EU においては、欧州委員会が、2022 年 2 月に、一定の規模以
上の EU 域内および域外の企業に対して、自社、子会社および確立したビ
ジネス関係を築いているバリューチェーンにおける人権および環境のリス
クに対するデューデリジェンスの実施および開示を義務付けるコーポレー
トサステナビリティ・デューデリジェンス指令案を公表した。同指令案
は、今後、欧州議会および閣僚理事会で審議され、指令として成立した後
には、各加盟国がこれをふまえた国内法を整備することになる（EU にお
ける立法プロセスについては、第 6 章「欧州の経済安全保障法制」を参照）。

　かかる指令は、指令が直接に対象とする日本企業に対してのみならず、
指令が直接に対象とする EU 域内企業とバリューチェーン上でつながって
いる日本企業に対しても、指令の対象となる EU 域内企業から指令の内容
に沿った人権および環境リスクに関するデューデリジェンスの実施を要求
されることになるという点で、日本企業に大きな影響を及ぼしうるもので
あり、そのような日本企業は早期の対応が求められることになる[102]。

:: Ⅳ　国際的なフォーラムにおける有志国間の協調の加速

　上記Ⅲで取り上げた措置は、一見すると、米国、EU その他の各国で、
個別に発展しているようにもみえる。しかし、国際的なフォーラムに目を
向ければ、上記Ⅱ 3 の FTA を通じたルール形成に加えて、特定の問題に
有志国が共同で取り組む意思の表明や、具体的な規制の導入および執行に
おける国際的な連携および協調に向けた動きが活発化している。具体的に
は、たとえば、以下のような動向がみられる。

　　G7：2022 年 6 月の G7 首脳コミュニケにおいて、グローバル・サプ
　　ライチェーンにおける人権、環境および労働に関する国際基準の実施

102）また、EU は既に、紛争鉱物に関するデューデリジェンスを対象鉱物（タンタル・スズ・タ
　　ングステン・金）の輸入者に義務付けている（Regulation（EU）2017/821）。

および遵守に向けた協調や、グローバル・サプライチェーン上の強制労働への共同の取組みの加速、ビジネスと人権に関する国際基準の遵守の強化等が表明されている[103]。

米国－EU：2021年9月に、米国・EU間の貿易技術評議会（Trade and Technology Council）において、両者が、FTAおよび単独措置を含む通商措置を用い、強制労働や児童労働への対処を含む基本的な労働に関する権利の保護を共同して促進すると表明された[104]。

民主主義サミット：2021年12月に、米国が民主主義サミットを開催し、監視やサイバー攻撃による人権侵害に用いられる技術の輸出制限について共通した取組みを進める「輸出管理及び人権イニシアティブ（Export Controls and Human Rights Initiatives）」が立ち上げられた。かかるイニシアティブには、米国の他、オーストラリア、デンマーク、ノルウェーが参加しており、またカナダ、フランス、オランダおよび英国により支持されている。

このような国際フォーラムの活用の活発化に鑑みれば、今後も、各国で発展した人権侵害に関する通商規制は、有志国間での国際フォーラムによってさらにその形成が加速し、またその内容の共通化や運用における連携が図られることになる可能性が高い。

そうであるとすれば、日本企業としては、将来の人権侵害に関する通商規制の発展に対処するために、これらのさまざまな国際フォーラムの動向について常に把握し、必要があれば政府や業界団体を通じて事前にインプットをしていくことが求められると考えられる。

:: V　WTO ルールとの関係

通商政策的措置に関しては、国際経済法の中核をなすWTOルールとの整合性の検討が求められる。その中でも特に、物品についての輸出入制限

103）2022年6月28日「G7首脳コミュニケ」。
104）EU-US TTC Inaugural Joint Statement, 29 September 2021.

や関税賦課は、関税及び貿易に関する一般協定（以下「GATT」という）との関係が問題となる。

しかし、本章で取り上げた人権に関する通商政策的アプローチのうち、複数国間アプローチについては、基本的には WTO ルールとの関係で問題は生じない。すなわち、国連安保理決議に基づく経済制裁の一環としての輸出入制限については、輸出入制限の禁止を定める GATT 11 条等に抵触するが、安全保障のための例外を定める GATT 21 条(c)号によって許容される。また、キンバリー・プロセスについては、2003 年に WTO 協定上の義務の免除の対象となり、現在までこの取扱いが延長されている[105]。さらに、FTA の締結は、GATT 24 条で認められている[106]。

そこで、本章では単独アプローチに分類される措置の WTO ルールとの関係を中心に分析する。

1 輸入制限および輸出制限

人権侵害を理由とした輸出入制限について判断した WTO 先例は今のところ存在しない。

しかし、GATT 11 条は、原則として WTO 加盟国による産品の輸出入制限を禁止しており、本章で単独アプローチとして取り上げた人権保護に関する輸入制限および輸出制限（以下それぞれ「本輸入制限」および「本輸出制限」といい、あわせて「本輸出入制限」という）は、基本的にかかる規律に抵触する。

また、本輸出入制限は、他国との関係では許される同種の産品の輸出入を、特定の国との関係で制限するものであるから、すべての加盟国の平等な取扱いを求める最恵国待遇原則（GATT 1 条）にも抵触しうる。加えて、本輸入制限が内外差別を禁じる内国民待遇原則（GATT 3 条 4 項）にも反

105）Waiver concerning Kimberley Process Certification Scheme for Rough Diamonds, 15 May 2003, WT/L/518; Extension of Waiver concerning Kimberley Process Certification Scheme for Rough Diamonds, 30 July 2018, WT/L/1039.
106）ただし、FTA に含まれる労働ルール等が、FTA 締結前に存在していた通商規則より制限的なものとなってないか（GATT 24 条 5 項(b)号）という点が理論的には問題となりうる。

するという考え方もありうるが、この点は明確には整理されていない[107]。

　一方で、GATT は、GATT の規律に抵触する措置を許容する例外条項として、安全保障例外（21 条）と一般例外（20 条）を置いている。そこで、本輸出入制限がこれらの要件を充足しうるのかが重要なポイントとなる。

(1) 安全保障例外

　本輸出入制限のうち、特に本輸出制限は、軍民両用品に関するデュアルユース規制の枠組みで用いられるため、これらが GATT 21 条(b)号の「安全保障上の重大な利益の保護のために必要と認める措置」に該当するかが問題になる。

　この(b)号は、正当化が認められうる具体的な措置を限定しており、本輸出制限に関係するのは ii の「武器、弾薬および軍需品の取引」ならびに「軍事施設に供給するため直接または間接に行われるその他の貨物および原料の取引」に関する措置と考えられる。しかし、人権侵害を理由とする本輸出制限の対象品目が「軍需品」等とみなされたり、「軍事施設」に供給されたりすることは必ずしも多くないように思われる[108]。また、同号 iii の「国際関係の緊急時」の意義について、WTO 先例は、顕在化したまたは潜在的な武力衝突、国家間の緊張または危機の高まり等によって、措置国に、法もしくは公序を維持する等の関心を生じさせるものとしているところ[109]、本輸出入制限はそのような事態に対処する措置に該当しない場合が多いと考えられる。

　さらに、措置は「締約国が安全保障上の重大な利益の保護のために必要であると認める」ものでなくてはならない（GATT 21 条(b)柱書）。この解

---

107) 松下＝米谷・前掲注 52）373 ～ 374 頁。ただし、最恵国待遇義務および内国民待遇義務は「同種の産品」間で問題となるところ、産品の物理的特性に影響を与えない生産工程・生産方法（いわゆる PPM）における人権侵害の有無が、それでもなお消費者の嗜好に影響を与えるなどとして、同種の産品性が否定されうるかについて問題となりうる。

108) これらの文言の解釈については、川瀬剛志「【WTO パネル・上級委員会報告書解説㉛】ロシア－貨物通過に関する措置（DS 512）安全保障例外（GATT 21 条）の射程」RIETI Policy Discussion Paper Series 20-P-004（2020）34 頁参照。

109) Panel Report, Russia - Traffic in Transit, para. 7.76.

釈について WTO の先例は、その自己判断的文言から措置国の裁量を認める一方で、措置国は「安全保障上の重大な利益」として「外的脅威からの領土ないし国民の保護ならびに自国の法および公序の維持といった国家の本質的機能に関する利益」を示す義務があるとし、また措置がかかる利益の保護のためのものであることについて最低限のもっともらしさを求めた[110]。他国の人権侵害への懸念に基づく本輸出制限について、これらの点を示すことは多くの場合において困難であるように思われる。

(2) 一般例外

次に、一般例外を定める GATT 20 条は、措置を正当化する理由となる事由を列挙する各号と、措置が不当な差別待遇の手段となるような方法等で適用されないことを条件とする柱書で構成されている。そこで、まずは本輸出入制限が各号に該当しうるかを検討し（ア～ウ）、次に柱書との関係で問題となりうる点について述べる（エ）。

ア　公徳の保護

GATT 20 条(a)号は、①「公徳」の保護のために、②「必要な」措置を正当化する。①「公徳」とは WTO の先例上、国または共同体における「正当なおよび不正な行為の基準」であり、この内容の決定については加盟国に広い裁量が認められる[111]。たとえば、EC アザラシ事件で問題となった EU によるアザラシ製品の輸入制限は、他国の領域で生じるアザラシの非人道的な屠殺に関する EU 市民の道徳感情に対応するための措置とされたが、WTO の先例は、これを公徳の保護のための措置と認めた[112]。かかる先例に基づけば、本輸出入制限も、製品の輸出入を通じて人権侵害に関与することについての市民の道徳感情に対応するものとして、公徳の保

---

110) Panel Report, Russia - Traffic in Transit, paras. 7.127-7.140；Panel Report, Saudi Arabia - Protection of IPRs, paras. 7.279-7.293（TRIPS 協定のケース）。
111) Panel Report, US - Gambling, paras. 6.461 and 6.465；Panel Report, China - Publications and Audiovisual Products, para. 7.759.
112) Panel Report, EC - Seal Products, para. 7.631.

護のための措置と認められうると考えられる[113]。

　一方で、②措置の必要性は、追求される目的の重要性、目的に対する措置の寄与の程度、措置の貿易制限性の比較衡量により判断され、代替措置の利用可能性（別に合理的に利用可能な WTO ルールに整合的な措置があるか）も勘案される[114]。これを本輸出入制限についてみると、措置の貿易制限性は高い一方で、追求される目的の重要性についても認められる可能性は高い。さらに、措置の目的に対する寄与や代替措置の利用可能性については、仮に本輸出入制限の目的が、輸入元国や輸出先国での人権侵害の解消ないし低減であれば、本輸出入制限はそれらの人権侵害の解消に十分に寄与しない場合がある[115]。また、企業に対して人権デューデリジェンスおよびこれに関する情報開示を義務付ける規制や、サプライチェーンに人権侵害がないことを示すラベリング規制のほうが、より貿易制限的ではなく目的達成に効果的であるかもしれない[116]。しかし、本号による保護の対象は、上記の市民感情である。したがって、産品が人権侵害に関連す

---

113) 伊藤一頼「【WTO パネル・上級委員会報告書解説⑩】EC－アザラシ製品の輸入および販売を禁止する措置（DS400, 401）動物福祉のための貿易制限に対する WTO 協定上の規律」RIETI Policy Discussion Paper Series 15-P-005（2015）35 頁参照。WTO の先例に照らすと、「公徳」は幅広い内容を含むものともなりうると考えられ、たとえば Holger Hestermeyer, "International Human Rights Law and Dispute Settlement in the World Trade Organization", Martin Scheinin（ed.）, Human Rights Norms in Other International Courts（Cambridge University Press, 2019）p.220 は、中国 - 出版物等事件（China - Publications and Audiovisual Products）において中国が検閲的措置を正当化するために GATT 20 条(a)号を援用したことを例に挙げ、公徳の概念の中には、表現の自由等の「人権」と衝突しうる利益も含まれうることを指摘している。
　さらに、本輸入制限に関して、強制労働等により製造等された不当に安価な製品から自国産業を保護するといった経済的利益の保護までもが本号で捕捉されるかも問題となりうる。この点に関して WTO の先例は、盗用、不正競争等を許容しない規範は少なくとも概念レベルでは「公徳」に含まれると述べるにとどめており（Panel Report, US - Tariff Measures, para. 7.140）、このような経済的利益がどこまで具体的に「公徳」と認められるかについては WTO 法解釈の今後の展開にかかっている。

114) Appellate Body Report, EC - Seal Products, paras. 5.169 and 5.214.

115) Gudrun Zagel, "The WTO and Trade-Related Human Rights Measures: Trade Sanctions vs. Trade Incentives", Austrian Review of International and European Law Online, Vol. 9 No. 1 (2006), pp. 132-133 参照。

116) 児童労働産品に関するラベリング規制について、Zagel, ibid, pp. 132-133。

ると認められるのであれば、自国市民と他国における人権侵害行為との当該産品の貿易を通じたつながりを断ち切ることができる点において、本輸出入制限の目的に対する寄与は大きく、またこれ以上に目的達成のために合理的に利用可能な措置は存在しないと認められうるように思われる。

イ　刑務所労働

GATT 20 条(e)号は、刑務所労働による産品に関する措置を正当化する条項であり、強制労働を理由とする本輸入制限との関係で検討に値する[117]。

「刑務所労働」の意義が争われた WTO の先例は、現在のところ存在しない。そこで、WTO の紛争解決手続において重視される文言の辞書的意義を「刑務所」についてみると[118]、「拘禁または監禁されている状態；個人の自由の強制的な剥奪；投獄」、「投獄の場所」および「刑罰としてまたは裁判を待っている間に、人々が法に基づいて拘留されている建物その他の施設」とされている[119]。

かかる意義に照らせば、たとえば新疆ウイグル自治区における事例として報告されている強制収容形態の再教育施設における強制労働は、「刑務所労働」の対象に含まれると考えられる。さらに、刑務所の辞書的意義が、必ずしも国家権力による拘束や刑罰としての拘束を必須の要素としておらず、また、本号の趣旨が「刑務所」における労働力の搾取の防止にあるのだとすれば[120]、労働者の意思に反する拘束の下での強制的な労働は、広く本号で捕捉される余地があるように思われる[121]。「刑務所労働」の範囲がどこまで広がりうるのかについて WTO 法の解釈の発展が待たれる。

---

117) GATT 20 条(e)号の対象は、"products of prison labour" であるため、これに該当しない産品の輸出制限は、本号では捕捉されないと考えられる。

118) WTO 紛争解決手続においては、ウィーン条約法条約 31 条および 32 条に拠りつつ、まず規定文言の辞書的な意味を採り上げ、続いて文脈および協定の目的を考慮して辞書的な意味の範囲内で適切と考えるものを選び出すという段階的な解釈を行うことが多い（松下＝米谷・前掲注 49) 115 頁）。

119) Oxford English Dictionary（Online）, 2022 年 6 月更新版の「prison」の項目参照。

120) 松下＝米谷・前掲注 49) 303 頁。

また、措置は、刑務所労働の産品に「関する」ものでなくてはならない
ところ、WTO 先例は、GATT 20 条(g)号の同文言を、措置と目的の間に
「密接かつ真正な関連性」が存在することを要求するものと解した[122]。か
かる解釈が同条(e)号にも当てはまるとすれば、実際に発動される刑務所労
働産品に対する輸入制限措置について、対象産品と強制労働との間にかか
る関連性が認められることが求められると考えられる[123]。

ウ　人の生命または健康の保護

　GATT 20 条(b)号は、人、動物等の生命または健康の保護に必要な措置
を正当化するものであり、本輸出入制限も一見すると本号によって正当化
されうる。

　しかし、同号の「人」が、自国だけでなく他国の市民をも含むのかは先
例上明らかでない[124]。また、同号の場合、本輸出入制限の対象となる産
品の輸出入が、被人権侵害者の「生命」や「健康」へのリスクを生じさせ
るものと言えるのかも問題となる[125]。さらに、上記アのとおり、措置の
必要性が認められるためには、措置の目的達成への寄与度、代替措置の利
用可能性等が考慮されるところ、輸出入制限が被人権侵害者の保護にどの
程度寄与するかは必ずしも明らかでなく、より WTO ルールに整合的な代
替措置も存在しうる。

　これらの点に鑑みると、本号で本輸出入制限が正当化されうるとして

---

121) Federico Lenzerini, "International Trade and Child Labour Standards", Francesco Francioni
　　(ed.), Environment, Human Rights and International Trade (Bloomsbury Publishing, 2001),
　　section 11, pp. 301-302.
122) Appellate Body Report, China - Rare Earths, para. 5.90.
123) Lenzerini, supra note 121, p. 302.
124) 伊藤・前掲注 113) 37 頁。
125) かかるリスクの存在が認められるための十分な科学的根拠があるかを問題とした先例があ
　　る (Panel Report, EC - Asbestos, paras. 8.182 and 8.184-8.194)。Zagel, supra note 115, pp. 131-
　　132 は、かかる先例を参照し、人権侵害に関する措置についても、きわめて危険な労働環境
　　が認められる場合に GATT 20 条(b)号の適用を肯定する。一方で、Sarah H. Cleveland,
　　"Human rights sanctions and international trade; a theory of compatibility" Journal of
　　International Economic Law, vol.5, No.1 (2002), p. 162 は、ジェノサイドや人道に対する罪と
　　いった基本的人権の侵害に関する事例を広く捕捉しうるとする。

も、その範囲は限定されるように思われる。

　エ　GATT 20 条柱書

　本輸出入制限は、上記各号のいずれかに該当したとしても、さらに
GATT 20 条柱書により、同様の条件の下にある諸国の間において恣意的
もしくは不当な差別に当たる方法または国際貿易の偽装された制限となる
方法で適用されないことを要求される。WTO の先例は、差別が「恣意的
もしくは不当な」ものであるかの評価に当たっては、かかる差別が、各号
において承認された措置の政策目的と調和しましたは合理的に関連している
かが重要な要素であるとする[126]。

　本輸出入制限が柱書の要件を満たすか否かは、個別具体的な事例ごとの
検討を要する。しかし、たとえば、同様の人権侵害が認められる国が複数
あるにもかかわらず、全体をみたときの輸出入制限措置の対象が特定の国
に偏っている場合や、特定の国の人権侵害についてのみ措置の対象範囲が
広い（たとえば他国に対しては生産者を限定した輸入制限を行うのに、特定の
国についてのみ生産者を限定せず一定の対象地域の産品すべてを輸入制限の対
象とする）ような場合には、特定の国を狙い撃ちにしているとの疑いが生
じ、措置の目的との合理的関連性が問題となりうるであろう[127]。一方で、
特に措置の目的が人権侵害に関する市民感情という公徳の保護にあるので
あれば、たとえば、対象国における人権侵害が特に深刻であったり広がり
を持つものであったりする場合や、対象国との関係で産品の輸出入量が特
に多い場合には、これらの事情が、対象産品の輸出入が市民感情に対して
特に大きな負のインパクトを及ぼすことを基礎づけるものとして、上記の
ような差別と措置の目的との合理的関連性を肯定する要素として考慮され
る余地があるようにも思われる[128]。

　また、WTO 先例をふまえれば、対象産品と人権侵害との関連性の認定

126）さらに措置の性質や事案をとりまく状況に応じて他の要素も考慮するとする（Appellate
　　Body Report, US - Tuna II（Mexico）（Article 21.5 - Mexico), para. 7.316）。
127）伊藤一頼「貿易措置による人権の保護促進の可能性——多元化した国際法秩序における横
　　断的課題への対応」法時 82 巻 3 号（2010）24 頁参照。

についての透明性の有無や、利害関係者に対する意見陳述の機会の提供など適正手続の要請を充たしているか否かも、措置が不当な差別ないし偽装された貿易制限に該当するか否かの判断に影響する可能性がある[129]。加えて、輸出国の状況や輸出国が規制目的の達成のために利用しうる手段を考慮せずに輸入国の基準を一方的に適用して輸入制限を行ったことを、当該措置の GATT 20 条柱書整合性を否定する要素とした WTO 先例に鑑みれば[130]、他国の人権侵害の認定が、国際人権法等の国際的に広く受け入れられている基準に則っていることが望ましいとも考えられる[131]。

　人権侵害を理由とした輸出入制限に関して、どのような場合に同条柱書の要件が充足されるのかについての WTO 法実務の発展が求められている[132]。

2　GSP に関する措置

　開発途上国に対して先進国よりも近い関税率を適用する GSP は、特定の品目に対する関税を各国一律に課すことを求める GATT 1 条（最恵国待遇原則）に抵触することになるが、この制度は、1979 年に採択された「授権条項」[133] により、かかる原則の例外として用いることが認められている。一方で、上記Ⅲ 3 のとおり、現在の米国や EU における GSP ではさらに、対象国の人権尊重状況等を考慮して、条件を充足する特定の開発途

128）人権侵害の深刻さが GATT 20 条柱書で考慮されるべきとする見解として、Cleveland, supra note 125, p. 174 。
129）Appellate Body Report, US - Shrimp, paras. 180-181 参照。
130）Ibid US - Shrimp, paras. 161-165.
131）Robert L. Howse and Jared M. Genser, "Are EU Trade Sanctions on Burma Compatible with WTO Law?", Michigan Journal of International Law, Vol.29 (2008), pp. 193-194 参照 .
132）さらに、実際に本輸出入制限を発動するか否かを検討する場面では、措置の対象国が WTO に提訴する可能性も重要な観点となろう。これらの措置が WTO に提訴された場合には、審理の過程で、措置の発動国によって、対象国の人権侵害の実態が詳細に明らかにされるおそれがあるからである（Howse and Genser, supra note 131, p.178 参照）。
133）1979 年 GATT 総会で採択された「異なるかつ一層有利な待遇並びに相互主義及び開発途上国のより十分な参加に関する決定」をいう。また後発開発途上国に対する特恵関税は 1999 年の決議（Preferential Tariff Treatment for Least-Developed Countries, Decision of Waiver of 17 June 1999, WT/L/304）により認められた。

上国のみに特恵関税を供与しているところ、このような開発途上国間での異なる特恵関税の供与までもが認められるかが別途問題となる。

　この点に関するWTOの先例は、授権条項の「無差別」性の要求[134]の解釈として、開発途上国間で異なる特恵関税を供与すること自体は許容されるとしつつ、一方で同様の状況にある（すなわち、GSPの特恵が対応しようとする「開発上、資金上および貿易上のニーズ」（以下「開発上等のニーズ」という）を有する）すべてのGSP受益国にとって、同一の待遇が利用可能でなければならないと判断した。また、かかる必要性は客観的基準に従って評価されなければならず、WTO協定や他の国際機関によって採択された多国間合意がそのような基準として機能しうるとした。さらに、かかる先例によれば、授権条項3項(c)号の「積極的に」という文言を根拠に、GSP受益国に対する待遇は、受益国の開発上等のニーズに基づく状況を改善する目的でとられるものでなければならない[135]。

　以上をふまえると、対象国の人権尊重状況等をGSPの特恵関税供与の条件とすること自体は認められるが、この場合には、当該条件を満たすすべての国に特恵が供与される必要がある。加えて、いかなる範囲の人権に関する条件が、対象国の開発上等のニーズに対応するものと認められるかも問われることになるが、上記先例は、開発上等のニーズの具体的な解釈までは行っておらず、この問題は今後の事案の展開に委ねられている[136]。また、かかる条件を設定する際には、EUのGSP+のように、国際条約等の国際基準に依拠することで、WTO協定との整合性が認められやすくなるであろう。さらに、授権条項3項(c)号の「積極的に」との関係では、EUや米国のように、特定の人権に関する措置を講じていない国をGSPの対象外とするネガティブ・コンディショナリティがこの要件を満たすか

134）授権条項脚注3。

135）以上について、Appellate Body Report, EC - Tariff Preferences, paras. 163-174。なお、仮に授権条項で正当化されなかったとしても、GATT 20条による正当化がさらに論点となりうるが、これらの規律の関係性は先例上明確ではない（川島富士雄「ECの途上国に対する関税特恵の供与条件（GSP）事件」WTOパネル・上級委員会報告書に関する調査研究報告書（2004年度版）243～244頁）。

136）川島・前掲注135）238頁。

についても先例上明らかではない点といえる[137]。

:: Ⅵ　実務に対するインプリケーション

　本章は、人権問題についての通商規制について、近年急速な展開がみられることを明らかにした。

　このような全体的な潮流は、グローバルにビジネスを展開する企業にとって、かかる制度や規制の内容を正確に理解するとともに、国内外のサプライチェーンにおいて人権侵害が行われていないことを確保する必要性がさらに高まっていることを示すものといえる。サプライチェーンの具体的な点検および構築のあり方については第2章「人権デューデリジェンスの実践」で詳しく取り上げる。

　一方で、このような「守り」の観点とともに、「攻め」の観点も意識されるべきと思われる。たとえば、FTAの労働ルールに含まれるパブリックサブミッション制度や、米国輸入制限におけるCBPに対する第三者からの情報提供は、人権侵害によって競合他社の製品が不当に安価に製造され、自社が競争上不利に立たされている場合に用いることのできる仕組みとなりうる。さらに、本章で取り上げた通商政策の発展が少なからずその国の国民意識を反映しているものであるならば、人権問題への積極的な取組みが、国内外の投資家や消費者からの評価につながり、自社の競争力強化に資することになりうる点も重要であろう。加えて、人権侵害への対処を標榜して実施される他国の措置が、目的との関係で過剰であったり差別的であったりする場合には、WTO整合性の観点から疑義を示し、恣意的な規制を抑止することも検討されるべきである。

　また、欧米で発展している人権侵害に対応するための単独アプローチを、日本でも導入しようとする動きが今後具体化するかもしれない。本章の分析は、その際に、制度の設計や運用のあり方について、制度の目的や

137）川島・前掲注135）239頁は、特定の要件を充足しない場合に特恵を撤回する条件を課すことは、「積極的な」対応に該当しない可能性が高いとする。

手段としての合理性、国際関係や経済への影響といった観点だけではなく、WTO ルールとの関係という法的観点からも、さまざまな論点について慎重な検討が必要になることを示している。

　人権問題に関する各国の通商政策の展開や国際ルールを十分に把握した上で、この問題に戦略的および主体的に取り組んでいくことが求められているといえよう。

▶**第2章**

人権デューデリジェンスの実践

▶▶▶▶▶▶▶▶

:: Ⅰ　はじめに

　第1章「人権問題と通商規制」では、人権問題に関する通商政策について近年急速な展開がみられることを明らかにした上で、これらの政策に対処するという観点からも、国内外のサプライチェーンにおいて、人権侵害が行われていないことを確保する必要性が高まっていることを指摘した。また、近年、企業に対して人権デューデリジェンスに関する取組みを義務付ける法令の制定が各国で相次いでいる。たとえば2021年6月には、ドイツのサプライチェーン注意義務法、ノルウェーの基本的人権および適正な労働環境に係る企業の透明性に関する法律が立て続けに成立し、また2022年2月には、欧州委員会から、広くバリューチェーン上の人権・環境リスクのデューデリジェンスを義務付ける指令の法案が提出された[1]。これらの海外の動向をふまえ、日本でも、2022年9月に、経済産業省が、将来の法制化の可能性も見据えて「責任あるサプライチェーン等における人権尊重のためのガイドライン」[2] を策定し、2021年6月に改訂されたコーポレートガバナンス・コードでも、上場企業が適切な対応を行うべきとされる「サステナビリティを巡る課題」の中に人権が明記されている[3]。

---

1) 詳細は、JETRO「『サプライチェーンと人権』に関する政策と企業への適用・対応事例（改訂第六版）」（2022年7月）〈https://www.jetro.go.jp/ext_images/world/scm_hrm/report210609_r6.pdf〉参照。

2) https://www.meti.go.jp/press/2022/09/20220913003/20220913003.html

3) コーポレートガバナンス・コード補充原則2 3 ①。

このような各国法の進展とも相まって、企業は、自社の事業と人権問題が関係する場合、各国国内法違反に係る法的リスクのほか、投資家による投資の引き揚げ、訴訟リスク、取引先からの取引停止、消費者による不買運動、従業員のストライキによる業務停止、これらを含むレピュテーションリスク等のさまざまなリスクに直面する場面が増している。

　かかる動向に鑑み、国内・海外双方のサプライチェーンの人権デューデリジェンスの実施がますます急務となっていることは、多くの日本企業においてもすでに認識されつつあるところであろう。他方で、人権デューデリジェンスは、多くの日本企業にとって国際人権法に対する馴染みがなく、「人権とは何か」ということが腹落ちされていないこと等が原因で、基本的な視点も含めて未だ十分に理解されていない点が多いとも感じる。また、実際には、企業買収時のいわゆる法務デューデリジェンスとは多くの点で異なるアプローチが必要であるが、その点の理解も進んでいないように思われる（Ⅲ1および2で触れるステークホルダーエンゲージメントの重要性や、参照すべき規範が各国国内法にとどまらず国際法である国際人権法とされること、下記Ⅲの1で後述する優先順位付けの際の考慮要素のほか、人権デューデリジェンスは人権侵害の状況や企業の関与形態の流動性に鑑み継続的な取組みが必要であること等、さまざまな点で相違が存在する）。そこで本章では、欧州その他の人権関連法令の制定が先行する国での実務もふまえ、人権デューデリジェンスの実践方法に関する概説を行う。

:: Ⅱ　人権デューデリジェンスの全体像

　企業が人権デューデリジェンスを行うに当たり参照すべき最も重要な文書は、2011年に国連の人権理事会の関連決議により全会一致で承認された「ビジネスと人権に関する指導原則」（以下「指導原則」という）である。上記のとおり、近年、海外諸国における人権関連法制の導入が加速しているものの、それ以前から、指導原則によって企業の人権尊重責任が国際的に求められていたことを改めて強調しておきたい。指導原則は、グローバル化による企業のバリューチェーン[4]の世界中への拡大および企業活動に

関わる人権侵害の増加を背景に、伝統的に各国が国際人権法に基づき負担する義務のみでは対処できない部分を埋める目的で策定された、いわゆるソフトローであり、企業の人権尊重責任を求めるものである。

　なお、先行する海外の法制の中には、英国現代奴隷法（サプライチェーンの上流で発生する強制労働や人身売買等を対象とする）等、問題になる人権の類型が狭く限定されている法律もあるが、EUで審議中の指令案も含め、近年では、広く企業の人権責任を認める指導原則の考え方に準拠するものが各国法制度の主流となりつつある。また、日本の「責任あるサプライチェーン等における人権尊重のためのガイドライン」も、指導原則を基礎としている。この点からも、いかなる国の関連法制に対応する場合であっても、まずは指導原則の内容を十分に理解し、これに基づく対応を進めることがきわめて重要であるといえる。

　指導原則上求められている企業の責任として、具体的には、(a)人権尊重責任を果たすための企業方針に基づくコミットメント、(b)人権への負の影響の特定・防止・軽減および対処についての責任を持つための人権デューデリジェンスの定期的な実施、(c)企業が原因を作出しまたは助長した人権への負の影響に対する救済手続の整備がある[5]。本章では、このうち主に(b)の人権デューデリジェンスに関して、1「人権への負の影響の特定」（具体的には、優先順位付け、情報収集、人権への負の影響の分析・評価）、2「人権への負の影響の停止・防止・軽減に向けた行動」、3「追跡調査（モニタリング）」、4「外部に対する報告」という4段階に分けて解説を行う。また、5として、人権デューデリジェンスの結果をふまえた「是正（救済）」についても触れる。

　なお、日本においても、程度の差はありつつも、すでに一応の人権方針

---

4) バリューチェーンとは、付加価値を加えてインプットをアウトプットに変換する活動を包含し、直接的または間接的な取引関係にあり(a)ある企業の製品やサービスに貢献する製品やサービスを供給する企業、または(b)ある企業から製品やサービスを受領する企業の双方が含まれる（United Nations Office of The High Commissioner For Human Rights, "THE CORPORATE RESPONSIBILITY TO RESPECT HUMAN RIGHTS An Interpretive Guide" p.8 (2012)）。

5) 　指導原則15。

は策定済みである企業が多いと思われることから、本章では、(b)人権デューデリジェンスの前提となる、(a)人権方針の策定の方法に関する解説は行わない。もっとも人権方針の策定は、自社の優先課題の特定や人権尊重に関する体制へのコミットメントを含め、人権デューデリジェンスを行う前提となるものであり、かつ、外部環境の変化や既に行った人権デューデリジェンスの結果もふまえて随時アップデートしていくべきものであることに留意が必要である。

:: Ⅲ　人権デューデリジェンスの各ステップ

1　人権への負の影響の特定[6]

(1)　優先順位付け

人権デューデリジェンスを開始する際に、取引先の数や人権リスクの種類等をふまえると、対応事項が多すぎて何から開始したら良いかわからないという声をよく聞く。企業活動との関係で問題になりうる人権リスクは、特に企業規模や業務の性質等によっては膨大になりうるからこそ、優先順位を付けて人権デューデリジェンスに取り組むことが必要である。

後記(3)のとおり、指導原則は、自らが原因を作出しまたは助長した人権への負の影響のみでなく、第三者との事業上の関係を通じて自社の事業・製品またはサービスに直接結び付く人権への負の影響についての対処を求めており、また、そもそも人権デューデリジェンスで問題とすべき「国際的に認められた人権」は非常に広範な種類の人権を包含する。日本企業にとって必ずしも馴染みのない法的概念である「強制労働」や「児童労働」が、自社のサプライチェーン上流の末端で生じている場合にも指導原則の適用場面とされるが、これは、海外事業や海外取引に際して自社が適用対

---

6)　より詳細な解説は、渡邉純子「サステイナビリティと日本企業の海外進出－ビジネスと人権⑦　人権デューデリジェンスの実践［その2］－」（2021 年 7 月 8 日）〈https://www.nishimura.com/ja/newsletters/corporate_210708.html〉参照。

象となる各国国内法のみに基本的に配慮していればよかった従来のコンプライアンス法務とは根本的なアプローチを異にする。

　そのため、企業によってはすべての人権リスクに同時に対処することはほぼ不可能であるという前提のもと、指導原則上、特にバリューチェーン上で数多くの他企業とつながる企業は、優先順位を付けて人権デューデリジェンスに取り組む必要性が高いとされている。具体的には、特定のサプライヤーや顧客の業務状況、関連する特定の事業・製品またはサービス、その他の関連する考慮要素をもとに「人権への負の影響が最も大きい一般的な領域」を特定した上で、人権デューデリジェンスにおいて当該領域を優先することが求められている[7]。なお、誤解されがちであるが、「人権への負の影響」とは、人権保持者（以下「ライツホルダー」という）の有する人権への負の影響（潜在的な影響も含む）を指しており、人権侵害に関与したことによって企業自身に対して生じるリスクと同義ではないことに留意が必要である。たとえば、企業が人権侵害に関与した場合、Ⅰで述べたように、各国国内法違反に係る法的リスクのほか、従業員からのストライキ等によるオペレーショナルリスク・投資家による投資の引き揚げリスク・訴訟リスク・レピュテーションリスク等、さまざまな形で企業自身に対するリスクが顕在化するが、人権デューデリジェンスにおいて確認すべき対象は、あくまでライツホルダーに生じているまたは生じうる具体的な人権への負の影響であり、これは企業に対するリスクとは、質的にも量的にも常に同義ではない。

　優先すべき領域の特定において最も重要な要素は「深刻性」であり（指導原則24）、具体的には、①規模（人権に対する負の影響の重大性）、②範囲（影響を受けるまたは受けうる人の人数）、③是正可能性（負の影響が生じる前の状態に戻すことの困難性）により判断される[8]。一般的な企業買収における監査手続の際の視点とは異なり、指導原則上は、発生可能性よりも深刻性が重視されることに留意が必要である。したがって、人権デューデリジ

---

7) 指導原則17のコメント部分参照。
8) 指導原則14のコメント部分参照。

ェンスでは、発生可能性がたとえ低くても、仮に発生した場合に深刻度が高いリスク（人の死につながるおそれがある場合等）は優先される。ただし、最も深刻度が高いもの以外の中での優先順位付けに関しては発生可能性を考慮することもありうる。

　人権デューデリジェンスの対象範囲として高い優先順位を付けるべき「人権への負の影響が最も大きい一般的な領域」は、個々の企業の属する業界・業種、事業を展開するまたは取引を行う国・地域、自社の取扱製品やサービスの内容、自社のバリューチェーン上に存在するライツホルダーの属性等によっても異なるため、各社に即した個別具体的な検討が必要である。たとえば、数ある人権課題のうち、強制労働や児童労働といった労働者の人権に関する問題（これらがたとえば米国の輸入制限の対象となっていることについては第1章参照）は、広範なサプライチェーンを有する製造業であれば一般的に避けて通りにくく、高い優先順位を付すことが必要である。かかる場合、サプライチェーンの全体像を把握した上で、特に問題になりやすい製品・部品や国・地域等をもとに優先順位付けをすることが一つの方法である。国・地域によっても、「国際的に認められた人権」を規定する国際人権条約の批准状況や、制定されている国内法の対象範囲、（国内法が存在したとして）実際の現場での監督執行状況はさまざまであり、また、紛争が勃発した地域や貧困率の高い地域であればあらゆる人権侵害に関与してしまうリスクが高まる。取扱製品によっても、たとえば、カカオ豆を使用する場合は児童労働が問題になりやすいといった相違があり、また、サプライチェーン上に非正規労働者が多い場合には移民という属性に応じた問題が生じやすい等ライツホルダーの属性に応じた人権課題の特徴も異なる。

　客観性を担保しつつ上記の検討作業を行うためには、信頼性のある情報源をもとに検討する必要があり、たとえば、以下のような情報源を活用することが考えられる。

・　各国際機関（各人権条約機関[9] を含む）や各国政府機関の発行している報告書

- 国際 NGO 等の市民社会組織や人権専門家・研究機関による報告書
- メディア情報
- 社内の既存の監査・審査手続から得られた情報
- （人権への負の影響に対する救済を実現するための、ライツホルダーから直接問題提起をすることが可能な苦情処理メカニズム（以下「グリーバンスメカニズム」という）をすでに企業として構築している場合）グリーバンスメカニズムを通じて得られた特定の人権リスクに関する実際の通報情報　等

　一方で、常に状況が変動しうる人権課題の本来的性質、および救済が最終的な人権デューデリジェンスの目標である点に鑑み、この優先順位付けの作業はできるだけ効率的に行うことの重要性も強調しておきたい。人権を取り巻く状況はあらゆる国・地域で刻一刻と変化するほか、企業側の事業活動の範囲やストラクチャーの変更に伴い企業と人権リスクとの関わり方も流動的である。また、そもそも時代に合わせて新たな国際人権の内容も生まれていく（この点の詳細については後掲注16）参照）。指導原則は、人権デューデリジェンスの全工程において信頼性・客観性を確保するべく、人権に関する社内外の独立した専門家の活用とステークホルダーとの協議を求めているが[10]、これは人権デューデリジェンスの対象範囲を効果的に確定させる上でも重要である。

(2)　情報収集[11]
　対象範囲の確定後は、人権への負の影響を分析するための材料となる情

---

9) 国連で作成された中核的な各国際人権条約の、締約国による国内での条約の履行状況を国際的に監視するために設けられた機関。個人資格の委員で構成される委員会の設置を通じて、一般的意見等の発行により各人権条約の解釈等を日常的に行うほか、国家報告制度を通じて各締約国の状況を審査し総括所見を発行する等の活動を行っている。
10) 指導原則18。
11) より詳細な解説は、渡邉純子「サステイナビリティと日本企業の海外進出－ビジネスと人権⑧ 人権デューデリジェンスの実践［その3］－」(2021年8月5日)〈https://www.nishimura.com/ja/newsletters/corporate_210805.html〉参照。

報収集を行う。この際、ライツホルダーを含む関連ステークホルダーを関
与させることが重要である（いわゆる「人権アプローチ」[12]）。特に、企業活
動により最も重大な影響を受けるのは多くの場合に最も脆弱性の高い個人
または集団（具体的には、女性・子供・先住民族・障害者・性的マイノリテ
ィ・移民・難民等を指す）であるため、これらの者の実際の声が人権デ
ューデリジェンスに反映されるよう注意する必要がある。

　情報収集の具体的手法としては、図表1-2-1のような分類がありう
る。優先順位付けや自社の業態、人権デューデリジェンスの進捗状況等を
ふまえて適切な手段を選択することが求められ、特に、上記(1)の手続を通
じて特に優先順位が高いとされた調査範囲については、図表1-2-1のう
ち複数の手法を組み合わせて調査を行うことが重要である。

図表1-2-1　情報収集の手法の分類

分　類	性質・活用方法
セルフチェックリスト（＊1）による確認	チェックリストを使用して、自社の人権尊重の状況や人権への負の影響の有無を確認し、また、取引先等の第三者の状況について当該第三者自身に確認させる手法。もっとも、人権への負の影響は、性質上表面的なチェックリストによる確認では十分な情報は得られない（かつ取引先等の第三者による確認のみでは客観性も担保されない）ため、多くの場合、全人権課題の概要の理解や各社の重点確認項目を認識するための初期的な確認作業という位置付けとなる（＊2）。
内部資料のレビュー	人権方針や関連する内部規則の内容、各社固有の人権リスクに応じた各種契約書等における対処方法の反映の有無を確認する。各種社内資料上、自社や取引先等が関係する人権への負の影響に関連する記述があるかという点も確認の対象となる。
公表情報のレビュー	取引先等の第三者に関する信頼できる評価を記載した外部資料（メディアソース、評価機関やNGOの発表資料等）が存在する場合にはそれらを確認対象とする（＊3）。

12）SDGsの達成状況測定のためのデータ収集に関する「人権アプローチ」の国連高等人権弁務
　官事務所の解説。〈https://www.ohchr.org/Documents/Issues/HRIndicators/Guidance
　NoteonApproachtoData.pdf〉が、企業が人権デューデリジェンスを行うに当たっても必要な
　留意点として参考になる。

社会監査の実施	外部の調査機関（＊4）による、主に工場を対象とする一日または数日単位で実施される監査。たとえば労働安全衛生等、現地調査が必須である人権課題に関して特に有効なツールとなる。一方で、調査方法や監査の性質上の限界は海外では多く指摘されており（＊5）、特にハイリスクの事業や地域においては伝統的な方法の監査では確認しづらい点に留意することが必要である。
ライツホルダーからのヒアリング等	人権侵害に関する生の情報は通常十分に文書化されていないこと、また特に人権課題に関しては既存文書と実態が異なることを前提にすべきこと等の理由から、ライツホルダーから直接情報を得る機会を十分に設けることはデータ収集の最も重要な手法といえる。特に面談を行う場合はセンシティブな立場にあるライツホルダーに対する配慮（＊6）が必要であり、第三者である外部専門家を交えて行うことも重要である。
関連するステークホルダーからのヒアリング	現地の事情に最も精通している現地NGOや労働組合等から、対象国・地域／業界ごとの具体的な人権課題に関するヒアリングを行う。ライツホルダーから直接情報を収集することが難しい場合（＊7）にも有効な手段となる。
グリーバンスメカニズムを通じた情報の受領	日常的に、かつ、ライツホルダー側からの自発的意思により情報を吸い上げられるのが利点である。一方で、人権課題は性質上対話形式で情報を確認しなければ詳細な情報まで得られないことが多いため、事案によりその後の対話とセットで検討することが必要とされる。
その他、各地域等に応じて取りうる手法	ライツホルダーの生の声が最もよく集約されやすい媒体は、各国・地域ごとの文化等に応じても異なるため、現地の事情に精通している現地NGOや労働組合その他の人権専門家とも協働して各場面に応じた手法を検討する。

＊1　self-assessment questionnaire を略して SAQ とも呼ばれる。
＊2　他方で、ステップ1の優先順位付けの結果、比較的低リスクと判断された事業や地域等については、簡易な方法である SAQ を主として活用することも考えられる。
＊3　また、多くの途上国でもスマートフォンが普及している現代では、ライツホルダーが SNS 等に直接自己や他者に対する人権侵害に関する情報を書き込むこともあり、これらも調査の端緒として確認する意義がある。
＊4　社内のチームにより同様の調査を行う場合もありうる。
＊5　たとえば、基本的にチェックリストの雛形に基づき確認されるため各地域またはケースに応じた調査がされにくいこと、数日間等短期間の監査が多いため違法な長時間労働等の問題も隠し通すことが可能であること、報告の内容に関して依頼企業から監査結果に対する厳しい確認が行われにくく、また、外部に公表されず第三者による確認も行われない（ライツホルダーにも結果が共有されない）ため調査の質が問われにくいこと等が挙げられる（Genevieve LeBaron et al., "Governing Global Supply Chain Sustainability through the Ethical Audit Regime" Globalizations Volume 14 Issue 6（7 April 2017）pp. 958-975〈https://www.tandfonline.com/doi/full/10.1080/14747731.2017.1304008〉ほか）。

＊6　たとえば、労働者の場合は管理者側を同席させずに面談を行うこと、特に脆弱な立場にあるマイノリティに属する個人・グループに着目した人権課題の調査を行う場合には、マジョリティ側に属する者の同席を排除して行うこと、心理的安全性を確保するために適切な人数を考慮して場の設定を行うこと、面談場所もオンサイト（勤務場所）・オフサイトを使い分けること、法律用語や専門家以外には直ちにその意味が明らかではない「強制労働」等の言葉を使用せずに面談対象者の理解できる概念や方法を使用して対話を重ねる等のさまざまな配慮・工夫が必要である。
＊7　特に Tier 2 サプライヤー等、自社と直接の情報チャネルが確立できていない場合にも有用である。

　なお、図表1−2−1の各手法は、以下(3)①で後述する、第三者との事業上の関係を通じて企業の事業・製品またはサービスと人権への負の影響が直接結び付く場合にも適用される（図表1−2−2の類型③の場合）。この場合は当該第三者による人権尊重の状況を調査することになるが、当該第三者が自社と直接の契約関係にある取引先（Tier 1 サプライヤー等）であれば、当該取引先自身が契約上特定されていること、また、自社が当該取引先にとっての顧客等であるという関係から、必要な情報収集を行うことは比較的容易である。これに対して、自社と直接契約関係のない第三者（Tier 2 サプライヤー等）に関しては、そもそも当該第三者自身を特定できていないという場合も往々にしてあり、また、特定できているとしても、その間接的な関係性から、情報収集に苦慮することが実務上多い。一方で、サプライチェーンの上流に遡り、かつ、インフォーマル経済に近づくほど、人権侵害の温床となりやすく人権侵害リスクが高まるというジレンマが存在する。

　この場合、直接取引先との長期的な信頼関係を築いた上で、間接取引先に係る情報（具体的には、生産者単位の名称、所在地、現場管理者の連絡先、生産される物の分類、量、頻度、労働者数、直接取引先による人権リスク評価をしている場合にはその結果等が考えられる）の開示を要請すること、具体的な手段としては、直接取引先との契約に、連鎖的な情報開示を要求するフローダウン条項（当該取引先の取引先との契約にも同様の条項を入れることを要請し、サプライチェーン上の連鎖的な情報開示を可能にするもの）等を規定することが考えられる。その上で、直接取引先と協働して、または他企業等との共同の取組みを通じて、間接取引先に対する人権デューデリジェ

ンスを実施することが考えられる（これは、サプライチェーンのコントロール・ポイントに位置する企業（自社より上流に位置する事業上の関係先に対して、より大きな可視性または影響力を有する可能性の高い企業を指す）を特定し、当該企業による人権デューデリジェンスのプロセスを評価する手法も含む。当該企業が適切に当該企業の上流のサプライチェーンについて人権デューデリジェンスを実施していることが確認できれば一定の安心感が得られるという発想に基づく方法である）[13]。さらに、グリーバンスメカニズムの利用者を間接取引先のライツホルダーにも拡大したり、（そもそも自社のサプライチェーンの上流の特定の地域で人権侵害が蔓延していることが外部資料等から明らかである場合には、個々の間接取引先の調査を省いた上で）地域全体における人権への負の影響に直接対処する等の手段を駆使したりして対応する必要がある。

(3) 人権への負の影響の分析・評価[14]

続いて、収集した情報に基づき人権への負の影響の分析・評価を行う。当該分析・評価は、①自社が人権への負の影響に対してどのように関与しうるかという類型の理解および②当該負の影響の対象となる「国際的に認められた人権」の具体的内容に対する理解と関連する国内法の確認に基づいて行う必要がある。

① 企業の関与形態の類型整理

指導原則では、人権への負の影響に対する企業の関与形態について、図表1-2-2の3つの類型を想定している。いずれの類型に該当するかにより、後記2のとおり企業に求められる対処方法が異なるため、図表1-2-2の枠組みを意識しつつ分析を行うことが重要である。

13）コントロール・ポイントの具体的な特定は、サプライチェーンの末端に向けて作用する企業の影響力の大きさ等を考慮して行う（詳細は、OECD「責任ある企業行動のためのOECD デュー・ディリジェンス・ガイダンス」（2018）69 頁参照）。

14）渡邉純子「サステイナビリティと日本企業の海外進出—ビジネスと人権⑨ 人権デューデリジェンスの実践［その4］—」（2021 年 9 月 8 日）〈https://www.nishimura.com/ja/newsletters/corporate_210908.html〉も参照。

図表1－2－2　人権への負の影響に対する企業の関与形態の類型

類　型	解　説	具体例
①（企業が人権への負の影響の）原因となる場合	企業活動が（第三者を介さずに）人権への負の影響を生じさせている場合	・自社の採用手続において差別を行う（外国人労働者や女性に平等な雇用機会を一律的に与えない等）。 ・安全衛生上必要とされる保護具を与えずに、危険な労働状況下で自社の労働者を働かせる。
②（企業が人権への負の影響を）助長する場合	企業活動が、(a)第三者の企業活動と相まって負の影響を引き起こす場合、または(b)第三者が負の影響の原因となることを実質的に生じさせ、促進または動機付ける場合 ＊　実際に負の影響を促したまたは動機付けた程度、負の影響またはその可能性についての予見可能性、実際に負の影響を軽減しまたは影響発生のリスクを減少させた度合い等を考慮して、自社が実質的に人権への負の影響を増大させていると評価できる場合に、②の類型に該当する。	〈(a)の場合〉 ・個社としては現地の環境規制上許容される量の化学物質を排出していたが、同一の地域で操業する他社の排出量と合計した結果、水質が汚染され、地域住民の清潔な生活用水に対するアクセスが阻害された。 〈(b)の場合〉 ・過去の取引実績から、その納期では実現不可能であることを知りながら、非常に短期のリードタイムでサプライヤーに納期を設定した結果、サプライチェーン全体を通じて超時間労働が恒常的に発生し、Tier 2 サプライヤーの労働者が強制労働を強いられた。 ・政府に対して批判的な意見を表明する個人を罰する目的で個人情報を収集している途上国政府の求めに応じ、SNSのユーザー情報を提供した。 ・自社の製造する監視技術が、市民に対する人権侵害を行っている軍事政権により使用されていることを知りながら、当該国の政府に対して当該サービスの提供を継続した。
③（上記①②に該当しないが、人権への負の影響が）第三者との事業上の関係を通じて、企業の事業・製品またはサービスと直接結び付く場合	事業上の関係を有する「第三者」とは、直接の契約先に限定されず、広く、自社のバリューチェーン上の事業パートナーおよび自社の事業・製品・サービスと直接関連する政府組織または民間企業を指す＊。 （注）本類型の場合には、①および②の場合と異なり、自社の企業	・電気自動車（EV）の製造に利用していたコバルトが、サプライチェーンの上流で、コンゴ民主共和国における児童の強制労働により採掘されていた。 ・合意条件に反して、繊維メーカーのTier 1 サプライヤーが児童に対して下請けをさせていた。 ・金融機関として事業会社に発電所建設のためのプロジェクトファイナンスを提供していたところ、合意した融資条件に反して、地元市民との十分な事前協議を経ずに強制立退が行われていた。 ・自社の開発・製造する医療機器（超音波技術）

| | 活動と人権への負の影響との間の因果関係は必要とされない。 | が、インドの農村において女児と判断された胎児の中絶に使用されていることが発覚した。 |

* 自社の下流に位置する事業パートナーも含み、また、上流に関しても Tier 1 サプライヤーに限定されない。自社が合弁事業の少数株主である場合の合弁会社等も含む。

　なお、図表1-2-2のうち、第三者が関与する場面での類型②と③の区別は相対的であり、自社の関わり方次第で、実質的に自社が人権への負の影響を実質的に増大させているか（類型②）、または、助長まではしていないと評価されるものの第三者を通じて人権への負の影響と自社の事業等が直接結び付いているか（類型③）、という観点で判断される。よって、同一事案においても、時の経過にしたがって自社の関わり方が変化することで、該当する類型が変動することもありうる。

　②　国際人権の内容理解および関連する国内法の確認
　指導原則にしたがって企業が参照すべき規範、すなわち企業が尊重責任を負う人権は、「国際的に認められた人権」であり、具体的には、最低限、①国際人権章典（世界人権宣言、およびこれを条約化した主要文書である自由権規約ならびに社会権規約）および②労働における基本的原則及び権利に関する国際労働機関（ILO）宣言で挙げられている基本的権利に関する原則（強制労働、結社の自由・団結権・団体交渉権、児童労働、職場における差別、労働安全衛生の5つの分野を包含している）において表明されている人権を指す[15]（図表1-2-3）。これらは条約という形式で存在している国際人権法・国際労働法であり、非常に幅広い種類の人権を網羅している。もともとこれらの国際法の名宛人は国家であり、企業に対して直接に法的拘束力を有するわけではないが、企業は、人権デューデリジェンスを実施するに当たり、これらの条約上の国際人権の内容を参照する必要があるというのが指導原則の考え方であり、また、冒頭に述べた近年海外で発展する法制度でも同様の考え方が主流となりつつある。したがって、これらの国際人

---

15) 指導原則12。

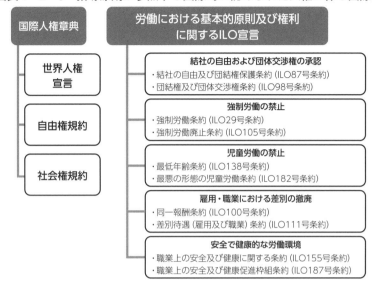

図表1−2−3　指導原則が参照する国際的に認められた人権に係る国際法

国際人権章典

世界人権宣言

自由権規約

社会権規約

労働における基本的原則及び権利に関するILO宣言

結社の自由および団体交渉権の承認
・結社の自由及び団結権保護条約 (ILO87号条約)
・団結権及び団体交渉権条約 (ILO98号条約)

強制労働の禁止
・強制労働条約 (ILO29号条約)
・強制労働廃止条約 (ILO105号条約)

児童労働の禁止
・最低年齢条約 (ILO138号条約)
・最悪の形態の児童労働条約 (ILO182号条約)

雇用・職業における差別の撤廃
・同一報酬条約 (ILO100号条約)
・差別待遇 (雇用及び職業) 条約 (ILO111号条約)

安全で健康的な労働環境
・職業上の安全及び健康に関する条約 (ILO155号条約)
・職業上の安全及び健康促進枠組条約 (ILO187号条約)

権・労働法の内容を正確に理解しておくことが必要となる。

　各国際人権の内容[16] については、国連の各人権条約機関の一般的意見や、国連人権理事会の各国に対する普遍的定期的審査の結果および特別手続の報告書、ILO の監視システムに係る報告書、各国裁判例等のソースが解釈の参考となり、その点でも人権に関する専門人材を人権デューデリジェンスに関与させることが重要である。

　抽象的で、ともすれば客観的な基準が存在しないという印象を抱かれがちな「人権」であるが、これらの国際人権基準を紐解けば手がかりとなる基準を理解することができる。たとえば、サプライチェーン上の人権課題としてよく問題になる強制労働の定義は、「ある者が処罰の脅威の下に強要され、かつ、右の者が自らの自由意思で申し出たものではない一切の労

---

16) 国際人権法の法源や成立の仕方については、渡邉純子「サステイナビリティと日本企業の海外進出－ビジネスと人権⑥ 国際人権法の成り立ちと実務への適用・水に対する権利を題材に－」(2021 年 6 月 2 日)〈https://www.nishimura.com/ja/newsletters/corporate_210602.html〉参照。

務を指す」とされており、①処罰の脅威、および②自発的に行われない労働または役務という2つの要素によって特徴付けられる（端的には、ある者が自らの自由な意思に反して労務を提供しており、かつ、処罰や処罰されることの脅威を避けては当該状況から離脱することができない場合を指す）[17]。ここにいう「処罰」とは、物理的・肉体的な処罰または制約（監禁、暴力による威嚇やその行使、労働者が職場の外に自由に出ることの制限等）に限られず、特定の権利や特権を失うこと（たとえば賃金不払い）や、不法就労者の当局に対する告発等のあらゆる形態を含む。また、強制労働は、業界や職種を問わず、かつ、法令に則った正式な雇用か違法な雇用かを問わずいかなる形態の労務をも含む。対象となる者はすべての自然人であり、成人か未成年かを問わず、また、強制労働の発生国の国籍の保有の有無も問わない。ILOが公表している、強制労働該当事案の最も典型的な発見の端緒となる11の指標も実務上参考になる。具体的には、脆弱性の利用、詐欺、移動の制限、孤立、身体的・性的暴力、脅迫、身分証明書の保持、賃金の差し押さえ、負債による束縛、虐待的な労働環境および生活環境、および過剰な時間外労働である。一般的に抱かれている「強制労働」のイメージとは異なる態様のケースもこれらに該当することが多いため、国際人権・労働法の内容を正確かつ具体的に理解することが必要である。

　加えて、人権デューデリジェンスを行う上では、関連する各国国内法の内容も把握しておく必要がある。これは複数の理由に基づくが、まず、指導原則上、企業はあくまでも国際法に基づく国際人権基準の尊重責任を負うところ、仮に当該基準に照らして国内法に（人権保護の水準の観点から）不足がある場合には、従来の法務チェックでは拾えていない重点対応分野が理解できるためである（国連の定義する途上国・新興国の国内法や、その実際の執行体制を含む実務は、往々にして国際人権基準を下回っていることがあるため、特に留意が必要であり、これらの国際人権基準とのギャップが、上記(1)で述べた優先領域ともなりうる）。次に、国際人権基準違反の有無の判断においても、論点によっては、国内法の基準が一つの目安となることも

---

17) ILO中核条約の一つである1930年強制労働条約（29号）2条1項。

ある（たとえば、上記に述べた強制労働の指標の一つである時間外労働が、各事案で各国国内法の法令で許容されている限度を超えているか否かは、強制労働該当性を判断するための一つの目安となる）。さらに、指導原則上、人権尊重責任を果たそうとすることによって別の観点での国内法遵守の要請との矛盾関係が生じてしまう場合には、双方の両立を目指した対策を検討することが求められており[18]、人権への負の影響への対処の段階でも国内法に基づく検討が必要な場面もある。加えて、下記5で述べる是正方法の検討の際に、各国国内法上取るべき手段が規定されている場合もある。

2　人権への負の影響の停止・防止・軽減に向けた行動

　人権への負の影響を特定した後は、当該負の影響の停止・防止・軽減のための措置の実施が求められる。上記1(3)①で解説した類型に応じて、人権への負の影響に対して企業に求められる対応は以下のとおり異なる[19]。

　①　企業が人権への負の影響の原因となりまたは原因となりうる場合は、当該負の影響を停止させまたはこれを防止する。
　②　企業が人権への負の影響を助長しまたは助長しうる場合は、助長行為を停止または防止し、かつ、残存する負の影響を軽減するために自社の有する影響力を最大限行使する。
　③　上記①②に該当しないものの、人権への負の影響が第三者との事業上の関係を通じて、企業の事業・製品またはサービスと直接結び付く場合は、(i)負の影響を防止または軽減するための当該第三者に対する影響力を自社が有している場合には、これを行使する（すでに有している影響力の有無のみではなく、どのようにして影響力を強化させられるかも検討することが求められる）。これに対し、(ii)当該影響力を欠き、これを強化することもできない場合には、当該第三者との事業上の関係を終了することによって人権への負の影響が出る可能性についての信頼できる評価を考慮した上

---

18)　指導原則23(b)。
19)　指導原則19のコメント部分。

で、当該関係の終了を検討することが求められる。

　②および③の類型への該当事案で求められる「影響力の行使」とは、人権への負の影響の原因を作出しているまたは作出しうる第三者による行為を変容させることのできる能力を意味し、自社単体で行う方法のみならず、他企業や業界団体、人権侵害発生国の政府機関や国際機関等のあらゆるステークホルダーと協働して行う方法も含む。この点、よくある誤解として、取引先に人権侵害が発見された場合には、当該取引先との関係を直ちに断つことがすべての場合において適切な対応策であるというものがある。しかし、上記のとおり、そもそも自社が（著しく自社に都合のよい取引条件等の購買構造を通じて）当該人権侵害を「助長」しているのであれば（類型②）当該助長行為をまずは停止すべきということになる。また、そうでない場合（類型③）でも、自社が当該人権侵害を軽減させるための影響力を行使できるかという検討をすることがまずは求められる。後者の場合（類型③）でも影響力の行使の検討が求められるのは、取引関係の単なる解消によっては一層人権侵害が深刻化し、かえって状況が悪化することが珍しくないからである。たとえば、強制労働や児童労働の背後には多くの場合に貧困問題が絡んでいるが、その場合、取引終了により職を失った者はさらなる貧困状況に追いやられ、しばしばさらに最悪な結果が生じる（児童が犯罪に加担せざるを得ない状況を生み出す等）。また、職を求めたライツホルダーがインフォーマル経済に入り込んでしまうと、人権侵害の状況は外部からはさらに発見困難になるという悪循環も生まれる。

　「影響力の行使」を可能とする具体的な方法にはさまざまなアプローチが含まれ、サプライチェーン上の問題を例に取っても、事前に取引先との契約書等に自社の策定した行動規範の遵守義務（なお、ここで単なる「人権侵害」等の抽象的な文言を規定しても実質的にはほぼ意味のない規定となるため、上記で述べたハイリスク領域の特定、国際人権基準の内容等をふまえて具体的に記載する必要がある）や自社の調査権・取引先の報告義務等を規定する方法、サプライヤーに対する研修を実施する方法、国際人権基準を満たすサプライヤーに事業上のインセンティブを付与する方法、他社や業界団

体とも協働してサプライヤーに対する共通の要請を行う方法、途上国の人権侵害状況の改善を目的とする国際機関の各種プロジェクト[20]に加入する方法等、多様な選択肢がありうる。

　なお、③の類型で、企業に影響力がなくこれを強化することもできない場合でも、指導原則は、直ちに第三者との関係を終了させる責任が求められているわけではない。すなわち、企業は、(a)当該第三者に対する影響力の大小（または影響力強化の可能性）、(b)自社にとっての当該第三者との事業上の関係の重要性、(c)人権侵害の程度の深刻性、(d)当該第三者との事業上の関係を終了させること自体がかえって人権への負の影響をもたらすか否か等の諸要素を考慮した上で対応を決定する必要があるとされている。したがって、③の類型では、最も複雑な判断を強いられる場面が多く、近年ますますそのような異なる要素の利益衡量が求められる事案も増加している。かかる場合、企業は、事業上の必要性と、人権への負の影響に関与し続けることによる法的責任やレピュテーションリスクとの兼ね合いを慎重に判断する必要性があり、その上で、取引を継続する場合は、その合理的な理由や、影響力の行使に係る努力・人権侵害状況の継続モニタリングの計画等について説明できる体制を整えておく必要がある。さらに、そのような困難な状況を可及的にあらかじめ避けるための日頃の人権デューデリジェンスの実践の重要性も強調しておきたい。

3　追跡調査（モニタリング）

　特定された人権への負の影響への対処方法を検討し、実行した後は、人権への負の影響に対する効果が有効に継続しているかを追跡調査することが求められる[21]。具体的な方法はさまざまであるが、サプライチェーン上の強制労働事案であれば、自社自身が労働者や労働者代表・労働組合から定期的に意見を聴取する、サプライヤーに定期的な監査を実施させて結果

---

20) たとえば、途上国の工場における労働環境改善に向けた監査の実施・アドバイスや研修等の機会を提供している ILO のプロジェクト「ベターワーク」への加入等。
21) 指導原則 20。

を報告させ改善状況を追跡する、グリーバンスメカニズムへの通報内容を
定期確認する等の方法がありうる。

4　外部に対する報告

　指導原則上、企業は、人権への負の影響を受けるライツホルダーその他
投資家等を含むステークホルダーに対する説明責任を果たすため、以上の
一連のプロセスの内容を反映した外部への報告を行うことが必要とされ
る[22]。

　具体的な名宛人、報告内容の程度、報告時期および方法は場面によって
異なる。指導原則上、特定された人権リスクおよびその対処方法のすべて
を常に公に開示することまでは原則として求められないが、深刻な人権リ
スクが存在する場合には、公に、当該負の影響に対処する体制を説明する
ための正式かつ定期的な報告を行うことが求められる[23]。また、特定のラ
イツホルダーに対する人権リスクが生じており危害が及びうる場合には、
当該ライツホルダーに対して直接かつ速やかに当該リスクの内容や想定さ
れる対処方法等の情報を十分に開示することも重要である。また、深刻な
人権リスクが発見された場合以外でも、企業の透明性と多様なステークホ
ルダーに対する説明責任を果たす観点からは、定期的に人権デューデリジ
ェンスの実施状況に関する報告書を公に発行することが望ましいといえ
る。また、実務上は、ESG 評価機関に対する対応や、適用のある個別の
各国法制度等の要請に応じる観点でも公に報告書を開示することが求めら
れる。他にも、外部への報告は、取引先（人権デューデリジェンスを実施し
ている顧客等）からの要請への対応、投資家・消費者・NGO 等の市民社会
組織、従業員や求職者に対する情報提供といったさまざまな役割を果た
す。これらの各場面で、本章でも解説した指導原則に沿った取組みを開示
することが重要である。

22）指導原則 21 。報告の具体的内容に関しては、「国連指導原則　報告フレームワーク」実施
　　要領が参考になる。
23）指導原則 21 および United Nations Office of The High Commissioner For Human Rights・前
　　掲注 4）p.58 。

具体的な報告形式についてもさまざまな手法がありうる。報告書（サステイナビリティ報告書、統合報告書、人権報告書等色々な形態がありうる）の世間への公表のみではなく、人権への負の影響を受けたライツホルダーとの個人的なミーティングの場での共有、労働組合との共有や適切な仲介者を通じた共有等の形態もとりうる。報告の形式および頻度は、人権への負の影響をふまえたものとし、当該報告の名宛人がアクセスしやすいものでなければならない。この点も、ライツホルダーを含むステークホルダーとのエンゲージメントの重要性から導き出される。物理的なアクセスの容易性（有効に利用できるような場所や媒体を通すこと）に加え、タイミングとして適切か否かも考慮する。また、ライツホルダーによっては識字能力がないこともありうるため、文書での報告が有効であるか否かという点や言語の問題にも配慮する必要がある。

5　是正（救済）

　人権デューデリジェンスの結果、図表1-2-2の類型①および②の場合で実際に人権への負の影響が生じてしまっていることが判明したとき、企業は、これを是正する、すなわち当該負の影響が生じていなかった場合の状況に（可能な場合）回復できるような措置等を実施することが求められる[24]。具体的な是正の方法は、個別事案における人権問題の性質、ライツホルダーの意向、発生した負の影響の規模や深刻性の程度等に照らして判断されるべきであるが、たとえば、被害回復、地位回復、金銭的または非金銭的補償、処罰（不正行為に関する責任を負うスタッフの解雇等）、謝罪文の公表等が含まれる。基本的には、仮に人権侵害がなかった場合の状況にライツホルダーを置くための原状回復的手段が検討されるべきであり、補償は、一次的に検討されるべき手段ではないことに留意する。もっとも、ライツホルダーおよびこれを代表するステークホルダー（労働組合等）とのエンゲージメントを十分に重ねた上で、彼らにとって何がよりよい対処方法かを決定することが肝要である。なお、強制労働は多くの国で犯罪に該

24）指導原則22。

当するため[25]、強制労働を発見した場合には現地の管轄当局に対して通報することも重要である[26]。

:: IV　おわりに

　以上、人権デューデリジェンスの実践方法につき、各実施段階の主要な留意点とともに概説した。人権デューデリジェンスは継続的に行うべき取組みであるとされていることから、上記で解説した一連のプロセスは繰り返して行う必要がある。また、企業と人権との関わりはさまざまな場面で問題になることから、全社的に取組みを進める必要があるが、「人権」を噛み砕いて社内に意識を浸透させることには一定の工夫が必要であること等からも、企業の実務担当者による取組みの推進は、非常に地道で長期的な努力を要する作業であるといえる。

　加えて、本章で解説したとおり、人権デューデリジェンスは本来的には法とのつながりが深い領域であるが、同時に、従前の法務とは異なる知識・アプローチが求められる分野でもあり、その点でも新たな取組みが必要となることにも留意が求められる。

---

25) 1930 年強制労働条約（29 号）25 条参照。
26) この点は、2021 年 7 月 12 日付けの欧州委員会および欧州対外行動庁による「事業およびサプライチェーン上の強制労働のリスクに EU 事業が対処するためのデューデリジェンスに係るガイダンス」8 頁〈https://ec.europa.eu/commission/presscorner/detail/en/IP_21_3664〉でも触れられている。

▶ **第3章**

環境問題と通商規制

▶▶▶▶▶▶▶▶

:: I　はじめに

　環境保護のために通商政策を用いることは、新しい事象ではない。その背景には、輸入品も規制することで、自国の環境規制の実施を徹底させる目的の他に、他国のフリーライドを防止し、国内品と輸入品の競争上の不平等を是正するとの目的や、（自国市場への市場アクセスを梃子に）他国に環境規制の強化を求める目的などが存在する場合がある。他方で、どのような環境政策を採用するかは、国ごとに経済発展の状況や価値観などが異なり、国際的な意見の一致をみるのは、必ずしも容易ではない。そのため、これまで、環境保護のために導入された数多くの通商政策が、貿易紛争の対象となってきた。

　そして、今後、貿易と環境の分野において、大きく問題となる可能性があるトピックとして、気候変動問題をめぐる通商政策（以下「気候変動政策」という）が挙げられる。そこで、本章では、気候変動政策を、国際通商法の観点から分析するため、気候変動問題を簡単に紹介した上で（Ⅱ）、今後、各国で導入される可能性のある気候変動政策を予測するため、気候変動政策に積極的な EU の政策動向を概観する（Ⅲ）。具体的には、2019年に公表された「欧州グリーンディール」と、これに基づき実施が予定されている各種の気候変動政策を、①単独アプローチ（Fit for 55、Farm to Fork 戦略およびコーポレートサステナビリティ・デュー・ディリジェンス指令案）、②二国間アプローチ（特に貿易・投資協定を通じた取組み）、③多国間アプローチ（国連、G7、G20、WTO 等を活用した取組み）に分けて概観する。

その上で、特に単独アプローチに着目しつつ、今後、各国での導入が想定される主要な気候変動政策をWTOルールの観点から論じる（Ⅳ）。具体的には、国境調整措置、環境補助金、環境物品の関税引き上げおよび環境物品の基準認証制度について、その概要を説明した上で、同制度を導入する場合に、WTOルールに照らして、どのような法的または事実上の制約が存在するかを論じる。

∷ Ⅱ　気候変動問題とは

　気候変動問題とは、大気組成を変化させる人間の活動または太陽周期の変動等の自然の要因が原因となって、気温および気象パターンが長期的に変化し、渇水、水害、土砂災害等の増加を引き起こす問題をいう。化石燃料を燃焼した際に温室効果ガス[1]が発生し、これらが地球を覆って太陽の熱を閉じ込め、気温が上昇することが、気候変動問題の主な原因の一つとなっている。

　気候変動問題に対応するため、国際的な枠組みとして国連気候変動枠組条約（以下「気候変動枠組条約」という）（1992年採択）が存在する。同条約は、大気中の温室効果ガスの濃度を安定化させることを究極目標に、世界全体で地球温暖化対策に取り組むことに合意するものであり、同条約に基づいて、毎年、国連気候変動枠組条約締約国会議（Conference of the Parties：COP）が開催されている。

　そして、2015年にパリで開催された第21回締約国会議（COP21）では、2020年以降の温室効果ガス排出削減の国際枠組みを定めた「パリ協定」（Paris Agreement）が合意され、各国は、温室効果ガスの削減目標である国別貢献（Nationally Determined Contribution：NDC）を自主的に作成し、目標達成のための国内措置を実施することを義務付けられた[2]。

---

1) 主な「温室効果ガス」（Greehouse Gas）には、二酸化炭素、メタン、一酸化二窒素、ハイドロフルオロカーボン類、パーフルオロカーボン類、六フッ化硫黄、三フッ化窒素、フロンガスなどが挙げられている。

:: Ⅲ　EU の気候変動政策

1　欧州グリーンディールの概要

　主要国は、パリ協定を受けて、2050 年頃のカーボンニュートラル（温室効果ガスの排出量と吸収・除去量をバランスさせた状態）の目標を掲げており、その目標を達成するため、各種施策を講じることが予測されるが、かかる動向を理解する上で、長年にわたり気候変動問題の議論をリードする、EU の政策動向を理解することは重要と考えられる。そこで、以下では、EU の気候変動政策の総論として位置付けられる欧州グリーンディールを紹介した後、近時の主要な個別政策について解説する[3]。

　欧州委員会は、2019 年 12 月 11 日、EU を「2050 年に温室効果ガスの正味排出量がなく、経済成長が資源の使用から切り離された、現代的で資源効率の高く競争力のある経済と公正で繁栄した社会へと変革していくことを目指した新たな成長戦略」として欧州グリーンディールを公表した[4]。

2）パリ協定締結後も、その実施に向けたルール作りが交渉されており、2022 年 11 月には、エジプトで第 27 回締約国会議（COP27）が開催された。

3）日本でも、菅政権（当時）の下で、2050 年までのカーボンニュートラルの実現に向けた「2050 年カーボンニュートラルに伴うグリーン成長戦略」（2020 年 12 月）が策定され、岸田政権の下でも、「パリ協定に基づく成長戦略としての長期戦略」が閣議決定されるとともに、新たに GX（グリーントランスフォーメーション）のための各種施策が議論されている。また米国のバイデン政権も、気候変動問題への対応を、政権全体の優先政策課題の一つに掲げた上で、2021 年 2 月にパリ協定に正式復帰し、同年 4 月の気候変動サミットでは、2030 年までに米国の温室効果ガス排出量を 2005 年比で 50 ～ 52％削減するとの目標を発表した。また、米国通商代表部（USTR）の「2022 年の通商政策の課題と 2021 年の年次報告」（2022 年 3 月 1 日）は、「脱炭素化の加速と持続可能な環境慣行の推進」を、2022 年に取り組むべき政策課題の一つとした上で、鉄およびアルミニウム分野での排出量削減に向けた取組みの実施、インド太平洋経済枠組み（IPEF）での環境保護に向けた取組みの実施、既存の貿易協定等の枠組みの活用等に触れる。さらに、2022 年 8 月 16 日に成立した「2022 年インフレ削減法」は、エネルギー安全保障および気候変動政策に 3690 億ドルの投資を行うこと等を内容としている。

4）European Commission, "COMMUNICATION FROM THE COMMISSION TO THE EUROPEAN PARLIAMENT, THE EUROPEAN COUNCIL, THE COUNCIL, THE EUROPEAN ECONOMIC AND SOCIAL COMMITTEE AND THE COMMITTEE OF THE REGIONS The European Green Deal" (11 December 2019)（「欧州グリーンディール」), p. 4。

図表 1－3－1

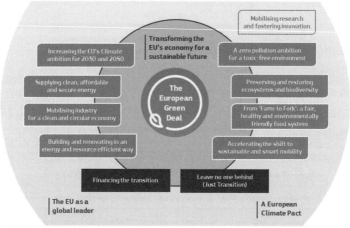

出典：欧州グリーンディール 3 頁。

　欧州グリーンディールは、①EU 域内の取組について述べる「持続可能な未来に向けた EU 経済の変革」のセクション、②国際的な取組みについて述べる「グローバルリーダーとしての EU」のセクション、および③将来の気候行動の設計や情報共有、課題解決策のモデルなどについて、市民と利害関係者の声を集約する目的で、将来的に策定するイニシアチブについて述べる「欧州気候協約（European Climate Pact）」のセクションにより構成される。

　このうち、「持続可能な未来に向けた EU 経済の変革」のセクションでは、まず、EU の温室効果ガスの削減目標（2030 年までに排出量を 1990 年比で少なくとも 50% とし、2050 年までに気候中立を達成するとの目標[5]）を達

---

5) 同計画の公表を受けて、2021 年 7 月 29 日施行の欧州気候法は、2050 年までのカーボンニュートラル達成および 2030 年までの 55% 以上の削減を、拘束力ある目標として法定した（REGULATION（EU）2021/1119 OF THE EUROPEAN PARLIAMENT AND OF THE COUNCIL of 30 June 2021 establishing the framework for achieving climate neutrality and amending Regulations（EC）No 401/2009 and（EU）2018/1999（'European Climate Law'）1 条および 4 条）。

成するには、経済全体で効果的な炭素価格設定を確保する必要性や、また後述するカーボンリーケージの問題を解決するため、炭素国境調整メカニズムを導入する必要性を述べる[6]。

　また、同セクションは、EU グリーン・ディールが掲げる目的を達成するため、①クリーンエネルギーへの移行に向けた戦略、②クリーンで循環型の経済実現に向けた戦略（EU 新産業戦略、循環型経済行動計画等）、③消費エネルギーの削減を目指した建設分野における戦略、④持続可能な輸送手段のための施策、⑤ Farm to Fork（農場から食卓まで）戦略と称される農業戦略、⑥生態系と生物多様性を保全・復元するための戦略（生物多様性戦略、EU 森林戦略等）、⑦有害物質のない環境を実現するための戦略、⑧資金供給に関する戦略等についても取り上げる[7]。

　さらに、「グローバルリーダーとしての EU」のセクションでは、気候変動問題は、EU のみでは解決できない世界的な課題であるとした上で、EU が、信頼できる前例を設定した上で、他国に対して、外交、貿易政策、開発支援等を用いてフォローアップする「グリーンディール外交」を提唱する[8]。

　このとおり、EU は、欧州グリーンディールを、単に温室効果ガスの排出量削減を目指した政策ではなく、これを期に、EU の社会経済全体を刷新し、国際競争力を確保するための産業戦略と位置付けており、また、当該目標を実現するため、単独アプローチ、二国間アプローチおよび多数国間アプローチといった、多様なアプローチを用いることを想定している。

2　主要な個別政策

　EU は、欧州グリーンディールの公表も受ける形で、2020 年以降、さまざまな個別政策を公表しているが、主要なものとして、次のような政策がある。

6）欧州グリーンディール、4 ～ 5 頁。
7）欧州グリーンディール、5 ～ 19 頁。
8）欧州グリーンディール、20 ～ 22 頁。

(1)　単独アプローチ

ア　Fit for 55

欧州委員会は、2021年7月14日、2030年の温室効果ガス削減目標を達成するための政策パッケージである「Fit for 55」を公表した[9]。図表1-3-2のとおり、Fir for 55で提案された政策は、排出権取引制度の強化、各種域内規制の改正・新設等、対象となる産業や内容は多岐にわたる。

図表1-3-2　Fit for 55の全体像

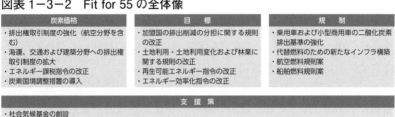

炭素価格	目標	規制
・排出権取引制度の強化（航空分野を含む） ・海運、交通および建築分野への排出権取引制度の拡大 ・エネルギー課税指令の改正 ・炭素国境調整措置の導入	・加盟国の排出削減の分担に関する規則の改正 ・土地利用・土地利用変化および林業に関する規則の改正 ・再生可能エネルギー指令の改正 ・エネルギー効率化指令の改正	・乗用車および小型商用車の二酸化炭素排出基準の強化 ・代替燃料のための新たなインフラ構築 ・航空燃料規則案 ・船舶燃料規則案

支援策
・社会気候基金の創設 ・近代化およびイノベーション基金の強化

出典：European Commission, supra note 9, p.4 を基に作成。

㋐　炭素国境調整措置

このうち、特に注目されるのが、炭素国境調整措置（Carbon Border Adjustment Mechanism。以下「CBAM」という）の提案である[10]。現在、EUは、EU排出権取引制度を導入しており、対象産業はオークションで排出枠を購入する必要があるが、カーボンリーケージのリスクが高い一部産業に、一定の無償排出枠が割り当てられている。しかし、こうした排出枠の無償割当は排出量削減のインセンティブを低減させる問題点が指摘されており、これに代わってカーボンリーケージの問題に対処するため、CBAMの導入が提案された。

本執筆時点では、CBAMは2026年1月からの全面施行が予定されてお

---

9)　European Commission,"'Fit for 55': delivering the EU's 2030 Climate Target on the way to climate neutrality"（14 July 2021）.

10)　European Commission,"Proposal for a REGULATION OF THE EUROPEAN PARLIAMENT AND OF THE COUNCIL establishing a carbon border adjustment mechanism"（14 July 2021）.

り[11]、同制度の下では、対象産品[12] の輸入申告者は、毎年、前年に輸入した対象産品の温室効果ガスの排出総量に相当する CBAM 証書を購入し、当局に納付することが求める[13]。CBAM 証書の価格は、EU 排出権取引制度における排出枠オークションの平均価格に連動するが、原産国で支払った炭素価格に応じて、CBAM 証書の必要数購入・納付数の削減を要求することができる[14]。

　(い)　自動車の二酸化炭素排出基準に関する規則等

　欧州委員会は、同じく Fit for 55 の一環として、乗用車・小型商用車（バン）の二酸化炭素（CO2）排出基準に関する規則の改正案も公表した[15]。運輸部門は排出量が増加し続けている唯一の部門であり、EU 全体の温室効果ガス排出量の約 20％を占めているとして、同改正案は、2030年までに新車の乗用車の CO2 排出量を 55％削減（新車の小型商用車は 50％削減）し、2035 年までにはいずれも 100％削減、すなわちすべての新車をゼロエミッション車とすることを規定する。2022 年 10 月 27 日、閣僚理事会と欧州議会はこの改正案について政治的合意に達し、今後立法手続が進められる[16]。また、2022 年 11 月 10 日、欧州委員会は、自動車からの大気汚染物質の新たな排出基準を定める規則案（Euro 7）を公表した[17]。同規則案は、欧州グリーンディールで掲げられた大気汚染の撲滅お

---

11) なお、本執筆時点では、移行期間として、2023 年 1 月から報告制度の開始が予定されている。詳細については、平家正博＝木村響＝室町峻哉「EU の炭素国境調整メカニズムについて」（西村あさひ法律事務所ヨーロッパニューズレター 2022 年 2 月 16 日号）を参照。

12) 本執筆時点では、セメント、電気、肥料、鉄鋼およびアルミニウムが対象産品とされているが（CBAM 規則案 Annex I）、欧州議会および閣僚理事会との議論の過程で、製品対象が拡大する可能性がある。

13) CBAM 規則案 6 条 2 項(c)号、20 条 1 項、22 条 1 項ならびに 36 条 2 項および 3 項。

14) CBAM 規則案 3 条 23 号、9 条 1 項、21 条 1 項。

15) European Commission, "Proposal for a REGULATION OF THE EUROPEAN PARLIAMENT AND OF THE COUNCIL amending Regulation (EU) 2019/631 as regards strengthening the CO2 emission performance standards for new passenger cars and new light commercial vehicles in line with the Union's increased climate ambition" (14 July 2021).

16) European Commission, "Press release: Zero emission vehicles: first 'Fit for 55' deal will end the sale of new CO2 emitting cars in Europe by 2035" (28 October 2022).

よび持続可能でスマートなモビリティの実現という目標に向けて、運輸部門の大気汚染物質排出規制をさらに厳格化するものである。

イ　Farm to Fork（農場から食卓まで）戦略

2020 年 5 月 20 日、欧州委員会は、Farm to Fork（農場から食卓まで）戦略を発表した[18]。同戦略は、欧州グリーンディールを実現するため農業部門において核になる戦略であり、生産から消費までのフードシステムを公正で健康的かつ環境に配慮したものにすることを目指して、多くの分野で野心的な目標等を示している。Farm to Fork 戦略の一環として、たとえば以下のような個別施策が公表されている。

（あ）　動物福祉規制の改正

欧州委員会は、より高い水準の動物福祉の確保等を目的として、動物の輸送、農場での飼養、と殺、および飼養方法についての包装表示等に関する指令および規則の改正を計画しており、2023 年第 4 四半期に、これらの改正案を発表することを目指している[19]。

（い）　包装前面栄養表示制度

欧州委員会は、健康的な食生活への移行を促進することを目的として、塩分、脂肪分、糖分等の栄養に関して食品包装の前面に表示することを EU 全域で義務付けるべく、食品表示に関する規則[20]の改正案を提案する

---

17) European Commission, "Proposal for a REGULATION OF THE EUROPEAN PARLIAMENT AND OF THE COUNCIL on type-approval of motor vehicles and engines and of systems, components and separate technical units intended for such vehicles, with respect to their emissions and battery durability（Euro 7）and repealing Regulations（EC）No 715/2007 and （EC）No 595/2009"（10 November 2022）.

18) European Commission, "COMMUNICATION FROM THE COMMISSION TO THE EUROPEAN PARLIAMENT, THE COUNCIL, THE EUROPEAN ECONOMIC AND SOCIAL COMMITTEE AND THE COMMITTEE OF THE REGIONS A Farm to Fork Strategy for a fair, healthy and environmentally-friendly food system"（20 May 2020）.

19) European Commission, "Inception impact assessment: Revision of the EU legislation on animal welfare"（6 July 2021）p.1.

ことを目指している。欧州委員会は2022年第4四半期に提案予定であったが[21]、本執筆時点では、パブリックコンサルテーションを終了したものの、改正案の提案には至っていない。

　ウ　生物多様性戦略

　Farm to Fork 戦略の公表と同日の 2020 年 5 月 20 日、欧州委員会は、生物多様性戦略を公表した[22]。同戦略は、2030 年までに自然の保護と生態系破壊からの回復を実現するための包括的かつ長期間の目標を掲げ、さまざまな個別目標や個別政策を取り上げている。たとえば、同戦略が掲げる、花粉媒介者の減少を食い止め増加に転じさせるという個別の目標を実現するため、欧州委員会は、主要な花粉媒介者であるハチに悪影響を与える農薬の有効成分の利用を制限する目的で、EU 域内市場で流通する農産品に同成分が残留することを認めない、残留農薬規則の改正を提案しており、2023 年第 2 四半期の制定を目指している[23]。

　エ　EU 森林戦略

　Fit for 55 の公表と同日の 2021 年 7 月 14 日、EU 森林戦略が公表された[24]。これは、生物多様性戦略で示された森林保護を推し進めるものであ

---

20) Regulations（EU）1169/2011 OF THE EUROPEAN PARLIAMENT AND OF THE COUNCIL of 25 October 2011 on the provision of food information to consumers, amending Regulations（EC）No 1924/2006 and（EC）No 1925/2006 of the European Parliament and of the Council, and repealing Commission Directive 87/250/EEC, Council Directive 90/496/EEC, Commission Directive 1999/10/EC, Directive 2000/13/EC of the European Parliament and of the Council, Commission Directives 2002/67/EC and 2008/5/EC and Commission Regulation（EC）No 608/2004.

21) European Commission, "Food labelling - revision of rules on information provided to consumers".

22) European Commission, "COMMUNICATION FROM THE COMMISSION TO THE EUROPEAN PARLIAMENT, THE COUNCIL, THE EUROPEAN ECONOMIC AND SOCIAL COMMITTEE AND THE COMMITTEE OF THE REGIONS, EU Biodiversity Strategy for 2030 Bringing nature back into our lives"（20 May 2020）.

23) European Union, "Notification to the Committee on Technical Barriers to Trade"（G/TBT/N/EU/908）（6 July 2022）.

り、森林の量・質の向上ならびに森林保護、回復、および強靱性の強化により、異常気象や気候変動によりもたらされる不確実性に適応できるようにすること、ひいては森林が持つ社会経済機能および地方の活力を維持することを目的とする戦略である。同戦略に関連し、2021 年 11 月 17 日、欧州委員会は、森林破壊および森林劣化を引き起こさない製品およびバリュー・チェーンの促進のために、森林破壊フリー製品に関する規則案[25]を公表した。同規則案は、大豆、牛肉、パーム油、木材、コーヒー、カカオおよびこれらの加工製品である特定の製品が、森林破壊または森林劣化に関連していないことを証するために包括的、実効的および継続的なデュー・ディリジェンスの実施を義務付けるとともに、森林破壊等を引き起こした対象製品の EU 市場での上市等を制限する。

オ　輸入農産品への EU の衛生・環境基準の適用

また、2022 年 6 月 3 日、欧州委員会は、輸入農産品への EU の衛生・環境基準の適用に関する報告書を発表した[26]。これによれば、第三国から EU 域内へ輸入される農産品についても、残留農薬、動物医薬品、動物福祉等について EU 域内と同等の規制に服させることで、気候変動政策や持続的な農業の実現、生物多様性の保護といった目的を達成することを企図するとされる。

---

24) European Commission, "COMMUNICATION FROM THE COMMISSION TO THE EUROPEAN PARLIAMENT, THE COUNCIL, THE EUROPEAN ECONOMIC AND SOCIAL COMMITTEE AND THE COMMITTEE OF THE REGIONS New EU Forest Strategy for 2030" (16 July 2022).

25) European Commission, "Proposal for a REGULATION OF THE EUROPEAN PARLIAMENT AND OF THE COUNCIL on the making available on the Union market as well as export from the Union of certain commodities and products associated with deforestation and forest degradation and repealing Regulation (EU) No 995/2010" (17 November 2021).

26) European Commission, "REPORT FROM THE COMMISSION TO THE EUROPEAN PARLIAMENT AND THE COUNCIL Application of EU health and environmental standards to imported agricultural and agri-food products" (3 June 2022).

カ　新循環型経済行動計画（New Circular Economy Action Plan）

　循環型経済（サーキュラーエコノミー）とは、従来は廃棄前提であった使用済み製品を新たな資源として再活用することで、廃棄物をできるだけ出さない取組みである[27]。欧州グリーンディールは、気候中立を達成するためには循環型経済の実現が重要であるとし、2020 年 3 月 11 日、欧州委員会は、新循環型経済行動計画を公表した[28]。同計画は、資源集約的な 7 つのセクター（①電子製品・情報通信技術、②バッテリーおよび自動車、③包装、④プラスチック、⑤繊維製品、⑥建設・ビル、⑦食品・水・栄養）を重点施策対象とし、資源を回収し再利用することを前提にした、原材料の調達、製品設計、デザイン等についての、バリューチェーンやサプライチェーン全体での抜本的なビジネスモデル変革を試みている。このうちバッテリーおよびプラスチックについては以下の進展が見られる。

　㋐　バッテリー規則案

　2020 年 12 月、欧州委員会は、バッテリー規則案を公表した[29]。同規則案の目的は、公平な競争環境を担保することで EU 域内市場の機能を強化し、循環型経済を推進し、バッテリーのライフサイクル全体を通じて環境および社会的インパクトを低減させることにある。これら目的のもとで、ニッケル、コバルト、天然黒鉛等の調達に関するデューデリジェンスの実施を義務付け[30]、製造・廃棄時の温室効果ガス排出量の表示を義務付け[31]、排出量が一定以上の電池は市場へのアクセスを制限し[32]、トレーサ

27）日欧産業協力センター「欧州グリーンディール EU Policy Insights Vol.13」（2022 年 4 月）2 ～ 3 頁。
28）European Commission, "COMMUNICATION FROM THE COMMISSION TO THE EUROPEAN PARLIAMENT, THE COUNCIL, THE EUROPEAN ECONOMIC AND SOCIAL COMMITTEE AND THE COMMITTEE OF THE REGIONS A new Circular Economy Action Plan For a cleaner and more competitive Europe" (11 March 2020).
29）European Commission, "Proposal for a REGULATION OF THE EUROPEAN PARLIAMENT AND OF THE COUNCIL concerning batteries and waste batteries, repealing Directive 2006/66/EC and amending Regulation (EU) No 2019/1020 (10 December 2020).
30）バッテリー規則案 39 条。
31）バッテリー規則案 7 条、13 条 5 項。ただし 2024 年 7 月 1 日以降。

ビリティの確保および消費者等への情報提供のために電池の組成や劣化等に関する情報を入手しやすくするデータ流通の仕組み（バッテリーパスポート）を導入し[33]、電池製造時に一定以上のリサイクル材の使用を義務化する[34] ことが規定されている。本執筆時点では、2023 年からの適用を目指し、欧州委員会、欧州議会および閣僚理事会との間の議論が行われている[35]。

(い)　プラスチック関連規制

　プラスチックについては、すでに 2018 年 1 月に公表された「循環型経済における欧州プラスチック戦略」に基づき取組みが進められていたが[36]、新循環型経済行動計画では、今後 20 年間のうちにプラスチック消費量が倍増することをふまえると、更なる対策が必要であると述べられた。そして、欧州委員会は、使い捨てプラスチック製品の販売禁止または消費削減を規定する「特定プラスチック製品の環境負荷低減に関わる指令」（2019 年 7 月発効）の国内法制化期限が迫る 2021 年 5 月 31 日、EU 加盟各国において同指令をふまえた法整備が円滑に実施されるよう、同指令の解釈や実施に関するガイドラインを公表した[37]。さらに、2022 年 11 月 30 日、欧州委員会は、包装の再利用およびリサイクルを促進し、2030 年までにすべての包装を経済合理的にリサイクル可能なものとすることを目指す「包装及び包装廃棄物に関する規則案」を公表した[38]。

---

32)　バッテリー規則案 7 条 3 項、4 条 1 項、41 条 1 項。ただし 2027 年 7 月 1 日以降。
33)　バッテリー規則案 65 条。ただし 2026 年 1 月 1 日以降。
34)　バッテリー規則案 8 条。ただし 2030 年 1 月 1 日以降。
35)　Presentation by James Copping from the European Commission, "Japan - EU Battery Industry EU Policies to Support the Battery Industry in the EU"（2 June 2022）.
36)　European Commission, "A European Strategy for Plastics in a Circular Economy"（January 2018）.
37)　European Commission, "COMMISSION NOTICE: Commission guidelines on single-use plastic products in accordance with Directive（EU）2019/904 of the European Parliament and of the Council on the reduction of the impact of certain plastic products on the environment"（31 May 2021）.

キ　コーポレートサステナビリティ・デュー・ディリジェンス指令案

2022 年 2 月 23 日、欧州委員会は、コーポレートサステナビリティ・デュー・ディリジェンス指令案[39] を公表した。同指令案は、各 EU 加盟国に、自社、子会社および確立したビジネス関係[40] を築いているバリューチェーン[41] における人権および環境のリスクに対するデューデリジェンスの実施およびその内容等の開示を義務化する国内法の制定を義務付ける。これに加えて、同指令案は、売上高および活動する事業領域に応じて対象企業を選定し、デューデリジェンスに関する基本方針の策定、環境に関する実在するまたは潜在的な負の影響の特定および防止措置の実施、実際の負の影響に対する是正・停止措置の実施、デューデリジェンスの取組等についての公表、パリ協定に基づいた「1.5 度目標」[42] を達成するための計画の採択等を義務化する国内法の制定を義務付ける。

(2)　二国間アプローチ

欧州グリーンディールは、通商協定の締結といった二国間アプローチにより、相手国の気候変動政策を強化することも目指している。

欧州委員会は、2006 年の戦略文書「グローバル・ヨーロッパ」において、新たに締結する通商協定に、労働基準および環境保護に係る条項を含

---

38) European Commission, "Proposal for a REGULATION OF THE EUROPEAN PARLIAMENT AND OF THE COUNCIL on packaging and packaging waste, amending Regulation (EU) 2019/1020 and Directive (EU) 2019/904, and repealing Directive 94/62/EC" (30 November 2022).

39) European Commission, "Proposal for a DIRECTIVE OF THE EUROPEAN PARLIAMENT AND OF THE COUNCIL on Corporate Sustainability Due Diligence and amending Directive (EU) 2019/1937 (23 February 2022).

40)「確立したビジネス関係」(established business relationship) とは、直接的か間接的かを問わず、その強度や持続性からみて、持続的である、または持続的であると予想される、バリューチェーンのごく一部または単に付随的な部分ではないビジネス関係をいう (指令案 3 条(f))。

41)「バリューチェーン」とは、企業による商品の生産またはサービスの提供に関連する活動をいい、商品またはサービスの開発、商品の使用と廃棄、および企業の川上および川下における確立したビジネス関係に関連する活動を含む (指令案 3 条(g)、前文 18 項)。

42) 世界の気温上昇を産業革命前から 1.5 度に抑えるという目標。2021 年の国連気候変動枠組条約 (COP26) でパリ協定を見直す形で合意された。

めることにより、持続可能な開発を希求していく方針を示し[43]、以降、EU は、多数の発効済み貿易協定において、貿易および持続可能な開発に関する条項（Trade and Sustainable Development Commitments）を設けている。たとえば、2019 年 2 月に発効した日 EU EPA でも、「貿易及び持続可能な開発」章（第 16 章）が設けられている[44]。欧州委員会は、2022 年 6 月には、EU の通商協定における「貿易および持続可能な開発に関する章」についての新たな方針[45]を示し、相手国との協力を重視、強化することに留まらず、同章の履行状況の監督を厳格化し、違反が認められた場合には制裁を科すことを可能とし、貿易と持続可能な開発の両方を実現してゆく姿勢を示した。

　また、特に気候変動問題との関係では、欧州委員会が、2021 年 2 月に発表した「開かれた、持続可能かつ積極的な貿易政策（An Open, Sustainable and Assertive Trade Policy）」（以下「新通商戦略」という）は、EU が今後締結する貿易・投資協定では、パリ協定の尊重を必須項目とすることを提案し、G20 諸国との貿易・投資協定の締結は、気候変動に関する政府間パネル（IPCC）の勧告に沿って、可能な限り早期に気候中立を達成するという共通の野心に基づくべきであるとも述べる[46]。実際、日 EU EPA も、パリ協定の目的達成に向けて協働する旨の規定をすでに設けている[47]。

---

43) European Commission, "GLOBAL EUROPE: COMPETING IN THE WORLD - A Contribution to the EU's Growth and Jobs Strategy" (4 October 2006).

44) また、2018 年 7 月には、環境や気候変動を含むさまざまな分野において、日 EU 間で協力または調整を行うことを定めた日 EU 戦略的パートナーシップ協定も締結された。さらに、2021 年 5 月の第 27 回日 EU 定期首脳会議では、日 EU EPA および日 EU 戦略的パートナーシップ協定の下、グリーン成長および 2050 年までの温室効果ガス排出実質ゼロを達成する共通の野心の実現のため、気候中立で、生物多様性に配慮した、資源循環型の経済の実現に向け、エネルギー移行、研究開発支援や途上国支援といった取組みを日 EU 間で協力して行うための枠組みである「日 EU グリーンアライアンス」の立ち上げが宣言された。

45) European Commission "Commission unveils new approach to trade agreements to promote green and just growth" (22 June 2022).

46) European Commission, "Trade Policy Review－An Open, Sustainable and Assertive Trade Policy" (18 February 2021).

47) 日 EU EPA16.4 条 4 項。

さらに、欧州グリーンディールおよび新通商戦略は、貿易・投資協定を通じた、クリーンでより効率的な生産方法および技術の普及を支援し、環境に配慮した物品およびサービスの市場参入の機会を創出すること、ならびに EU の再生可能エネルギー産業のために第三国市場へのアクセスを確保し、気候中立的な経済への移行に必要な原材料およびエネルギーの貿易が歪曲されず投資が確保されることの重要性について指摘する[48]。

(3) 多国間アプローチ

EU は、気候変動問題について、国連、G7、G20、WTO 等の外交チャンネルを活用する「グリーンディール外交」についても提唱する[49]。上記の新通商戦略においても、同志国と協力し、WTO のさまざまな機能を通じて、気候および持続可能性への配慮を促進するためのイニシアチブおよび行動を推進する方針が示されている[50]。

たとえば、EU は、2020 年 10 月 30 日、気候変動緩和に資する物品およびサービスの自由化、国内措置に係る透明性の確保、化石燃料補助金に対する規律の発展等に係る提案を公表した[51]。

また、その直後の 2020 年 11 月に、WTO において、日本を含む有志国・地域とともに、気候変動問題を含む貿易と環境の問題を議論するために、「貿易と環境の持続可能性に関する構造的対話」を立ち上げた[52]。現在、70 を超える国と地域が参加し、①貿易に関連する環境上の措置、②環境物品およびサービスの貿易、③サーキュラー・エコノミー、および④補助金の 4 つのテーマが主題として選定され[53]、分科会に分かれて議論が

---

48) European Commission, supra note 46, p. 12.
49) See, European Commission, supra note 4, p. 20.
50) European Commission, supra note 46, p. 12; European Commission, "Annex to the Trade Policy Review - An Open, Sustainable and Assertive Trade Policy"（18 February 2021）, p. 5.
51) European Commission, "European Commission non-paper on possible trade and climate initiative in WTO"（30 October 2020）.
52) WTO, "New initiatives launched to intensify WTO work on trade and the environment"（17 November 2020）.
53) WTO, Trade and Environmental Sustainability Structured Discussions（TESSD）, Communication from the TESSD Coordinators（INF/TE/SSD/W/17/Rev.1）.

なされている[54]。2022年6月に開催された第12回WTO閣僚会議の成果文書中でも、環境と貿易に関する多国間の対話が開催されていることに言及がなされている。

:: Ⅳ　気候変動政策に関するWTO協定上の問題

1　概　要

　上記のとおり、EUは、多様なアプローチを模索しており、今後、他国も、類似のアプローチを採用する可能性がある。このようなアプローチのうち、特にWTO協定との関係で問題となるのは単独アプローチだが、かかるアプローチは、手法の性格に応じて、大きく6つに分類できる、と考えられる（図表1-3-3）。

図表1-3-3　気候変動問題に対する施策手法

施策手法	概要
規制的手法	社会全体の目標を達成するため、統制的手段を用いる手法（燃費規制、電気自動車の販売比率規制等）。
経済的手法	炭素価格を設定、または、一定の利益を供与し、各主体の経済合理性に沿った行動を誘導することで政策目的を達成しようとする手法（炭素税、排出権取引、国境調整措置、補助金等）。
自主的取組手法	自らの行動に一定の努力目標を設けて対策を実施することで、政策目的を達成しようとする手法。
情報的手法	環境保全活動に積極的な事業者や環境負荷の少ない製品等を、投資や購入等に際して選択できるよう、情報開示と提供を進める手法（認証制度、ラベリング制度等）。
手続的手法	各主体の意思決定過程に、環境配慮のための判断を行う手続と環境配慮に際しての判断基準を組み込んでいく手法。
事業的手法	国、地方公共団体等が事業を進めることによって政策目的を実現していく手法。

出典：環境基本計画（2018年4月17日）13～15頁を参照し整理した。

---

54) WTO, "Preparations under way for high-level event on environmental sustainability in December"（20 July 2022）.

本章はその中でも、物品貿易に直接影響を与える点で、WTO 協定との関係が特に問題となりうる、①国境調整措置、②環境補助金、③環境物品の関税引下げ、といった「経済的手法」に分類される制度と、④環境物品の基準・認証制度といった「直接的手法」や「情報的手法」に分類される制度を取り上げる。

2 国境調整措置
(1) 国境調整措置とは
温室効果ガスの排出を削減する手段として、各国で議論されているのが、炭素に価格を設定し、市場メカニズムを通じた排出削減を目指す経済的手法だが、当該手法の設計次第で、次のような問題が生じる可能性もある。

たとえば、ある国が気候変動政策として炭素税を導入した上で[55]、事業者の負担軽減策を講じず[56]、国内品にのみ負担が生じると、国内品は、炭素税を負担する分だけ、同負担を負わない輸入品より、競争上不利な立場に置かれてしまう可能性がある。また、その結果、国内品が輸入品に代替されてしまい（または、代替を嫌って規制のない国に生産活動が移転してしまい）、地球全体の温室効果ガスの排出が減少しないという、いわゆる「カーボンリーケージ」（carbon leakage）問題も指摘されている。

---

55) 炭素税の課税形態は、①上流課税（化石燃料の採取時点、輸入時点で課税）、②中流課税（化石燃料製品や電気の製造所からの出荷時点で課税）、③下流課税（化石燃料製品、電気の需要家への供給時点で課税）、④最下流課税（最終製品（財・サービス）が最終消費者に供給される時点で課税）に分類できる（環境省・税制全体のグリーン化推進検討会・令和2年度第3回資料 3-2「炭素税について」参照）。このうち、④の場合、国内品と輸入品は同一の規制に服するため、国境調整措置を導入する必要性は生じない。

56) 事業者の負担軽減策の具体例としては、炭素税の免除・減税、排出権の無償割当等が考えられる。なお、これらの手法は、補助金と見做され、補助金相殺関税（CVD）の対象となる可能性がある。たとえば、米国商務省は、2020 年、イタリア産鍛造鋼液エンドブロックに関する補助金相殺関税の調査にて、EU 排出権取引制度における、一部の排出権の無償割合を補助金と認定している（United States Department of Commerce, "Issues and Decision Memorandum for the Final Determination in the Countervailing Duty Investigation of Forged Steel Fluid End Blocks from Italy"（December 11, 2020）参照）。

図表 1−3−4　炭素税・国境調整措置の仕組み

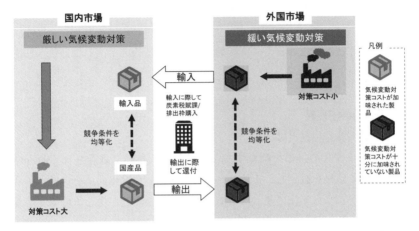

出典：経済産業省・世界全体でのカーボンニュートラル実現のための経済的手法等のあり方に関する研究会・第1回資料2「国境炭素調整措置の最新動向の整理——欧州における動向を中心に」（2021年2月17日）2頁を基に作成。

　そのため、気候変動政策として経済的手法を導入する場合、同時に、ⅰ国内市場にて、国内品と輸入品の負担が同じとなるよう、輸入品にも、温室効果ガス排出量に応じて水際で負担を求めたり、ⅱ国外市場にて、自国品と相手国品の負担が同じとなるよう、輸出品に対し水際で負担分の還付を行う、「国境調整措置」を導入する必要性が指摘されている[57]。

　国境調整措置の典型は、①輸入税を課す、②輸入時に排出権購入を義務付ける、③輸出品に税還付を行う、といった制度であるが、同制度を設計する上で決定すべき要素は多岐にわたるため（図表1−3−5参照）、具体的な内容は、各国の状況に応じ、大きく異なりうる。

---

[57]　国境調整措置の問題を多角的に分析する文献として、OECD, "Climate Policy Leadership in an Interconnected World: What Role for Border Carbon Adjustments?"（December 23, 2020）参照。

図表1－3－5　国境調整措置を設計する上での考慮要素の例

	概要
対象産品	国境調整措置の対象産品をどう決定するか。温室効果ガスの排出量が多い産業・製品であるかどうかや、貿易量が多いか（代替が容易か）等に基づき決定すべきとの見解も存在。
対象国	カーボンリーケージを回避するとの趣旨に鑑み、十分な気候変動政策が執られている国の産品は、国境調整措置の対象から除外することが考えられるが、いかなる基準に基づき、気候変動政策の十分性を認定するか。また、経済発展の状況に鑑み、途上国を適用対象から除外することが考えられるが、いかなる基準に基づき、対象国を選定するか。
輸入・輸出	輸入品に対する国境調整措置のみを講じるか、輸出品に対する国境調整措置も講じるか。
温室効果ガス排出量の測定方法	輸入品の温室効果ガス排出量に基づき措置を講じる場合、温室効果ガス排出量の情報を、どのように収集し、どのような手続に基づいて認定するか。
クレジットの付与	カーボンリーケージを回避するとの趣旨に鑑み、十分な気候変動政策が執られている産品は、国境調整措置を軽減する（クレジットを付与する）ことが考えられるが、どの基準に基づき、気候変動政策の十分性を認定し、どの手法・計算式を用いて、国境調整措置（税額等）に反映させるか。

出典：OECD, supra note 57, pp.18-26.

(2)　国境調整措置の WTO ルールとの整合性

　上記のとおり、気候変動政策の一環として国境調整措置を導入する必要性が認められるが、このような措置がWTO ルール上も許容されるかについては、WTO の判断事例がなく、学説の見解も分かれている状況にある[58]。

ア　輸入品に対する国境調整措置

輸入品に対する国境調整措置は、国内品に適用される炭素税の適用を輸

---

58)　WTO ルールに加え、WTO ルールと類似の規律を有する自由貿易協定（FTA）や経済連携協定（EPA）との関係も問題となりうるが、本章では、WTO ルールに絞って検討を加える。

入品にも拡大する場合のように、内国措置としての性格を有する場合は、GATT 3 条の規律を受ける一方で、輸入品に対して特別な関税や輸入税その他の課徴金（以下「関税等」という）を課すような場合は、GATT 2 条の規律の対象となる[59]。

 ㋐ 内国措置としての性格を有する場合

 GATT3 条の規律内容は、主に、金銭的負担を伴う「内国税その他の内国課徴金」について規律する同条 2 項と、その他の内国規制について規律する同条 4 項に分けられる。

 国境調整措置が「内国税その他の内国課徴金」に当たる場合、同条 2 項が適用され、輸入品に対して「同種の国内産品」に課せられるものを「こえる」（in excess of）ものを課すことが禁止される（同項第 1 文）[60]。また、同規律に反しない場合でも、「直接的競争産品又は代替可能の産品」に課されるものと比較して「僅少」（*de minmis*）といえる範囲を超えるような差がある場合、同じく内国民待遇義務違反となる（同項第 2 文）。したがって、国境調整措置が、輸入品に対して、国内品より重い金銭的負担を課す場合、内国民待遇義務違反となる可能性がある。

 これに対して、国境調整措置が「内国税その他の内国課徴金」以外の内国規制に当たる場合、同条 4 項が適用され、国内の「同種の産品」に供与されるよりも不利でない待遇を与えなければならない。WTO 上級委員会は、「より不利でない待遇」を与えているといえるためには、輸入品に対する競争条件を国内品に対するものよりも不利でないものとする必要があるとしており[61]、国境調整措置が、輸入品に対して一定の報告義務等の競

---

59) GATT 附属書 I における同 3 条に関する注釈では、輸入の時または輸入の地点において徴収されまたは実施されるものであっても、輸入産品について同種の国内産品と同様に適用されるものは、内国税その他の内国課徴金または内国規制として同条の適用対象になるとされている。国境調整措置が、GATT 3 条により規律されるか、それとも GATT 2 条により規律されるのかは、個々の措置ごとに判断する必要がある。

60) WTO 先例では、「こえる」（in excess of）とは、国内品に対する課税と輸入品に対する課税が同一である必要があり、僅かな差でも認められないとされている（Appellate Body Report, Japan — Alcoholic Beverages II, p.23）。

争条件を不利にするような非金銭的負担を課すような場合、内国民待遇義務違反となる[62]。

　なお、上記のような議論に対しては、生産時の温室効果ガス排出量が多い製品は、それが少ない製品の「同種の産品」や「直接競争品・代替品」に該当せず、輸入品に対する差別は存在しないとの反論も存在する。この点、WTO 上級委員会は、「同種の産品」かどうかの判断にあたっては、①産品の物理的な特性、②産品の用途、③消費者の認識、④国際的な関税分類を考慮すべきとしており[63]、「直接競争品・代替品」かどうかについても、上記要素が考慮される。これら要素は、基本的に、産品間の競争関係を問題としており、その検討の中で、生産過程において温室効果ガスをどの程度排出したかという環境保護の要請（競争関係とは関係ない事情）を考慮するのは、一般的には困難と考えられる。ただし、たとえば、消費者が製品の生産過程における温室効果ガス排出量を、消費行動の基準とする市場が想定できる場合、生産過程における温室効果ガスの排出量を、上記③の要素に関連付け、「同種の産品」または「直接競争品・代替品」の判断において考慮できる可能性がある[64]。もっとも、どの程度、温室効果ガスの排出量の差があれば消費行動に差が生じるかどうかの判断は困難なた

61）Appellate Body Report, Korea - Various Measures on Beef, para 135.
62）Sakuya（Yoshida）Sato, 'EU's Carbon Border Adjustment Mechanism: Will It Achieve Its Objective（s）?', (2022), 56, Journal of World Trade, Issue 3, pp. 383-404, pp. 393-394.
63）Appellate Body Report, Japan — Alcoholic Beverages II, pp.19-23; Appellate Body Report, EC — Asbestos, paras.101-103.
64）WTO 上級委員会は、フランスによるアスベストおよびそれが含まれる製品の輸入等を禁じた措置に関して、アスベストによる健康に対するリスクが消費者の行動に影響を与えるという点を、アスベストとその他の繊維が「同種の産品」に該当するとしたパネルの判断を破棄する際の要素の一つとして考慮した（Appellate Body Report, EC — Asbestos, paras.122, 125 and 126）。そして、当該判断を受けて、気候変動により健康に対するリスクが生じうることからすると、製品の生産過程における温室効果ガス排出量の多寡により製品は区別されると述べる見解も存在する。もっとも、生産過程において温室効果ガスを多く排出する製品による健康に対するリスクは、アスベストを用いた製品による健康に対するリスクと比較して間接的であることから、生産過程において温室効果ガスを多く排出する製品とそうでない製品は基本的には「同種の国内産品」と評価されるとする見解もある（Michael A. Mehling et al., "Designing Border Carbon Adjustments for Enhanced Climate Action," American Journal of International Law, 113（3）(2019) p.461）。

め、これらの事情を実際に考慮するためには、消費者の判断根拠となるような基準を整備する必要を指摘する見解も存在する[65]。

　(ｲ)　関税等としての性格を有する場合

　GATT の下では、各加盟国が関税交渉を通じて関税率の上限（譲与税率）を約束することを通じて関税による貿易障壁の削減が図られており、GATT 2 条 1 項は、譲与税率の上限を超える関税率の適用および WTO 協定成立の日（1994 年 4 月 15 日）[66] 現在の水準を超える輸入税その他の内国課徴金の適用を禁止している。そのため、国境調整措置として課される関税等の税率次第では、かかる GATT 2 条 1 項の義務に違反する可能性がある。

　もっとも、GATT は、一定の条件の下、輸入品に、内国税に相当する課徴金（以下「内国税相当課徴金」という）を課すことを認める「国境税調整」と呼ばれる仕組みを定めており（同条 2 項(a)）、国境調整措置も、同条が定める「国境税調整」として正当化される可能性がある。

　まず、調整の対象となる内国税の範囲が問題となるが、GATT2 条 2 項(a)は、その対象を、「同種の国内産品……又は当該輸入産品の全部若しくは一部がそれから製造され若しくは生産されている物品について……課される内国税」に限定しており、生産過程で使用した燃料等、最終製品に残存しない、産品の製造過程で投入される原材料以外の物品に対する内国税が、「国境税調整」の対象となるかについては見解が分かれている[67]。そのため、たとえば、化石燃料に課せられる国内の炭素税が「国境税調整」

---

65) 経済産業省「2016 年版不公正貿易報告書」605 頁。
66) 千九百九十四年の関税及び貿易に関する一般協定第二条 1 (b)の解釈に関する了解 2 項。
67) 国境税調整に関する GATT の規定や各国の実態を検討した GATT 作業部会報告書（GATT, "Border Tax Adjustment: Report of the Working Party" L/3464, BISD 18S/97 （December 2, 1970)) は、間接税（国内品に対する物品税、消費税等）は国境税調整の対象となり、直接税（法人税、所得税等）は対象とならない点は見解が一致したが、オカルト税（資本財、副原料、その他課税可能な産品の輸送または生産に用いられるサービスに対する消費税をいい、広告やエネルギー、機械、輸送に対する税を含む）が対象となるかは、見解の相違が存在すると述べる（パラ 15）。

の対象となるかも、解釈論は確立していないが、近年は、これを肯定する見解の増加も指摘されている[68]。また、国境調整措置の対象となる国内措置が炭素税ではなく排出権取引制度である場合、「内国税」の要件を満たさず、「国境税調整」として正当化されないのではないかとの指摘もある[69]。

次に、国内税相当課徴金として課することができる措置の内容が問題となるが、GATT 2 条 2 項(a)は、内国民待遇義務を定めた GATT3 条 2 項に合致して課せられることを条件としており、国内品と比較して、輸入品により重い負担を課すことは認められていない。そして、上記アにおいて整理したとおり、輸入品と国内品で負担は、両者が「同種の産品」である場合は、同一である必要があるが、「直接競争品・代替品」である場合は、僅少の違いは許容される。

（う）　GATT20 条により正当化されるか

国境調整措置が、内国民待遇義務（GATT3 条）や譲許義務（GATT2 条）に反する場合も、一般例外を定める GATT20 条により正当化される余地がある。すなわち、① GATT20 条各号のいずれかに該当し、② GATT20 条柱書の要件を満たす場合、WTO ルールに抵触する措置も、例外として許容される。

ただし、以下に述べるとおり、気候変動政策を目的とする国境調整措置は、GATT20 条(b)号または(g)号に該当する可能性があるものの、GATT20 条柱書の要件を満たすのは、必ずしも容易ではないと考えられる。

（i）　GATT20 条(b)号および(g)号

GATT20 条(b)号は、正当化される措置として、「人、動物又は植物の生命又は健康の保護のために必要な措置」を掲げるが、(i)温室効果ガスの排

---

68) 原嶋洋平「WTO ルールと地球温暖化防止の国内政策措置との相互関係――炭素税の国境税調整を中心に」日本貿易学会年報 47 号（2010）54 頁。
69) 阿部克則「WTO による貿易規律と気候変動枠組条約―排出量取引制度の国境調整措置と WTO 法 ―」国際問題 592 号 38 頁、40-41 頁（2010）、Sakuya（Yoshida）Sato, supra note 62,p. 396-397。

出は、長期的に、人等の生命または健康に危険を及ぼしうること、(ii)大気汚染の防止措置や[70] CO2削減措置は[71]、GATT20条(b)号に該当するとの判断事例があることから、気候変動政策を目的とする国境調整措置も、GATT20条(b)号の措置に該当する可能性がある[72]。

GATT20条(g)号は、正当化される措置として、「有限天然資源の保存に関する措置」を掲げるが、「清浄な空気」(clean air)は「有限天然資源」に当たるとした判断事例があり[73]、温室効果ガスの濃度が低く保たれた大気も「有限天然資源」に該当する可能性がある[74]。また、GATT20条(g)号の措置に該当するには、「国内の生産又は消費に対する制限と関連して実施される」必要があるが、同条件は、輸入品と国内品で必ずしも同一の取扱いを常に採ることは不要であるものの「公平な取扱い」を求める趣旨とされており[75]、国境調整措置は、通常、国内措置（炭素税等）と一緒に導入されるため、当該要件も満たされる場合が多いと考えられる[76]。したがって、気候変動政策を目的とする国境調整措置は、GATT20条(g)号の措置にも該当する可能性がある[77]。

なお、GATT20条(b)号および(g)号のいずれを問題とする場合であっても、措置国域外の生命や有限天然資源の保護が適用対象となるかという問題（保護対象の地理的範囲の問題）が生じうる[78]。

---

70) Panel Report, US - Gasoline, para.6.21.

71) Panel Report, Brazil — Taxation, para.7.880.

72) Mehling et al., supra note 64, p.465. なお、GATT20条(b)号に該当するには、「人、動物又は植物の生命又は健康の保護のため」の措置であることに加えて、人等の生命または健康の保護のために「必要」な措置である必要がある。措置の必要性は、追求される目的の重要性、目的に対する措置の寄与の程度、措置の貿易制限性を比較衡量して判断され、より貿易制限的でない代替措置の利用可能性（別に合理的に利用可能なWTOルールに整合的な措置があるか）も勘案される（Appellate Body Report, EC — Seal Products, paras.5.169 and 5.214）。したがって、GATT20条(b)号に該当するかは、カーボンリーケージのリスクが高い産業がカバーしているか（措置の寄与度）や、温室効果ガスの排出削減を進める上で、より貿易制限的でない代替措置が存在しないか等が、問題となる。

73) Panel Report, US — Gasoline, para.6.37.

74) Mehling et al., supra note 64, pp.466-467.

75) Appellate Body Report, US — Gasoline, pp.20-21.

76) Mehling et al., supra note 64, p.467.

過去、環境保護を目的とする措置の多くは、GATT20条(b)号または(g)号が定める措置に該当するとされてきたが、気候変動政策を目的とする国境調整措置も、上記のとおり、GATT20条(b)号または(g)号に該当する可能性がある[79]。

(ii)　GATT20条柱書

　国境調整措置が、GATT20条(b)号または(g)号を満たす場合も、GATT20条により正当化されるためには、措置が、同様の条件の下にある諸国の間において、恣意的なもしくは不当な差別待遇の手段となるような方法で適用されていないことが必要である[80]。過去、当該要件は、事案ごとに個別具体的に判断されており、一般的な基準を導出することは困難だが、過去の事例に鑑み、次のような点が問題となりうる。

　まず、国境調整措置の内容や適用態様が、対象国により異なる場合、かかる差別が、GATT20条(b)号または(g)号の政策目的（人体の生命等の保護や有限天然資源の保存）と合理的に関連しているかが問題となる可能性がある[81]。たとえば、国境調整措置の軽減（または免除）を認めるかどうかや、どの程度の軽減を認めるかについての基準は、カーボンリーケージを

---

77)　GATT20条(g)号に該当するには、上記要件に加えて、有限天然資源の保存に「関する」措置であることも必要だが、「関する」措置かは、措置と目的の間に「密接かつ真正な関連性」が存在するかが問題となる（Appellate Body Report, China ─ Rare Earths, para.5.90）。そして、国境調整措置は、温室効果ガスの排出削減を通じ、温室効果ガスの濃度が低く保たれた大気を保存する措置であるため、通常、有限天然資源の保存に「関する」措置と認められると考えられる（Mehling et al., supra note 64, p.467）。

78)　ウミガメの保護を目的とする米国の措置は、米国外の有限天然資源の保護を目的とする措置であるため、GATT20条(g)号は適用されないと争われた事例において、WTO上級委員会は、海を回遊するウミガメと措置国である米国の間に「十分な連結」（sufficient nexus）があるとして、ウミガメが「有限天然資源」に該当することを肯定した（Appellate Body Report, US ─ Shrimp, para.133）。国境調整措置は、直接には、措置国の領域外における温室効果ガスの排出削減を目的として導入されることが多いと考えられ、他国の温室効果ガスの排出削減を実現しない限り、自国の領域内において温室効果ガスの濃度が低く保たれた大気が減少してしまう関係にあることから、「十分な連結」（sufficient nexus）が認められる余地がある（Sakuya（Yoshida）Sato, supra note 62, p.400）。

79)　Gabrielle Marceau, "The Interface Between the Trade Rules and Climate Change Actions" Legal Issues on Climate Change and International Trade Law（2016）pp.14-15.

80)　加えてGATT20条柱書は、措置を「国際貿易の偽装された制限となるような方法」で適用することも禁止する。

防止するとの観点から合理的に説明できることが必要となる可能性がある。

　また、上記とも関連して、国境調整措置の適用態様が、輸出国の事情を反映する柔軟性を有するかどうかも、考慮される可能性がある[82]。国境調整措置は、カーボンリーケージを回避する目的を有することに鑑み、他国の気候変動政策の状況次第では、カーボンリーケージの危険が小さいとして、国境調整措置の軽減（または免除）を認めることが必要となる可能性がある[83]。

　さらに、パリ協定が、削減目標の決定において、先進国と途上国の責任の差異を謳った「共通に有しているが差異のある責任」に言及しており、国境調整措置の対象や税率を決定する上で、各国の経済発展の状況も考慮することが必要となる可能性がある（後発開発途上国の産品は国境調整措置の対象から除外する等）[84]。

　加えて、国境調整措置を実施する過程において、公正性や適正手続が保

81）WTO上級委員会は、恣意的または不当な差別であるか否かの判断に当たって最も重要な要素の一つは、当該差別が正当化の根拠となるGATT20条各号の政策目的と調和し、または合理的に関連するかどうかであるとした（Appellate Body Report, EU — Seal Products, paras.5.318-320）。

82）WTO上級委員会は、米国による海ガメ保護のためのエビ製品等の輸入制限措置について、当該措置が他国に対して米国と「本質的に同一」の海ガメ保護措置を設けることを要求するものであったこと重視して、当該輸入制限措置が恣意的かつ不当な差別的手段であるとしたが（Appellate Body Report, US — Shrimp, paras.161-165, 171）、その後の履行確認手続においては、米国が新たに制定したガイドラインが「同等に効果的」な海ガメ保護措置を許容していることを理由に、米国の措置が十分に柔軟であるとして、GATT20条に基づく正当化を認めた（Art 21.5 DSU Appellate Body Report, US — Shrimp, paras.135-152）。

83）Joost Pauwelyn, "U.S. Federal Climate Policy and Competitiveness Concerns: The Limits and Opinions at International Trade law（Working Paper）" Nicholas Institute for Environmental Policy Solutions, Duke University（2007）, pp.38-39.

84）Ibid, pp.39-40. なお、先進国と発展途上国は「同様の条件下」にないことを根拠に、GATT20条柱書の下でも、先進国は発展途上国に国境調整措置の軽減、廃止等の特別待遇を与えることも許容されるとの見解も存在する（松下満雄「地球温暖化防止策としての環境税／排出量取引制度のWTO整合性」国際商事法務38巻1号（2010）8頁）。このとおり、国境調整措置をGATT20条柱書に適合させる要請は、各国ごとに、異なる取扱いを生じさせるため、第三国間の差別を禁止する最恵国待遇義務（GATT1条1項）への抵触を生じさせうる。

証されているかが問題となる可能性がある。たとえば、国境調整措置を実施する前に、輸出国と適切に交渉を行ったかどうかも考慮される可能性があるが[85]、パリ協定の交渉・妥結によって、この点は満たされる可能性があるとの指摘もある[86]。また、国境調整措置の適用対象国を選定する上で、相手国に意見を表明する権利が与えられているかや、国境調整措置を適用される輸出者に、意見を表明する権利が与えられているかが、問題となる可能性もある[87]。

（え） 制度設計上の課題

上記のとおり、WTO ルールと整合的な国境調整措置を設計するためには、多様な事情を考慮する必要があるが、特に重要な点として、輸入品と国内品の平等な取り扱いが確保する必要性が上げられる。もっとも、下記で述べるとおり、この平等性を確保することは、実際には容易ではなく、国境調整措置を導入する上での、重要な課題になると考えられる。

（i） 気候変動問題に対する施策への対応コストのみに着目することの妥当性

上記の差別を回避するために、国境調整措置を設計する際には、産品が輸出国で負担した、気候変動問題に対する施策への対応コストを除外することが考えられるが、そのような手法については、次のような問題が指摘できる。

まず、産品が輸出国で負担した対策コストとして、どのようなコストを

85）WTO 上級委員会は、米国による海ガメ保護のためのエビ製品等の輸入制限措置が不当な差別的手段であると判断するに当たって、海ガメ保護のための二国間または多国間協定の締結に向けた真剣かつ全面的な交渉を行わなかったことも考慮した（Appellate Body Report, US — Shrimp, paras.166-172)。

86）Mehling et al., supra note 64, p.469.

87）Mehling et al., supra note 64, p.468. WTO 上級委員会は、米国による海ガメ保護のためのエビ製品等の輸入制限措置が恣意的な差別的手段であると判断するに当たって、輸入許可申請に関して、輸出国に対して聴聞や反論の機会、手続の透明性や予測可能性が与えられていなかった点も考慮した（Appellate Body Report, US — Shrimp, paras.178-183)。

考慮するか、との問題がある。そもそも、上記図表1-3-5のとおり、気候変動問題に対する施策には、炭素価格を設定する経済的手法以外にも、多様な手法が存在しており、どの施策手法を採用するかは、パリ協定上も、各国の判断に委ねられている。また、経済的負担の観点からみても、下記図表1-3-6のとおり、炭素価格や排出権取引制度のように、温室効果ガスの排出トンあたりの価格を設定する手法（明示的なカーボンプライシング）のみならず、温室効果ガスの排出量ではなくエネルギーの消費量に対して課税したり、規制上の基準を設定して対応コストを生じさせたりする手法（暗示的なカーボンプライシング）[88]が存在する。

図表1-3-6　明示的なカーボンプライシングと暗示的なカーボンプライシング

明示的なカーボンプライシング	暗示的なカーボンプライシング
・炭素税 ・排出権取引制度	・エネルギーに対する課税 ・規制上の基準 ・その他

出典：OECD, "Climate and Carbon: Aligning Prices and Policies"（October 2013）より筆者作成

　当該事情にもかかわらず、明示的なカーボンプライシングの手法に基づく対策コストのみを考慮する制度を設計した場合、暗示的なカーボンプライシングの手法を採用する国の輸出産品は、当該輸出国における対策コストを考慮されない点で、不平等な結果が生じてしまう。他方、暗示的なカーボンプライシングの手法に基づき負担した対策コストを算定することは、容易ではないとの実務的な問題がある[89]。

　以上に加えて、ある製品が負担している気候変動問題に対する施策への対応コストに着目することが、カーボンリーケージを防止し、地球全体の

88）日本においては、固定価格買取制度、省エネ法、自主行動計画といった施策についても、この暗示的なカーボンプライシングに含めて考えることができる（経済産業省「長期地球温暖化対策プラットフォーム報告書—我が国の地球温暖化対策の進むべき方向—」（2017年4月7日）40頁）。

気候変動問題に対応するとの目的に照らして妥当なのか、という問題も存在する。すなわち、ある製品の生産過程における温室効果ガス排出量は、その生産国における気候変動政策の有無や内容のみならず、生産投入物や生産設備、技術革新の程度といったさまざまな要素によって異なりうるため、実際には、輸入国と比較して、輸出国における対策コストが小さいもの、より温室効果ガス排出量の少ない製品が製造されているような場合も存在すると考えられる。それにもかかわらず、各製品が負担した対策コストのみに着目すると、より温室効果ガス排出量の少ない製品のほうが、競争上不利に取り扱われてしまう事情が生じる可能性がある[90]。

(ii) 厳密な温室効果ガス排出量・温室効果ガス含有量の算定困難性

また、上記(i)の問題があることから、各産品の温室効果ガス排出量（または温室効果ガス含有量）を基準に、国境調整措置を講じることも考えられるが、その前提として必要となる、輸入品の温室効果ガス排出量を把握する手法についても、それぞれ困難を抱えている。

まず、輸入品ごとの温室効果ガス排出量を確定して、国境調整措置を講じる手法が考えられる。この場合、温室効果ガス排出量の確定は、輸出者

---

89) EU の CBAM では、原産国で支払済の炭素価格（対象産品の生産時に排出される温室効果ガスに対し、税または排出量取引制度により支払われた金額）に応じて、CBAM 証書の納付数の削減を要求できるようにすることが想定されており（CBAM 規則案 3 条 23 号、9 条 1 項）、黙示的なカーボンプライシングは考慮されないこととなっている（閣僚理事会の修正案では、明示的なカーボンプライシングしか考慮しないことが更に明確化されている）。この点、欧州委員会は、CBAM に係る Impact Assessment Report において、各国において（明示的な）カーボンプライシング以外の規制によって温室効果ガスの削減が図られていることは認識しているものの、（明示的な）カーボンプライシングとその他の非価格的な規制措置の同等性を認定することが困難であることをから、CBAM においては（明示的な）カーボンプライシングしか考慮しないこととしたと説明している（European Commission, "COMMISSION STAFF WORKING DOCUMENT IMPACT ASSESSMENT REPORT: Accompanying the document Proposal for a regulation of the European Parliament and of the Council establishing a carbon border adjustment mechanism"（14 July 2021）, p. 26）。

90) Japan Business Council in Europe, Japan Chemical Industry Association, Japan Electronics and Information Technology Industries Association and Japan Steel and Iron Association, "Joint Industry Recommendation on the proposal of Carbon Border Adjustment Mechanism（CBAM）"（25 May 2022）.

等の自主申告に依拠する必要がある。その上で、この確定は、輸入品ごとに、製品の温室効果ガス排出量の算出方法に違いが生じるのを避けるため、統一的に基準に基づくことが望ましく、さらに、当該基準が、国よって有利に作用したり不利に作用したりする事態を避ける観点からは、国際基準等、各国が合意した基準を用いるのが望ましいと考えられる[91]。また、国内品と比較して、輸入品に、温室効果ガス排出量の自己申告に伴う加重な手続的負担が課される場合、この点を理由に、輸入品が差別的に取り扱われていると評価される可能性もある[92]。

　また、上記のような自主申告の問題を避けるため、産業セクター内で、最も温室効果ガス排出量の少ない事業者の数値や、最も温室効果ガス排出量の多い事業者の数値を用いる等、産業セクター別に温室効果ガス排出量を確定して、国境調整措置を講じる手法も考えられる。ただし、前者の数値を用いる場合、非効率な事業者が得をする点で、国境税調整の目的実現が害される。また、後者の数値を用いる一方、国内品は実際の温室効果ガ

---

91) OECD, supra note 57, p.22. なお、ISO 14060 シリーズの国際規格が温室効果ガス排出量算定の一般ルール等を定めるほか、特定の産業セクターに特化した CO_2 排出量・原単位の計算方法の国際規格も存在し、たとえば、ISO 14404 は、製鉄所からの CO_2 排出量・原単位の計算方法の国際規格を定めている。現状、製品の温室効果ガス排出量の算出方法を規定する国際規格は ISO で策定されるものに限らず複数存在しており、炭素価格設定の基礎となる温室効果ガス排出量の算出方法の調和を図り、公平かつ効果的な制度の運用がなされることを担保すべき点が指摘されている（World Trade Organization, "Trade and Climate Change - Information brief No.6" p.9）。また、同基準は、民間団体や企業の国際的な連携によっても作成されうる。たとえば近時、欧州委員会や民間企業等、官民のステークホルダーが構成員となる MOBI という国際団体において、車載電池のカーボンフットプリント（ライフサイクル全体を通しての CO_2 排出量）を正確に把握することにも資する規格策定が進められている。

92) 過去には、特定の化学物質を用いた輸入品に対して課税を行うに当たって、輸入者が原料の割合等について情報提供を行わなかった場合に、輸入品の評価額の 5 ％を課税することとする米国の措置について、①当該懲罰的な課税が国内品に対する一般的な課税額に比して著しく高額であること、②原料として用いられている化学物質ではなく輸入品自体の評価額を基準に課税額を計算することとしていることを理由に、そのような課税は GATT 3 条 2 項に反するとした事例がある（Panel Report, United States — Taxes on Petroleum and Certain Imported Substances, para.5.2.9）。そのため、輸入品に対して温室効果ガス排出量の自己申告義務を課し、その違反に対して当該輸入品自体の評価額を基準に課徴金を課すような場合にも、当該課徴金の水準次第では、GATT3 条 2 項違反の問題が生じうる。

ス排出量を用いる場合、輸入品のみ、実際の温室効果ガス排出量に基づく
負担より重い負担を課される可能性がある点で、輸入品が差別的に取り扱
われていると評価される可能性がある[93]。上記問題を解消するため、暫定
的に産業セクター別に温室効果ガス排出量を用いるものの、輸入者は、実
際の炭素提出量を提出し、当該数値を用いるよう求めることができる制度
も考えられるが[94]、その結果、輸入品に加重な手続的負担が課されると、
輸入品が差別的に取り扱われていると評価される可能性がある点は、上記
のとおりである。

イ　輸出品に対する国境調整措置

　上記のとおり、国境調整措置として輸入品が課税されると、輸出国およ
び輸入国での二重課税の問題が生じる可能性がある。この問題を解決する
ため、輸出国側において、輸出品に、炭素税の納税額など、気候変動政策
の規制対応コストを還付することが考えられるが、当該対応は、貿易歪曲
効果が大きいため禁止されている輸出補助金（輸出を条件に交付される補助
金のことをいい、「レッド補助金」（下記3(2)ア参照）に該当する）の交付に当
たり、補助金および相殺措置に関する協定（以下「補助金協定」という）3
条1項に抵触するおそれがある。

　この問題について、GATT16条注釈は、輸出品に対する、「国内消費に
向けられる同種の産品に課せられる関税若しくは租税」の免除・税還付
は、GATT16条にいう補助金と見做さない旨を定めている。この規定は、
補助金協定の附属書Iにおいて詳述されており[95]、この附属書では、禁止
される輸出補助金を具体的に例示する形で、翻って、輸出品に対する一定
の免税・税還付等は、輸出補助金に該当しないことを示している[96]。した
がって、国境調整措置としての免税・税還付は、WTOルール上も許容さ

---

93) OECD, supra note 57, p.22.
94) Ibid.
95) Dominic Coppens, "WTO Disciplines on Subsidies and Countervailing Measures - Balancing Policy Space and Legal Constraints"（2014）pp.127-129.
96) 松下・前掲注84) 21 ～ 22頁。

れる可能性があるが、炭素税のように生産過程の投入物に課される内国税（間接税）も、GATT16条脚注や補助金協定の付属書Ⅰに基づき許容されるかについては、輸入品に対する国内調整措置の箇所で論じたのと同様、確定した解釈は存在しない[97]。

図表1−3−7　輸出補助金に該当しない免税・税還付

補助金協定 付属書Ⅰ	輸出補助金の例示	左記例示から読み取れる、 輸出補助金に該当しない範囲
(g)項 （間接税）	国内で販売される同種の産品の生産および流通に関して課される間接税の額を超える額の間接税の免除・軽減	左記金額を超えない範囲の間接税の免除・軽減
(h)項 （前段階の累積的な間接税）	国内で販売される同種の産品の生産に認められる額を超える、前段階の累積的な間接税の免除・軽減・繰延べ	左記金額を超えない範囲の、前段階の累積的な間接税の免除・軽減・繰延べ

　ウ　小　括

　以上のとおり、気候変動政策の一環として国境調整措置を導入する必要は高いが、どのような内容であれば、WTOルール上許容されるか、現状、必ずしも明確ではない。このことは、各国が、国境調整措置の設計において、一定程度の裁量を有することを示す一方、WTOルールに整合しないとして、貿易紛争を招くリスクを抱えることを意味する。また、国境調整措置は、その内容や運用次第では、相手国の環境規制が十分ではないことを根拠に、輸入を制限する手段として、保護主義的に用いられるおそれもある。この問題を解決する方法として、WTOルールの明確化や、各国国内措置の調和などが考えられる。

97）松下・前掲注84) 22〜23頁、25〜26頁。なお、WTOルール内の条文間の適用関係や文言からは、仮に国境調整措置が補助金協定が禁止する輸出補助金に該当する場合、GATT20条により正当化されることはない。

3 環境補助金

(1) 環境補助金とは

　政府は、炭素税や国境調整措置を用いて炭素コストを内部化するだけでなく、私人に利益を供与することによって、人々の行動に変化をもたらし、気候変動問題に対応しうる。具体的には、気候変動政策の一環として、環境への影響を軽減する環境技術や環境物品の普及促進が重要だが、市場に任せているだけではこれが十分に進まない可能性がある。その背景として、そもそも開発成果を得られるか不確実であったり、開発した技術から得られる波及効果を開発者が十分に享受できなかったりするために過小投資になりやすいという問題や、気候変動政策への対応コストを製品価格に内部化したため、同コストを製品価格に転嫁しない従来品との価格競争で劣位に立たされるという問題がある。環境補助金は、これらのいわゆる「市場の失敗」を克服し、気候変動政策を推し進める役割を果たすことが期待されている。

(2) 環境補助金の WTO ルールとの整合性

ア　WTO ルールの概要

　WTO 協定の補助金および相殺措置に関する協定は、加盟国が交付する補助金のルールを定めている。同協定は、補助金を、①政府または公的機関による、②資金的貢献[98] であって、③受け手の企業に利益が生じるもの[99]、と定義した上で（同１条１項）、ⅰあらゆる場合に禁止される補助金（同３条１項：レッド補助金と呼ばれ、輸出補助金・国産品優先補助金が該当する）と、ⅱ市場代替や市場価格を引き下げるなど、市場歪曲を生じさせた場合に撤廃等を求めることができる補助金（同５条：イエロー補助金と呼ばれる）について規律する。

---

98) 「資金的貢献」には、贈与のみならず、貸付、出資、債務保証、税収の放棄、物品およびサービスの提供等、広範な行為が含まれる。
99) なお、これら要件のほか、補助金の存在が認められるには、補助金が、特定の企業・産業または企業集団・産業集団に交付されることが必要である（補助金協定２条１項）。ただし、レッド補助金の場合は、特定性を有するものとみなされる（同２条３項）。

環境補助金は、交付目的や受領者に応じて、研究開発補助金、生産活動補助金、および消費者補助金に大別できるため[100]、各類型に分けて解説する。

　イ　研究開発補助金

　研究開発補助金は、研究機関や企業の研究開発活動のコストを軽減し、技術開発のインセンティブを高める。特に基礎研究を対象とする場合、上記の過少投資の問題に対処するために有効な手段となり、貿易歪曲の問題も生じさせにくい[101]。他方で、特定物品の開発と密接に結びつく場合、物品の製造コストが抑えられ（価格効果）、他国物品の販売機会を奪い、または市場価格を引き下げる可能性があり、イエロー補助金該当性が問題となりうる[102]。なお、研究開発補助金の効果として、技術開発を早め、同技術を用いた物品をいち早く市場に投入できる効果（技術効果）を問題とする見解も存在するが[103]、当該効果は、価格効果で説明できることや[104]、市場の失敗に対処する経済的に効率的な補助金の交付が阻害されることを理由に[105]、これを否定する見解も存在する。

---

100) Dominic Coppens, "WTO Disciplines on Subsidies and Countervailing Measures - Balancing Policy Space and Legal Constraints" Cambridge University Press（2014）pp.485-515.

101) OECD, "Measuring distortions in international markets: the semiconductor value chain", OECD（2020）pp.90-91.

102) Coppens, supra note 100, p.492. Appellate Body Report, EC－Measures Affecting Trade in Large Civil Aircraft, para. 1407. 同効果は、WTO上級委員会は、研究開発補助金のような製品の生産販売とは関係なく支払われ、受領者の非営業キャッシュフローを上昇させる補助金（紐なし補助金）も、製品の価格柔軟性を高める場合、悪影響の発生に寄与し、イエロー補助金と判断されうると判示した（Appellate Body Report, United States－Measures Affecting Trade in Large Civil Air-craft（Second Complaint）, paras. 1336-1338）。

103) WTO上級委員会は、大型民間航空機の研究開発のために供与された研究開発補助金は、航空機の開発を早め、ライバル機の価格・市場シェアに悪影響を与えるとした（Appellate Body Report, United States－Measures Affecting Trade in Large Civil Aircraft（Second Complaint）, paras. 972-1127）。

104) 松下満雄＝米谷三以『国際経済法』（東京大学出版会、2015）475頁。

105) Kennedy, M. "The Adverse Effects of Technological Innovation under WTO Subsidy Rules" World Trade Review, 19(4), (2020) pp.520-521.

ウ　生産活動補助金

　生産活動補助金は、設備投資を補助する等、環境物品の生産コストを軽減することで、環境物品を生産するインセンティブを高める。同補助金は、物品の生産活動に直接に関連するため、研究開発補助金以上に、市場歪曲を生じさせるイエロー補助金とみなされる可能性がある（たとえば、省エネ設備の導入補助により、より安価に物品を製造・販売できる）。

　また、生産活動補助金が、国内で生産された設備、部品等を購入することを条件に供与される場合、国内産品優先補助金（補助金協定3条1項(b)）に該当して、レッド補助金と認定される可能性がある[106]。

エ　消費者補助金

　消費者補助金は、購入者に、商品の一部代金相当額を補助することで、購入インセンティブを高める。国産品と輸入品のいずれも等しく補助金交付の対象とする場合、輸入品が不利にならず、イエロー補助金該当性が問題となる可能性は低い。ただし、消費者補助金が国産品を購入することを条件に交付される場合、レッド補助金である国産品優先使用補助金（補助金協定3条1項(b)）に該当する可能性がある[107]。

　また、輸入品が非環境物品であることを理由に補助の対象外となる場合、内国民待遇義務（GATT3条4項）が問題となる可能性があるが、国境調整措置の箇所で論じたとおり、環境物品と非環境物品は「同種の産品」に該当しないとの正当化や、「人、動物又は植物の生命又は健康の保護のために必要な措置」（GATT20条(b)）または「有限天然資源の保存に関する措置」（GATT20条(g)）として一般例外により正当化される可能性

106）なお、GATT3条8項(b)は、国内生産者のみに対する補助金の交付をGATTの適用対象から除外しているため、この例外に該当する限り、GATT3条4項違反には問われない。

107）補助金協定3条1項(b)は、国産品の使用を条件に補助金を交付する場合、国産品優先使用補助金に該当すると規定するが、その対象は、受領者の製造工程で用いる部分品が国産品であることを求める場合のみに限定されるとする見解がある（Coppens, supra note 100, p.141）。他方で、購入と使用は一連の行為を構成するため、国産品使用要件の中に、国産品購入を含めることは妥当との見解も存在する（川瀬剛志「世界金融危機下の国家援助とWTO補助金規律」RIETI Discussion Paper Series 11-J-065（2011）85頁）。

がある。

4 環境物品の関税引下げ

(1) 環境物品の関税引下げとは

環境補助金に加えて、環境物品の関税（特に輸入関税）を引き下げることで、販売コストを低減する手法も、環境物品を各国市場で普及させる有効な手段となる。加盟国は、自国の判断で譲許税率を引き下げることが可能だが、複数国間交渉により相互に譲許関税率を引き下げるのが一般的であり、環境物品との関係でも、当該アプローチが模索されてきた[108]。

WTO における環境物品の関税引下げ交渉は、2001 年 11 月 20 日にドーハ閣僚宣言において「環境関連物品及びサービスに係る関税及び非関税障壁の撤廃及び削減」に関する交渉の立ち上げが宣言されたことに端を発する。その後、貿易と環境委員会特別会合（CTESS）で議論が重ねられたが、議論は停滞した。2014 年 7 月には、43 の有志国が、2016 年内の妥結を目指して、幅広い品目の関税撤廃を目標とする環境物品協定（EGA）の交渉を開始したが、再び、対象となる環境物品についての参加国間の意見の隔たりが埋まらなかった結果、妥結に至らなかった[109]。

上記のような WTO における議論停滞を受けて、アジア太平洋経済協力（APEC）の 2011 年 11 月のホノルル首脳会議において、2015 年に環境物品の関税を 2015 年末までに 5％以下に引き下げることが合意され、2012

108）環境物品交渉を経済学的な観点から詳細に分析した邦語での研究として、日野道啓『環境物品交渉・貿易の経済分析——国際貿易の活用による環境効果の検証』（文眞堂、2019）がある。

109）各国が環境物品をリスト形式で提案する「リスト・アプローチ」に基づいて議論するアプローチが採用されたが、一部加盟国からは、指定された環境関連プロジェクトに用いられる物品を免税の対象とする「プロジェクト・アプローチ」を求める意見（TN/TE/W/51）が表明されるなど、方法論に争いが生じた。また、環境物品の具体的な特定方法についても、最終的な利用目的に着目する手法に多くの国が賛同する一方で、EC 等の一部の国は、PPM に着目する手法を提案した（日野・前掲注 108）51 ～ 54 頁）。なお、環境サービスに関する交渉は、サービス貿易理事会特別会合（CTSSS）で行われたが、サービス貿易に関する交渉自体が難航していたこともあり、これまで芳しい成果を挙げていない（日野・前掲注 108）28 頁）。

年9月のウラジオストク首脳会議では、54品目から成る環境物品のリストが合意された[110]。これらの合意は非拘束的ではあるものの、本書の執筆時点で、チリおよびタイを除く19の加盟国において履行済みである[111]。

　また、日本は、2021年3月22日に有志国グループ（オタワ・グループ）の会合で、「温室効果ガスの削減に直接貢献する技術を用いた製品」（水素関連製品、蓄電池等9つの分野を例示）の関税撤廃に向けた交渉再開を呼びかけるなど[112]、環境物品の関税を引き下げに努めている。今後、環境物品の関税引下げを目指し、関税交渉の議論が再開するか明らかでないが、仮に再開される場合は、環境物品協定（EGA）の交渉での未解決事項（特に環境物品の特定方法の問題）をどのように克服するかが重要になると考えられる。

(2)　環境物品の関税引下げのWTOルールとの整合性

　GATT上、各国は、譲許税率を超える関税を課すことを禁止されている一方で（GATT2条1項）、譲許税率の引下げについては、所定の手続を経ることを条件に認められている。ただし、方法次第では、下記のような点が、問題となりうる。

　ア　環境物品の特定方法
　　(あ)　環境物品とは何か
　まず、関税引下げの対象となる「環境物品」（environmental goods）をどう特定するかが問題となる。この点、WTO協定は、環境物品の定義を設けておらず、どの物品が環境物品に該当するかは、各国の判断に委ねられ

---

110) 2012 Leaders' Declaration ANNEX C "APEC List of Environmental Goods"〈https://www.apec.org/meeting-papers/leaders-declarations/2012/2012_aelm/2012_aelm_annexc〉.

111) Asia-Pacific Economic Cooperation, "APEC Economies' Implementation Plans for Tariff Reductions on Environmental Goods"〈https://www.apec.org/groups/committee-on-trade-and-investment/apec-economies-implementation-plans〉.

112) "Proposal on contributions to achieving Global Carbon Neutrality at the WTO（Non-paper）Submitted by Japan"（March 2021）.

る。気候変動問題との関係では、①その使用過程における温室効果ガスの排出量が少ない物品（エネルギー効率のよい家電製品等）、②温室効果ガスの排出抑制を主要な目的とする物品（太陽光パネル等）、③その生産工程または生産方法（以下「PPM」という）における温室効果ガスの排出量が少ない物品（再生可能エネルギーを用いて生産された物品等）などが対象となりうる[113]。このうち、②は最も直接的な意味での環境物品であり、上記のAPECの環境物品リストに列記された54種類の物品のほとんどがこれに該当する[114]。一方で、①および③は、使用過程またはPPMにおける温室効果ガスの排出量がどの程度少なければ関税引下げの対象にするかという、線引きの問題が生じる[115]。

(い)　譲許表にどのように反映するか

　各国は、「商品の名称及び分類についての統一システムに関する国際条約」（以下「HS条約」という）が定める品目表（以下「HS品目表」という）を用いて、物品の譲許税率を定めている。HS品目表は、貿易取引の対象となりうる物品のほとんどすべてを、6桁の数字を使って分類している（以下「HS分類」という）。HS条約の締約国は、HS分類を使用して、自国の関税率表を作成しなければならないが（HS条約3条1項）、各締約国は、HS分類を前提に、独自に細分類を設けることが認められており（HS条約3条3項）、日本を含む多くの国が7〜9桁の細分類を設けている。

　ウルグアイ・ラウンド以降、WTOの関税譲許交渉では、交渉時点で有効なHS品目表を基礎とすることが合意されており[116]、各国譲許表も、HS品目表上の分類を前提に、必要に応じ、さらに細分類を設けて譲許し

113）Aaron Cosbey, "Breathing Life into the List: Practical Suggestions for the Negotiators of the Environmental Goods Agreement"（February 1, 2015）p.6 の分類を参考とした。

114）ただし、リサイクル用の破砕機はリサイクル以外の用途にも広く用いられている場合のように、環境の向上を主要な目的とする物品でも、そうでない用途にも用いることができるといういわゆる「二重の使用目的」（デュアルユース）がある場合、どのように環境物品を特定すべきとの問題が指摘されている（日野・前掲注108）98頁）。

115）Cosbey, supra note 113, p.6.

116）松下＝米谷・前掲注104）189頁。

ている。したがって、環境物品についても、HS 品目表に細分類を設けた
上で、当該物品に低い関税率を設定すること（ex-out アプローチ）は否定
されない[117]。

　もっとも、従来、関税分類は、細分類を含め、当該物品の物理的特性に
基づき設定されてきたとされる[118]。そのため、PPM における環境負荷が
少ない物品（上記③）に低い関税率を設定しようとする場合、物理的特性
に基づかない関税分類の細分化が許容されるかが問題となる。この点、
HS 条約および WTO ルールは、関税分類の細分化の方法について特段の
規律は設けられておらず、少なくとも理論的には否定されないと考えられ
るが[119]、実務的な観点として、PPM に基づいて関税分類を定めたとして
も、税関職員による区別が困難であり、適切なラベリング制度の確立が必
要であるとの指摘が存在する[120]。

　イ　最恵国待遇義務との関係
　各国は、他国原産の産品に利益（関税引下げ等）を供与した場合、これ
を他のすべての国の領域の原産の「同種の産品」にも「即時かつ無条件
に」供与しなければならないとする最恵国待遇義務を負う（GATT 1 条 1
項）。そのため、関税引下げの利益を享受する環境物品と、これを享受し
ない他国の非環境物品が「同種の産品」に該当する場合、最恵国待遇義務
違反の問題が生じうる。たとえば、環境性能の高い家電の関税を引き下げ

---

117) See, Panel report, Japan – SPF Dimension Lumber, para. 5.9。なお、細分化の方法について国
　際的な基準が存在するわけではないことから、複数国間交渉により環境物品の関税引下げ
　を目指す場合には、その方法について合意する必要がある（ZhongXiang Zhang, "Trade in
　environmental goods, with focus on climate-friendly goods and technologies" Research
　Handbook on Environment, Health and the WTO（Geert Van Calster and Denise Prévost eds.
　（2014), p.683）。
118) Petros C. Mavroidis and Damien J. Neven, "Greening the WTO: EGA, Tariff Concessions and
　Policy Likeness" Robert Schuman Centre for Advanced Studies（January 2019）p.9.
119) Christiane R. Conrad, "Processes and Production Methods（PPMs）in WTO Law: Interfacing
　Trade and Social Goals" Cambridge International Trade and Economic Law. Cambridge:
　Cambridge University Press（2011）p.34.
120) Zhang, supra note 117, p.676.

た結果、環境技術が未発展のＡ国の物品が、環境技術が発展したＢ国の物品に比して不利に扱われるような場合が考えられる。

　この点、GATT 1 条 1 項の「同種の産品」についても、ⅰ産品の物理的特性、ⅱ産品の用途、ⅲ消費者の認識、ⅳ国際的な関税分類が考慮されるが[121]、相互主義を基調とする関税交渉では、フリーライドを防止する観点から、産品を区別する必要性が生じる場合があることから、関税分類との関係で最恵国待遇義務が問題となる場面では、その他の場合と比較して、産品の同種性を狭く解釈すべきとの見解も存在する[122]。同見解からは、使用過程における温室効果ガスの排出量が少ない物品（上記①）や温室効果ガスの排出抑制を主要な目的とする物品（上記②）と、これに該当しない物品は「同種の産品」でないと整理できる余地がある。また、PPM における温室効果ガスの排出量が少ない物品（上記③）の場合は、上記ⅰおよびⅱの要素を区別の根拠とすることができないが、上記ⅲやⅳの要素に関連付けて、これに該当しない物品とは「同種の産品」でないと整理できる余地がある。

　なお、仮に GATT 1 条 1 項の最恵国待遇義務違反とされても、環境物品の普及を促進させる目的での関税引下げは、GATT 20 条により正当化される可能性がある（上記 2 (2)ア(う)参照）。

5　環境物品の基準認証制度

(1)　環境物品の基準認証制度とは

　環境物品の普及を図る手法としては、今まで見てきた手法以外にも、物品の環境親和性を確保する基準（標準・規格）を定め、物品がその基準に適合しているかどうかを認証する手法もある。かかる基準の定め方としては、(a)物品の特性、性能、仕様等に着目する手法（製品標準：使用から排

---

121) 松下＝米谷・前掲注 104) 195 頁。
122) Robert E. Hudec, "'Like Product': The Differences in Meaning in GATT Articles I and III" REGULATORY BARRIERS AND THE PRINCIPLE OF NON-DISCRIMINATION IN WORLD TRADE LAW (Thomas Cottier and Petros C. Mavroidis eds., University of Michigan Press 2000) pp.101-123).

出される温室効果ガスの削減に寄与するよう求める標準等）や、(b) PPM に着目する手法（プロセス標準：生産過程で排出される温室効果ガスの削減を求める標準等）がある。これら基準は、国内標準化機関が定めるが、基準制定に当たり、国際標準化機構（ISO）や国際電気標準会議（IEC）といった国際標準化機関の議論が参照される。国内標準化機関が定める基準は、強制力の有無に応じて、強制力を持つ強制標準（強制規格）と、任意の標準（任意規格）に分類される。

　また、上記手法で定められた基準の遵守または促進を確保する方法として、基準を充足するかの認証に加えて、①ラベリング等により、物品の環境への影響に関する情報を消費者に提供して、商品選択の意思決定に影響を及ぼす手法（「情報的手法」）や、②基準を充足しない製品の販売または輸入を制限または禁止する方法（「直接的手法」）などがある[123]。

　基準認証制度は、従来より、温室効果ガスの排出削減の一手法として用いられてきたが（自動車の排出基準や燃費基準など）、近年、同制度のさらなる活用が議論されている。特に欧州は、気候変動政策の一環として、基準認証制度の活用に積極的であり、同動向を理解することは、規制対応の必要のみならず、今後他国でも類似の規制が導入されうるという観点から重要となる。

(2)　環境物品の基準認証制度の WTO ルールとの整合性

　基準認証制度は、温室効果ガスの排出削減を実現する重要な政策手法だが、内容次第では、貿易を制限する措置として、WTO ルールとの整合性が問題となる[124]。具体的には、物品貿易の一般ルールを定める GATT に加え、基準認証制度のルールを定める貿易の技術的障害に関する協定（以下「TBT 協定」という）との関係が問題となる。

---

123) United Nations Environment Programme and the World Trade Organization, "Trade and Climate Change"（2009）, pp.120-123. これらは排他的な関係には立たず、組み合わされて用いられうる。
124) 経済産業省「2022 年版不公正貿易報告書」373 頁。

ア　内国民待遇義務・最恵国待遇義務との関係

　基準認証制度は、物品が一定の基準（標準・規格）を満たすことを求めるが、基準を充足するのが不可能であったり、大きな遵守コストが発生するなど、法令上または事実上、特定国の物品に、特に不利に作用する場合、TBT協定が定める、無差別待遇義務（内国民待遇義務および最恵国待遇義務）との整合性が問題となる（同2条1項）[125]。

　まず、ある制度が、TBT協定2条1項が適用される「強制規格」に該当するかが論点となる[126]。この点、産品の特性に着目する基準は、強制規格に該当するが、PPMに着目する基準が強制規格に該当するかは、解釈上争いがある。一般的には、産品特性に関連するPPM（以下「産品関連PPM」という）に着目する基準は、強制規格に該当するが、生産過程における温室効果ガスの排出量など、産品特性に影響を及ぼさないPPM（以下「産品非関連PPM」という）に着目する基準は、ラベリング規制を除き、強制規格に該当しないと解されている[127]。

　また、TBT協定2条1項の無差別待遇義務は、強制規格に関して、輸入品に、同種の国内産品または他国からの輸入品より不利でない待遇を与えることを求めることから、輸入品と比較される、「同種の産品」の範囲も問題となる。この点、WTO上級委員会は、TBT協定2条1項の「同種

---

125) 強制規格および任意規格による差別的な取扱いについては、TBT協定に加えて、GATTの最恵国待遇義務（同1条1項）および内国民待遇義務（同3条4項）に抵触するか、ならびに一般例外（同20条）により正当化されるかどうかも問題となる。

126) TBT協定は、「強制規格」を、「産品の特性またはその関連の生産工程もしくは生産方法について規定する文書であって遵守することが義務付けられているもの」と定義する（附属書1の1項第一文）。WTO上級委員会は、強制規格とは、ⅰ規制対象産品が特定でき、ⅱ規制が産品の特性を規律し、ⅲ規制の遵守が義務付けられているものを指すとする（Appellate Body Report, EC‐Sardines, para. 176）。

127) 「強制規格」の定義（前掲注126））における「その関連の」（their related）との文言解釈として、産品関連PPMは強制規格に該当するが、産品非関連PPMは該当しないと解されている。ただし、ラベリング規制に限っては、附属書1の第二文が、「強制規格は……ラベル等による表示に関する要件であって産品又は生産工程若しくは生産方法について適用されるものを含む」と規定していることから、産品非関連PPMでも強制規格と認められると解されている（伊藤一頼「【WTOパネル・上級委員会報告書解説⑩】EC‐アザラシ製品の輸入及び販売を禁止する措置（DS400, 401）動物福祉のための貿易制限に対するWTO協定上の規律」RIETI Policy Discussion Paper Series 15-P-005（2005）28～29頁）。

の産品」も、GATT 1 条 1 項や 3 条 4 項と同様、市場において競争関係に立つかという観点から、産品の物理的性質、産品の用途、消費者の嗜好等を考慮して判断するとする[128]。したがって、特に産品非関連 PPM 基準については、基本的には、基準適合性が産品の物理的性質に影響せず、基準の適合品と非適合品の産品の同種性が肯定される可能性があるが、生産過程における温室効果ガスの排出量等が消費者の嗜好に影響を与える場合、産品の同種性が否定される余地があると考えられる。

最後に、輸入品が「不利な待遇」を受けているか問題となるが、WTO上級委員会は、「不利な待遇」を認めるためには、強制規格が、法令上または事実上、輸入品に不利に競争条件を変更したことに加え、競争条件の不利な変更が、もっぱら正当な規制上の区別に起因するものでないことを示す必要があるとする[129]。後者の要件については、規制目的と規制上の区別との合理的な関連性が考慮され[130]、強制規格により特定国の輸入品の競争条件が不利に変更された場合も、それが気候変動に寄与するリスクの違いに対応しようとする結果生じていると合理的に認められる場合、正当化される余地があると考えられる。

イ　貿易に不必要な障害をもたらすか
また、基準認証制度の中には、その効果に比して、加重な負担を課す場合も考えられるが、TBT 協定は、強制規格が貿易に対する不必要な障害をもたらさないように、正当な目的を達成するのに必要である以上に貿易制限的であってはならないとする（同 2 条 2 項）。

WTO 上級委員会によれば、TBT 協定 2 条 2 項に違反するかは、強制規格による正当な目的に対する貢献の程度、強制規格の貿易制限の程度、正当な目的を達成できないことのリスクを全体的に衡量し、またより貿易制限的でなく、正当な目的に同等に貢献する、合理的に利用可能な代替措置

---

128) Appellate Body Report, US – Clove Cigarettes, para. 120.
129) Appellate Body Report, US – COOL, para. 286.
130) Appellate Body Report, US – Tuna II（Mexico）（Article 21.5 – US）, para. 6.13.

の有無の検討が必要となる[131]。同項は、正当な目的として、「環境の保護」や「動植物の生命または健康の保護」を例示しており、温室効果ガスの排出量を削減するとの目的も、正当な目的を充たしうる。かかる目的を実現する上で、同一の効果を、より貿易制限的でない手法で実現できる場合には同項違反となる余地があるものの、求められる立証のレベルは高く、現時点において、同項違反が認定された事例は存在しない。

なお、TBT協定は、国際規格が存在する場合は、当該国際規格を強制規格の基礎として用いることを求めており（同2条4項）、強制規格が国際規格に適合する場合、当該規格は貿易に対して不必要な障害をもたらさないと推定されるため（同2条5項）、基準認証制度が国際規格に適合している場合、TBT協定2条2項違反が問題となる可能性は低い。

:: V　実務への示唆

各国は、パリ協定の下、温室効果ガスの排出削減を目指して、さまざまな気候変動政策を講じることが予測されるが、WTOルールは、これら政策をどの程度許容しているか必ずしも明確でない場合もあり、今後、各政策の適法性をめぐって紛争が生じる可能性がある。気候変動問題がグローバル・イシューとして大きく取り上げられ、大きく制度が変化する過渡期において、このような全体像の理解は、政策を設計する政府関係者のみならず企業にとっても重要と考えられる。

国際的に事業を展開する企業にとっては、今後、各国が規制を導入するなか、自社のビジネスに影響を及ぼす規制を遵守するため、主要国の規制動向の把握に努めるだけでなく、規制遵守に必要な社内体制を整備したり、多国間の議論もふまえ、将来の規制を予測することが重要になってくると考えられる。また、規制が差別的な場合や、気候変動問題に照らして合理性を有さない場合、これら規制が、WTOルールなどの国際ルールに整合しているか検討し、個社または業界団体として、日本政府とも協力し

131）Appellate Body Report, US‒Tuna II（Mexico）, para. 322.

ながら、意見表明、日本政府による懸念表明、WTO紛争解決手続の利用など、さまざまな手法を用いて、相手国政府に、規制の導入や内容の再検討を促す意識を持つことも重要と考えられる。特に、気候変動政策は、各国において検討段階のものが多いところ、制度が固まる前に早期に問題提起を行うことが有益であると思われる。

　以上は、「守り」の観点であったが、それに加えて、たとえば環境物品に関する関税引下げや、環境物品の普及を目的とする補助金制度や基準認証制度について、自社の事業拡大に資するルールの制定を、積極的に国内外に求めていくとの「攻め」の観点も必要と考えられる。この際には、各国を拘束する国際通商法が、何を許容しており、どこに政策的柔軟性が認められるのかを理解した上で、提言するルールが国際通商法のロジックに照らしても説得性を有することが重要であると考えられる。

▶**第4章**

人権・環境の保護と国際投資政策
——投資関連協定をめぐる近時の動向を中心に

▶▶▶▶▶▶▶▶

∷ Ⅰ　はじめに

　第1章および第3章では、世界各国が、昨今の人権や環境意識の高まりを受けて、さまざまな国際通商政策を講じていることを詳述してきた。

　このような人権や環境重視の潮流は、国際「通商」政策に限られず、各国の国際「投資」政策にも現れてきている。そこで、本章では、人権や環境意識の高まりを受けて、各国が、特に投資関連協定に関し、どのような国際投資政策を講じ、講じようとしているのかを分析することとしたい。

　本章の主要なポイントは、以下のとおりである。

（本章の主要なポイント）

・国際投資政策の大きな目的の一つは、国際的に行われる投資を保護し、促進することであり、その重要性は過去から現在に至るまで変わらぬところである。

・もっとも、近年の国際投資政策には、無限定に投資を保護し、促進するのではなく、人権や環境保護のために国家が投資に対して規制を行う権限を有することを明確化したり、人権や環境の保護といった普遍的価値ないし社会公共的価値の実現に資する投資を保護、促進しようとしたりする傾向が垣間見える。

・このような国際投資政策の趨勢が、実際に国際投資を行う個人や企業に現実的なインパクトをもたらす可能性を示唆する投資仲裁判断事例も出始めており、今後の動向を注視する必要がある。

∷ Ⅱ　分析アプローチ

　本章において、国際投資政策とは、国家が自国に投資する外国人や外国企業、また、その財産をどのように取り扱うかに関する政策と定義する。

　国際投資政策の分析に当たっては、本書で国際通商政策を分析するために用いている2つのアプローチ、すなわち、(1)複数国による何らかの国際枠組みを基礎とするアプローチ（複数国間アプローチ）と(2)そのような国際枠組みに基づかない特定の政府による単独でのアプローチ（単独アプローチ）を踏襲する。もっとも、国際投資政策の分析を行うに当たっては、特に、以下の点に留意する必要がある。

　第一に、(1)複数国間アプローチとの関係では、国際通商政策におけるWTO協定のような包括的なルールは存在せず、全世界に約3,000存在する、二国間または多国間の投資協定または投資章を含む経済連携協定（以下「投資関連協定」と総称する）が拠り所となる。無論、これらすべてを本章で網羅的に解説するのは現実的ではない。したがって、本章では、近年に大筋合意または締結された多数国間の投資関連協定に焦点を当て、どのような形で人権や環境への配慮がなされているのかを整理する（Ⅲ）。

　第二に、(2)単独アプローチとの関係では、外国投資に焦点を当てた投資政策として外国投資を許可するに当たっての事前審査制（スクリーニング）や外資の持分規制が挙げられる。もっとも、このような措置は、今のところ国家安全保障上の利益や国内産業保護の観点から実施されるものであり、人権や環境の保護とは必ずしも関係しない。人権および環境の保護との関係で特筆すべきものとして、各国政府がパリ協定に規定された温室効果ガスの排出削減等に関する目標達成のために、さまざまな気候変動対策を講じてきていることが挙げられる。ただし、このような政策は、それ自体として、外国投資家のみを対象者とするものではなく、投資政策というよりは環境政策またはエネルギー政策というべきであろう。もっとも、これらは、温室効果ガスを発生させる化石燃料を利用するセクターに投資をする外国投資家に不利益な影響を与えうるものであり、外国投資家の投資

環境および個別の投資家の利益に大きな影響を与えるものである。そこで本章では、各国政府が講じている気候変動対策と投資関連協定との間にどのような緊張関係が生じうるのかについて、直近のいくつかの事例を参考に論じることとしたい（Ⅳ）。

　第三に、本章では、冒頭に述べたとおり、国家が自国に投資する外国投資家をどのように取り扱うかという問題として、国際投資政策を捉えている（言い換えれば、投資の「輸入」的側面に焦点を当てている）。したがって、国家が外国に投資する自国投資家をどのように取り扱うか（投資の「輸出」的側面）は本章における分析の対象外となる。この点、米国では、2021年8月、人権侵害に利用されうるとして、監視技術分野を含む中国の軍事産業に関わる中国企業に対する米国人による証券投資を禁じる大統領令が発効しており、より大きな文脈で見れば、国家が、近時、人権の保護を重視した投資政策を講じるようになってきていることの一例として、注目すべきであろう。

　なお、紙幅の都合上、本章では、これまでとは異なり、人権と環境を別々に取り扱うことはせず、個別の考慮を要する事情なき限り、両者をまとめて論ずることとする。

:: Ⅲ　近時の投資関連協定（複数国間アプローチ）

1　投資関連協定とは

　投資関連協定とは、ある国の個人または企業（以下「投資家」という）が安定的に、予見性を持って他国に投資できるようにするために、国家間で締結される条約のことである[1]。多くの投資関連協定は、投資の保護や自由化を促進するために投資受入国が遵守すべき義務を規定するとともに、投資家と投資受入国との間に投資紛争が生じた場合には、当該紛争を国際仲裁等の紛争解決手続（Investor-State Dispute Settlement（ISDS））に付

---

1) 外務省ウェブサイト「投資関連協定の意義と現状」（2020年6月9日）〈https://www.mofa.go.jp/mofaj/ecm/ep/page24_001088.html〉参照。

託することを認めている[2]。ISDS があることにより、投資家自らが、国家間の約束である投資関連協定上の義務違反を主張して、場合によっては投資仲裁の申立ての可能性も示唆しながら、投資受入国の政府等と直接に交渉することができ、また、もし交渉による解決ができなかった場合には、投資仲裁手続を利用して、投資紛争の解決を図ることができる[3]。さらに、勝訴の仲裁判断を得た投資家は、敗訴した投資受入国が任意に履行しない場合には、当該仲裁判断を所定の条約に従い、執行することができる。このように、投資関連協定は、いわば海外ビジネスの最後の「切り札」的存在であり、国際的な投資活動を保護、促進することを目的とする国際投資政策の柱といってよい。

2 投資関連協定に対する批判

しかし、投資関連協定は、かねてから、国際機関、人権団体、NGO 等による、人権や環境保護の見地からの批判にさらされてきた。たとえば、代表的なものとして、国連人権理事会により任命された「民主的かつ衡平な国際秩序の伸長に関する独立専門家」は、2015 年に、投資関連協定は、人権や環境保護のための国家の規制権限を制約しており、人権や環境に対して悪影響を与えるとの懸念を表明した[4]。要するに、投資受入国が国内の人権や環境を保護するために採った措置が、外国投資家に不利益を与える場合、ISDS 条項により、当該措置は投資仲裁に付託され、その結果、投資受入国が、多額の賠償金の支払を命じられる場合もあるわけで、投資受入国にしてみれば、これを憂慮して、人権や環境保護のための措置を講

---

2) 外務省「国家と投資家の間の紛争解決（ISDS）手続の概要」（2017 年 3 月）〈https://www.mofa.go.jp/mofaj/files/000089854.pdf〉参照。
3) 富松由希子「投資仲裁と国際商事仲裁の交差点」石油開発時報 197 号（2020）8 頁。
4) Office of the United Nations High Commissioner for Human Rights（"OHCHR"）, UN expert: UN Charter and Human rights treaties prevail over free trade and investment agreements, 17 September 2015〈https://www.ohchr.org/EN/NewsEvents/Pages/DisplayNews.aspx?NewsID=16439〉OHCHR, UN experts voice concern over adverse impact of free trade and investment agreements on human rights, 2 June 2015〈https://www.ohchr.org/FR/NewsEvents/Pages/DisplayNews.aspx?NewsID=16031&LangID=E〉.

じることを躊躇せざるを得なくなる（chilling effect）というものである。

　このような懸念のすべてが妥当であるわけではない。独立専門家による上記の批判の中には、投資関連協定やISDSの先例の不正確な理解に基づくと思われる部分が少なからず存在する。たとえば、国家が正当な規制目的の実現（人権や環境の保護を含む）のために講じた措置が、投資家に対して行った表明・約束に反する、適正手続の違反や差別的な措置に該当する等の事情がない場合、当該国家は、仮に、当該措置が外国投資家に不利益を与えるとの理由で提訴されたとしても勝訴してきた[5]。したがって、投資関連協定は、そのような国家の「正当な」規制権限までをも制約するものではないという反論は可能であろう[6]。

　もっとも、このような批判をふまえ、より受容性の高いものとなるべく、投資関連協定のプラクティスが発展してきたことも事実である。以下、その一端を紹介する。

3　近時の多数国間投資関連協定

(1)　概　要

　近年は、多数国間での自由貿易協定・経済連携協定の締結の活発化に伴い、多数国間で投資関連協定が締結されるようになってきている。中には、「メガディール」ともいうべき、10以上の国家（または国家の集合体）や世界有数の経済大国を締約国とするようなものも存在する。したがって、このような多数国間で締結される投資関連協定は、各国の直近の国際投資政策の趨勢を反映し、または、締結後に締約国の国際投資政策のひな形として参照されることが多々あり、その規定振りをみることは、投資関連協定を通じたルールメイキングのあり方を知る有益な手がかりとなる。

---

5) たとえば、公衆衛生に関するものとして、*Philip Morris Brands Sàrl, Philip Morris Products S.A. and Abal Hermanos S.A. v. Oriental Republic of Uruguay*, ICSID Case No. ARB/10/7, Award dated 8 July 2016、化学物質の規制に関するものとして、*Chemtura Corporation v. Government of Canada*, UNCITRAL, Award dated 2 August 2010。

6) 独立専門家による投資関連協定批判の批判的検討に関する先行研究として、濱本正太郎「人権法の観点から見た投資条約批判の検討——国連人権理事会独立専門家による批判を中心に」小寺彰先生追悼論文集『国際法のダイナミズム』（有斐閣、2019）583頁以下。

本章では、本章執筆時点において大筋合意または締結済みのものとして、

①　EU・中国包括的投資協定（「EU-China CAI」）[7]
②　地域的な包括的経済連携協定（「RCEP」）
③　米国・メキシコ・カナダ協定（「USMCA」）
④　環太平洋パートナーシップに関する包括的及び先進的な協定（「CPTPP」）

の4つを分析する。図表1−4−1に、これらの協定の経済規模等に関する情報を整理した[8]。ここからも、そのカバレッジの広さがうかがえるところである。日本が締約国となっているのは② RCEP および④ CPTPP である。なお、本章においては、4つの投資関連協定の実体的規定（締約国の権利・義務を規律する規定）に焦点を当て、これらの協定の締約国の投資関連協定のプラクティスがどのように発展を遂げているかを分析の中心に置くことに留意されたい。裏を返せば、ISDS 規定等の投資関連協定の手続的規定の発展については、本章の主題とするところではなく、ISDS 規定については、実体的規定の発展の分析に必要な範囲で言及するにとどめることとする。というのも、EU-China CAI および RCEP は ISDS 条項が規定されておらず、継続協議とされており、USMCA の ISDS 条項は、カナダには適用されず、かつ、米国とメキシコとの間に適用される ISDS 条項も、NAFTA と比較するとその内容が相当程度制限されているからである。ただし、このことは、これらの協定の締約国の多数が、投資関連協定

---

7)　EU-China CAI の締約国は、EU と中国であり、個々の EU 加盟国ではない。したがって、厳密にいえば、EU-China CAI は、「多国間」投資関連協定には必ずしも該当しない。もっとも、EU は、EU 加盟国の連合であり、各国の利益代表的存在と考えられる。そこで、本章における分析に当たっては、EU-China CAI を多国間投資関連協定に位置付けることとする。また、同協定は、近年の EU の投資関連協定の交渉方針を反映し、投資自由化規律のみを規定しており、投資保護規定（公正衡平待遇、収用等）および ISDS 規定は継続協議となっていることに留意されたい（Section VI, Sub-Section 2, Article 3）。
8)　United Nations Conference on Trade and Development（UNCTAD）, World Investment Report 2021, 21 June 2021, p. 124.

への批判の高まりに応え、投資関連協定からISDS条項を一律に排除するとの政策に転換したことを示すものではない。実際のところ、ISDSへの批判に対応する形で、CPTPPでは投資仲裁のメカニズムを維持しつつさまざまな改良が加えられ、カナダ・EU貿易協定（CETA）投資章をはじめとする近年EUが締結している投資関連協定では、投資仲裁のメカニズムに替えて投資裁判所が導入されている。さらに、国連国際商取引法委員会（UNCITRAL）第三作業部会では、ISDSの手続的内容の改革について本格的な検討が行われている。投資関連協定の手続的内容の発展については、今後、同作業部会の検討の状況を注視しつつ分析を行うべきであろう。なお、近代化交渉が行われているエネルギー憲章条約（「ECT」）については、2022年6月24日に、ベルギー・ブラッセルで行われた臨時エネルギー憲章会議において実質合意がなされたものの[9]、2022年9月現在、条文が正式には公表されていないため、本章の分析の対象からは除外している。当該近代化交渉の内容については、コラム3を参照されたい。

図表1−4−1　多数国間投資関連協定の経済規模等

多数国間投資関連協定	署名日（発効日）	経済規模			創設される二国間投資関係
		人口	GDP	対外直接投資持分総額	
EU-China CAI	未署名＊1（未発効）	19億	30兆ドル	1,880億ドル	27
RCEP	2020/11/15（2022/1/1）	23億	26.3兆ドル	2兆6,900億ドル	105
USMCA	2018/11/30（2020/7/1）	5億	24.3兆ドル	2兆1,810億ドル	3
CPTPP	2018/3/8（2018/12/30）	4億9,900万	10.6兆ドル	1兆2,300億ドル	55

＊1　EUおよび中国は、2020年12月30日、EU-China CAIの条文につき大筋合意した（European Commission, EU and China reach agreement in principle on investment, 30 December 2020〈https://trade.ec.europa.eu/doclib/press/index.cfm?id=2233〉）。

---

9) Energy Charter Secretariat, Public Communication Explaining the Main Changes Contained in the Agreement in Principle, 24 June 2022〈https://www.energycharter.org/media/news/article/public-communication-explaining-the-main-changes-contained-in-the-agreement-in-principle〉.

(2)　上記の多国間投資関連協定における人権・環境保護に関する規定

　上記4つの多国間投資関連協定の規定振りをみると、人権や環境の保護等への配慮が随所に存在する。たとえば、そのような配慮の代表例として、①前文、②人権や環境等に関する国家の規制権限の確認規定、および、③人権や環境の保護をより積極的に推進する規定をみていただきたい（図表1-4-2参照）。

　特に、EU-China CAI は、人権や環境の保護を一歩進め、強制労働の禁止や気候変動対策といった持続可能な開発目標の達成に向けて締約国にさまざまな義務を課しており、4つの多国間投資関連協定の中では最も先進的といってよい。この点、EU-China CAI については、投資政策に限らず国際関係論も巻き込んだ賛否両論が存在する。もっとも、EU が、新疆ウイグル自治区における人権侵害を行っており、また、世界最大の温室効果ガスの排出国である中国に対して、投資関連協定の枠組みの中で、これらの是正を含む持続可能な開発に向けた努力を行うことを求め、中国がこれを受け入れて同協定に大筋合意したことには一定の意義がある[10]。しかし、欧州議会は、2021年5月、EU と中国が大筋合意した EU-China CAIの批准に向けた審議を停止する決議を賛成多数で可決した[11]。これは、EU が、2021年3月に、新疆ウイグル自治区における人権侵害を理由に中国に対する制裁を行ったところ、中国が即座に報復に出たことによるものであると報じられている[12]。

---

10) 鶴岡路人「EU・中国投資協定――問われるのは中国との関係の将来像」（笹川平和財団国際情報ネットワーク分析、2021年2月4日）〈https://www.spf.org/iina/articles/tsuruoka_15.html〉。

11) European Parliament, Legislative Train Schedule A Balanced and Progressive Trade Policy to Harness Globalisation EU-China Comprehensive Agreement on Investment（EU China CAI）〈https://www.europarl.europa.eu/legislative-train/theme-a-balanced-and-progressive-trade-policy-to-harness-globalisation/file-eu-china-investment-agreement〉.

12) 日本経済新聞「中国EU投資協定　早期発効困難に　欧州議会が審議凍結」（2021年5月21日）〈https://www.nikkei.com/article/DGXZQOGR210Q30R20C21A5000000/〉。

(3) 上記の規定が投資家に与える影響

では、投資関連協定中に含まれる、このような人権および環境保護に関する規定は、投資家に対して、どのような影響を与えるのであろうか。

まず、①投資協定の前文は、条約解釈のための文脈（ウィーン条約法条約31条1）として機能することは考えられるが、それ自体として、投資家に権利を与え、義務を課するものではない。

また、②人権・環境保護に関する国家の規制権限の確認規定は、人権・環境保護のための措置は、投資家に対して不利益を与える場合であっても、正当な目的に基づき、適正な手続を経て、無差別に実施された場合は、原則として投資関連協定上の義務に違反しないという、ISDS の先例等において認められてきた条約解釈を明文化したにすぎない[13]。その証左として、USMCA および CPTPP は「自国の領域内の投資活動が環境、健康その他の規制上の目的に配慮した方法で行われることを確保するために適当と認める措置 (この章の規定に適合するものに限る。) を……」と規定している。下線部は、いかに環境保護が重要であるとしても、投資章の規定に反する措置を講じることは、国家の正当な規制権限の範囲外であり、投資協定上は許容されないことを示唆するものである[14]。ここからも、このような規定が、投資家に対する保護の水準を、従来の投資関連協定と比較して下げるものではないといえる。

さらに、③人権や環境保護のための積極的な規定は、現時点では、国家に対してのみ義務を課するものである[15]。

以上のとおり、①〜③は、いずれも、投資家に対する保護の水準を引き下げたり、投資家に対して明確な義務を負わせるようなものではない。に

---

13) E.g., *Chemtura Corporation v. Canada*, Award, supra note 5, paras. 133-163. 日本語での評釈として、石川知子「投資協定仲裁判断例研究 23 農薬の登録抹消に係る被申立国の一連の行為が公正衡平待遇義務違反及び収用を構成しないとされた例」JCA ジャーナル 58 巻 4 号（2011）28 頁。

14) 濱本正太郎「投資協定仲裁判断例研究 78 慣習国際法上の最低待遇（公正衡平待遇）基準の判断につき、世界中の諸国が置かれた状況を見るべきとした（傍論）例」JCA ジャーナル 63 巻 5 号（2016）17 頁。また、石戸信平ほか「TPP と政府・企業法務 第 5 回 投資(1)——投資自由化・保護の実体規定（上）」NBL1072 号（2016）50 頁を参照のこと。

もかかわらず、このような条項がしばしば置かれるのは、既述のとおり、投資関連協定は投資受入国の人権や環境の保護等の公益を害するとの批判が強まっている現状において、投資関連協定の明文規定によってその批判に応える必要性を諸国が認識しているためである[16]。

もっとも、近時の ISDS の先例の中には、適用される投資関連協定[17] の中に(ア)投資受入国が環境保護のための適切な措置を講じる権利を有することの確認規定[18]、および、(イ)環境関連措置の重要性を強調する環境章[19]が含まれていたところ、仲裁廷が国家による同協定違反の有無の判断に当たって、(ア)を明示的に、(イ)を関連する文脈として考慮に入れ、義務違反のためには重大な違反が必要であるという解釈を展開し、投資家の請求を棄却した事例が存在する（*Al Tamimi v. Oman* 事件）[20] ことには留意が必要である。

さらに、投資家によって ISDS を提起された投資受入国が、当該投資家に対して、当該国家の国内環境法に違反したことを理由とする反対請求を行ったところ、適用される投資関連協定（CAFTA-DR）[21] の中に、投資家に対して環境保護に関して明確に義務を負わせるような規定はなくとも、

---

15) 他方で、近時の投資関連協定の中には、投資家に対する義務を課するものがみられるようになっている。たとえば、2016 年に署名されたモロッコ・ナイジェリア投資協定 14 条 1 は、"*Investors or the investment shall comply with environmental assessment screening and assessment processes applicable to their proposed investments prior to their establishment, as required by the laws of the host state for such an investment or the laws of the home state for such an investment, whichever is more rigorous in relation to the investment in question.*"（下線筆者）と規定し、投資家に対して、投資受入国または母国の法律のいずれか厳格なほうに従い、投資を行う前に、投資による環境への影響調査を行う義務を課している。紙幅の関係上、このような投資家や投資財産に対して義務を課する規定が投資家保護に及ぼす影響については、本章の分析の対象とはしない。

16) 濵本・前掲注 14）17 頁。

17) 米国・オマーン自由貿易協定。

18) 米国・オマーン自由貿易協定 10.10 条。

19) 米国・オマーン自由貿易協定 17 章。

20) *Adel A Hamadi Al Tamimi v. Sultanate of Oman*, ICSID Case No. ARB/11/33, Award dated 3 November 2015, paras. 387-390. 日本語での評釈として、濵本・前掲注 14）。なお、濵本教授は、本仲裁判断の該当部分は仲裁判断の傍論部分であると指摘している。

21) 米国・中米間自由貿易協定。

環境保護についての国家の規制権限の確認規定[22] が存在することを根拠に、投資家が、当該投資協定上の義務として、投資受入国の国内環境法令等を遵守する義務があるという議論もありうること等を根拠に、反対請求の一応の管轄（*prima facie* jurisdiction）を認めた事例も存在する（*Aven v. Costa Rica* 事件）[23]。同事件で特筆すべきは、国内環境法令等を根拠とする反対請求について、当事者間の同意がなかったにもかかわらず、反対請求の一応の管轄を認めたことであろう（ISDS の被申立国が、申立人である投資家による国内の環境法違反を理由とする反対請求を提起したところ、仲裁廷がその管轄を認めた事例も過去に存在したが、これらの事例においては、投資家が、反対請求の管轄について同意していた[24]）。また、*Aven v. Costa Rica* 事件の仲裁廷は、国際的に活動する企業が、世界人権宣言 30 条および社会権規約 5 条等の国際的な基準によって要求される人権保護義務の主体となりうると判断した *Urbaser v. Argentina* 事件に賛同し[25]、同様のことは環境保護義務についても妥当するという一般論を示した（ただし、仲裁廷は、結論として、手続的要件の欠缺を理由に、国側の反対請求を棄却した）[26]。

このように、環境保護についての国家の規制権限の確認規定が、単なる確認規定にとどまらず、投資関連協定に基づく投資家の保護の水準を実質

---

22) 米国・中米間自由貿易協定 10.9 条 3、10.11 条。

23) *David R. Aven and Others v. Republic of Costa Rica*, ICSID Case No. UNCT/15/3, Award dated 18 September 2018, paras. 719-747. 日本語での評釈として、卜部晃史「投資協定仲裁判断例研究（109）CAFTA-DR の環境規制権に関する条項は投資家の権利を被申立国の権利に実質的に劣後させているとしつつその劣後は絶対的ではないとした例」JCA ジャーナル 66 巻 3 号（2019）27 頁。

24) *Perenco Ecuador Ltd. v. Republic of Ecuador and Empresa Estatal Petróleos del Ecuador (Petroecuador)*, ICSID Case No. ARB/08/6; *Burlington Resources Inc. v. Republic of Ecuador*, ICSID Case No. ARB/08/5. なお、これらの事例では、仲裁廷は、被申立国の反対請求を認容し、同国の環境に与えた損害の賠償として、投資家に賠償金の支払いを命じる仲裁判断を下した。

25) *Urbaser S.A. and Consorcio de Aguas Bilbao Bizkaia, Bilbao Biskaia Ur Partzuergoa v. The Argentine Republic*, ICSID Case No. ARB/07/26, Award dated 8 December 2016, paras. 1193-1210. 日本語での評釈として、菊間梓「投資協定仲裁判断例研究（111）投資家による人権侵害を理由とした投資受入国からの反対請求の管轄権及び受理可能性を認めた事例」JCA ジャーナル 66 巻 5 号（2019）39 頁。

26) *Aven v. Costa Rica*, supra note 23, paras. 737-739.

的に引き下げたり、投資家による環境法違反、人権侵害等を理由とする反対請求の管轄および受理可能性を認める根拠となりうることを示唆する事例が出てきていることをふまえると、投資家としては、投資関連協定の活用の観点からも、投資受入国の環境法等、さらには人権や環境保護のための国際法、国際基準を無視することはできない。これらのルールに違反した場合は、投資関連協定中に投資家に対して、これらを遵守しなければならないとの明示的な義務を投資家に対して課する条項がなかったとしても[27]、ISDS において、その責任を問われる場合もありうることに注意が必要であろう[28]。

コラム３：エネルギー憲章条約の近代化

　ここで、近代化に向けた交渉中であるエネルギー憲章条約（ECT）の動向を簡単に触れておきたい。エネルギー憲章条約は、エネルギー分野における貿易および投資を全世界的に促進すること等を目的とする多国間条約として、1990 年代に締結された。2019 年 2 月現在、日本、旧 CIS 諸国、EU 加盟国等の 51 か国および 2 国際機関（EU および Euratom）が ECT に署名している＊1。ECT は、一般的な二国間の投資協定と同様に投資保護を規定し、投資家と締約国政府との間で締約国のエネルギー政策に関する紛争が生じた場合、当該紛争を ISDS に付託することを認めている。ECT の ISDS 条項は、エネルギー投資に伴う紛争を解決する手段として、広く用いられ、2022 年 6 月 1 日時点において、ECT を根拠に申し立てられた投資仲裁の件数は、公表されているものだけでも 150 に上っている＊2。このように、ECT は、エネルギー分野における投資に有効な法的保護を提供するものであるが、他方で、ECT が 1990 年代以降改正されておらず、現代型の投資関連協定と比べると、条文上、国家の措置が投資家により争われやすいこと等の懸念が EU 等により示されてきた＊3。このような経緯を経て、現在、ECTの近代化に向けた交渉が締約国間で行われ、2022 年 6 月 24 日にブリュッ

---

27) なお、*Urbaser v. Argentina* 事件の仲裁判断（前掲注 25）は、もっぱら ISDS 条項の規定振りの解釈から、投資家による人権侵害を理由とした反対請求の管轄権および受理可能性を認めている（paras. 1110-1155）。

28) 投資関連協定における投資家の環境保護義務、および、その違反に対する投資受入国の反対請求の可能性等について詳細に論じた近時の研究として、Tomoko Ishikawa, Corporate Environmental Responsibility in Investor-State Dispute Settlement - The Unexhausted Potential of Current Mechanisms, Cambridge University Press, November 2022 参照。

セルで行われた臨時エネルギー憲章会議において実質合意に至った＊4。

　ECT事務局によって提示された実質合意の概要をみると、人権および環境との関係でいえば、上記の大筋合意済みまたは締結済みの多国間投資関連協定の中にもみられるように、国家の規制権限、持続可能な開発、企業の社会的責任に関する規定の追加が検討されている＊5。また、新たに「柔軟性メカニズム」が規定され、締約国が自国のエネルギー安全保障および気候変動目標を考慮した上で、会議での決定に基づき、自国の領域において化石燃料に対する投資保護を排除することが可能となる。たとえば、EUおよび英国は、化石燃料関連投資についてECTに基づく投資保護からの除外（既存投資については、関連規定の発効から10年が経過した後に保護の対象から除外し、2023年8月15日より後の新規投資については一部の例外を除き保護の対象から除外することを含む）を選択している＊6。

　しかしながら、かかる実質合意に対しては、化石燃料関連投資をECTによる保護対象から一律に除外するには至らなかったことなどに鑑み、いわゆるパリ協定等に適合せず、同協定等に基づく国家の気候変動対策を制約するとの批判が呈され、これまでに、ドイツ、フランス、スペイン、オランダ、ポーランド、スロベニア、ルクセンブルクがECTから脱退する旨を表明した。当初、ECTの近代化案の採択に関する議論は、2022年11月22日開催のエネルギー憲章会議において行われる予定であったが、このような脱退の意向を受け、EUの申し入れにより、2023年4月開催予定のエネルギー憲章会議まで延期された。また、2022年11月24日には、欧州議会が、EU全体としてECTから脱退するための手続を進めるよう欧州委員会に求める決議を採択するに至った＊7。このように、ECTの近代化に関しては、先行きが不透明となっており、今後の動向を注視する必要がある。

＊1 International Energy Charter, The Energy Charter Treaty 〈https://www.energycharter.org/process/energy-charter-treaty-1994/energy-charter-treaty/〉.

＊2 International Energy Charter, List of Cases 〈https://www.energychartertreaty.org/cases/list-of-cases/〉.

＊3 European Commission, Energy Charter Treaty modernisation: European Commission presents draft negotiating directives, 14 May 2019 〈https://trade.ec.europa.eu/doclib/press/index.cfm?id=2017〉.

＊4 外務省「エネルギー憲章条約近代化交渉の実質合意（概要）」、2022年6月24日 〈https://www.mofa.go.jp/mofaj/press/release/press6_001162.html#:%7E:text=%E6%98%A8%E4%BB%8A%E3%81%AE%E3%82%A8%E3%83%8D%E3%83%AB%E3%82%AE%E3%83%BC%E6%83%85%E5%8B%A2%E3%80%81%E6%B0%97%E5%80%99,%E5%90%88%E6%84%8F%E3%81%8C%E3%81%AA%E3%81%95%E3%82%8C%E3%

81%BE%E3%81%97%E3%81%9F%E3%80%82〉
＊5 International Energy Charter, Modernisation of the Treaty〈https://
www.energychartertreaty.org/modernisation-of-the-treaty/〉
＊6 Energy Charter Secretariat, Decision of the Energy Charter
Conference Subject: Public Communication explaining the main changes
contained in the agreement in principle, 24 June 2022, Pillar 2〈https://
www.energycharter.org/fileadmin/DocumentsMedia/CCDECS/2022/
CCDEC202210.pdf〉。
＊7 JETROビジネス短信「欧州議会、エネルギー憲章条約からEU全体の脱退を
求める決議採択」、2022年11月28日<https://www.jetro.go.jp/
biznews/2022/11/feb6440868592151.html#:˜:text=%E3%82%A8%E3%
83%8D%E3%83%AB%E3%82%AE%E3%83%BC%E6%86%B2%E7%AB%
A0%E6%9D%A1%E7%B4%84%EF%BC%881998%E5%B9%B4,%E3%81%
8C%E5%8F%82%E5%8A%A0%E3%81%97%E3%81%A6%E3%81%84%E
3%82%8B%E3%80%82>

:: Ⅳ　脱炭素化の流れと投資関連協定との間の緊張関係 （単独アプローチ）

1　脱炭素化に向けた流れ

　2016年には世界全体で今世紀後半に温室効果ガスの人為的な発生源による排出量と吸収源による除去量との均衡の達成を目指す「パリ協定」が発効し、バイデン政権の米国が同協定に復帰したことなどにより、いわゆる気候変動への取組み、特に脱炭素化へのモメンタムが世界的に高まっている。

　このような脱炭素化に向けた政策は、投資家に不利益を与える場合もあり、以下に述べるとおり、投資仲裁の対象になる場合もある。

2　再生可能エネルギーの導入促進

　まず、脱炭素化に向けた一つのカギとなるのが、発電時に温室効果ガスを出さない太陽光、風力、バイオマス発電などの再生可能エネルギーである。スペインやイタリア等の西欧各国を始めとする諸国が買取価格制度等の導入により、自国への再生可能エネルギー投資を積極的に呼び込んだ。しかし、これらの諸国は、予想以上に再生可能エネルギーへの投資が過熱

したことにより、当初の制度を維持することが困難になり、事後的に、買取価格制度の廃止または改正等の措置を実施した。かかる措置については、買取価格制度による利益を期待して再生可能エネルギーセクターに投資を行った外国投資家に不利益を与えるとして、多数の投資仲裁が提起されている。日本企業が再生可能エネルギーの買取価格制度の変更等に関してスペインを提訴したものも4件報告されている[29]。

3 石炭火力発電に対する規制

また、石炭火力発電に対する規制措置が投資仲裁に付託される事例も出てきている。いずれの事例についても、仲裁廷が規制措置と投資関連協定との整合性について判断を発出するには至っていないが、係属中の事案については、今後の動向が注目されるところである。

(1) カナダの事例

まず、カナダのアルバータ州の事例を紹介する。2015年の統計によると、アルバータ州の温室効果ガスの排出量は、同国の計13の州と準州の中で最も多かった[30]。同州は、早くから気候変動への対策を進めており、2012年に Reduction of Carbon Dioxide Emissions from Coal-fired Generation of Electricity Regulations を制定し、石炭火力発電所の操業開始から50年の間に段階的に廃止することを定めた[31]。同州は、2015年の政権交代後、気候変動への対策を加速化させるべく、温室効果ガスの排出量削減に向けた戦略（Climate Leadership Plan）を進め、2017年3月にこ

---

29) *JGC Corporation v. Spain*, ICSID Case No. ARB/15/27; *Eurus Energy Holdings Corporation and Eurus Energy Europe B.V. v. Spain*, ICSID Case No. ARB/16/4; *Itochu Corporation v. Spain*, ICSID Case No. ARB/18/25; *Mitsui & Co., Ltd. v. Kingdom of Spain*, ICSID Case No. ARB/20/47.

30) 桑山広司ほか「カナダにおける温暖化ガス排出規制：制度概要と課題」（独立行政法人エネルギー・金属鉱物資源機構　石油天然ガス資源情報、2020年6月3日）〈https://oilgas-info. jogmec.go.jp/info_reports/1008604/1008775.html〉。

31) Government of Canada, Reduction of Carbon Dioxide Emissions from Coal-fired Generation of Electricity Regulations（SOR/2012-167), 30 August 2012〈https://laws.justice.gc.ca/eng/regulations/sor-2012-167/FullText.html〉。

れを策定した[32]。Climate Leadership Plan は、2030 年までに石炭火力発電を廃止し、同年に再生可能エネルギー起源の電力の割合を 30% にすることを掲げていた[33]。また、アルバータ州は、Climate Leadership Plan により影響を受ける石炭火力発電所を営む企業 3 社（いずれもカナダの国内企業）に対して、補償を行った[34]。

　米国企業である Westmoreland Coal Company は、2013 年から 2014 年にかけて、同州の石炭鉱山に投資し、採掘された石炭を隣接する石炭火力発電所に提供する事業を営んでいた[35]。同企業は、Climate Leadership Plan により、石炭の供給先である石炭火力発電所の稼働期間が 2030 年までに制限されることにより、石炭の供給をするという自社の事業が不利益を被るところ、同様に不利益を被る国内企業 3 社のみに対して、補償を行い、外国投資家である自社にこれをしないのは、国籍を理由とする差別的取扱い、および、きわめて不合理な取扱いであるため、NAFTA 投資章の義務に違反するとして、4 億 7,000 万カナダドルの損害賠償を求めて、カナダ政府を提訴した[36]。

　これに対して、カナダ政府は、Climate Leadership Plan の合理性を強調するとともに、石炭火力発電所事業と石炭鉱山事業は温室効果ガスの排出量や市場、監督官庁も異なること、Climate Leadership Plan はクリーンエネルギーへの転換を促進するために石炭火力発電所を規制するものであること、だからこそ、石炭火力発電所を営む企業 3 社に対して補償をしたこと等を理由に、NAFTA の規定の義務違反はないと主張した[37]。

---

32) Alberta Government, Climate Leadership Plan Report to Minister, 20 November 2015〈https://open.alberta.ca/dataset/212a6266-b8d3-4822-b208-9221da2a0966/resource/9f52cd8e-5477-45a6-a337-f2d64d091cf9/download/2015-climate-leadership-report-to-minister.pdf〉.
33) Id.
34) NationTalk, Revised: Alberta announces coal transition action, 24 November 2016〈https://nationtalk.ca/story/revised-alberta-announces-coal-transition-action〉.
35) Westmoreland Coal Company, Notice of Arbitration and Statement of Claim dated 12 August 2019, paras. 40-57.
36) *Westmoreland Coal Company v. Government of Canada*, ICSID Case No. UNCT/20/3; Westmoreland Coal Company, Notice of Arbitration and Statement of Claim dated 12 August 2019, paras. 88-111.

その後、Westmoreland Coal Company は、清算の対象となったため、投資仲裁の申立てを取り下げ、同社の地位を承継した Westmoreland Mining Holdings, LLC が新たな投資仲裁の申立てを行った。もっとも、仲裁廷は、Westmoreland Mining Holdings, LLC はカナダ政府の上記措置が行われた際の投資家ではなく、また、当該措置により、損害を被ったことの一応の立証もできていないとして、本案審理を経ることなく投資仲裁の申立てを却下した[38]。

(2) オランダの事例

同様に、オランダ政府が 2019 年 12 月に行った、石炭による発電を 2030 年までに廃止するとの決定について、ドイツのエネルギー企業が ECT に違反すると主張し、ISDS を提起した事例が 2 件報告されている[39]。本章執筆時点では、当事者間で、紛争のフォーラムの選択等を巡り手続的に激しい攻防が繰り広げられているようである[40]。

4 その他

脱炭素化の文脈ではないが、上記石炭火力発電に対する規制措置と同様に特定の種類の電源を廃止する措置が ISDS で争われた事例として、ドイツの原発フェーズアウト措置についてスウェーデンの電力会社であるヴァッテンフォールが提起した投資仲裁事例がある。同事案では、並行して行われたドイツ憲法裁判所の裁判において、同措置が憲法違反であるとの判

---

37) Government of Canada, Statement of Defense dated 26 June 2020, paras. 75-94.

38) *Westmoreland Mining Holdings, LLC v. Government of Canada*, ICSID Case No. UNCT/20/3, Final Award, 31 January 2022.

39) *RWE AG and RWE Eemshaven Holding II BV v. Kingdom of the Netherlands*, ICSID Case No. ARB/21/4; *Uniper SE, Uniper Benelux Holding B.V. and Uniper Benelux N.V. v. Kingdom of the Netherlands*, ICSID Case No. ARB/21/22.

40) 直近の状況に関する記事として、Lisa Bohmer, "Revealed: Unpacking German court decision that declared Dutch coal phaseout ICSID/ECT arbitration to be inadmissible due to its intra-EU nature", IA Reporter, 23 September 2022 〈https://www.iareporter.com/articles/revealed-unpacking-german-court-decision-that-declared-dutch-coal-phase-out-icsid-ect-arbitration-to-be-inadmissible-due-to-its-intra-eu-nature/〉.

断が下り、その後、ドイツが同社に対して 14 億ユーロを支払うことで和解合意が成立した[41]。

:: V 結 語

　以上みてきたように、近年締結された多数国間の投資関連協定では、投資関連協定が人権・環境保護を含む国家の正当な規制権限を侵害するとの批判に対応するため、明文の規定により人権や環境等への配慮を行ってきた。近時の仲裁判断の中には、このような規定に依拠し、投資受入国の協定違反を否定したり、投資受入国による投資家に対する反対請求の管轄および受理可能性を認めたかのような投資仲裁判断例も出現し始めている。しかし、従来の投資関連協定の下でも、国家の「正当な」規制権限が投資保護に劣後していたわけではなく、かかる規定の存在により、従来の投資関連協定との比較で、投資家保護の水準が実質的に低下していると断じるのはまだ時期尚早であり、引き続き今後の動きを注視していく必要がある。

　また、今後は、脱炭素化の流れで、エネルギー政策や産業政策の変更と投資関連協定の緊張関係が問題となる場面も増えてくることが見込まれる。そのような措置は、投資関連協定の下でも、国家の正当な規制権限に基づくものとして、国家の裁量が尊重されるが、他方で、投資家保護の観点から、最低限の手続的適正性、措置の内容の公正性が担保される必要がある。

41）*Vattenfall AB and others v. Federal Republic of Germany*, ICSID Case No. ARB/12/12; Global
　Arbitration Review, "Germany settles with Vattenfall", 5 March 2021

図表1－4－2

協定	①前文 （人権・環境に関する要素）	②人権や環境等に関する規制権限の確認規定	③人権や環境の保護をより積極的に推進する規定
EU-China CAI＊1	• 国際連合憲章についてのコミットメントを再確認するとともに、世界人権宣言に記載された原則を考慮 • 持続可能な開発の目的に沿って相互の経済、貿易および投資関係を強化し、関係する国際的な基準および合意を考慮して、気候変動および強制労働に対する対策を含む、高い水準の環境および労働者の権利の保護を支えるように投資を促進する • 企業に対して、社会的責任または責任ある事業活動を尊重するよう奨励する	• 公衆の健康の保護、社会サービス、公共教育、安全、気候変動対策を含む環境、公の道徳、社会の安全、消費者保護、プライバシー、データ保護または促進、文化的多様性の保護といった正当な政策目的を達成するために規制権限を有することを再確認する＊2	• 投資と持続可能な開発に関する個別の章が置かれている（具体的な内容は以下のとおり）＊3 。持続可能な開発に関する国際的な文書を再確認し、持続可能な開発の目的に貢献するよう投資を発展させる＊4 。締約国は、企業の社会的責任に関する国際基準等を自発的に企業内の政策に取り入れるよう奨励することの重要性を再確認する＊5 。高い水準の環境の保護等に向けた措置の実施、パリ協定等の多国間の環境に関する取り決めを実効的に実施すること等の、環境保護（気候変動対策を含む）へのコミットメント＊6 。高い水準の労働者の根本的権利の保護等に向けた措置の実施、特に強制労働の禁止に関する2つのILO基本条約に関する具体的な取組みを行うことなどの、労働者の人権保護へのコミットメント＊7 。締約国間で投資と持続可能な開発に関する意見の齟齬が生じた場合の解決方法＊8
RCEP	• 公共の福祉に係る正当な目的を達成	• 公共の福祉に係る正当な目的（環境	

協定	①前文（人権・環境に関する要素）	②人権や環境等に関する規制権限の確認規定	③人権や環境の保護をより積極的に推進する規定
	するために各締約国が規制を行う権限を有することを再確認 • 持続可能な開発に関する三本の柱が相互に依存しており、かつ、相互に補強し合うことおよび経済上の連携が持続可能な開発を促進する上で重要な役割を果たすことができることを認識	の保護等）を達成するための、差別的でない規制措置は間接収用＊9を構成しない＊10	
USMCA CPTPP ＊11	• 公共の福祉に係る正当な目的（環境の保護等）を保護するための締約国の柔軟性の保持 • 環境法令の効果的な執行等を通じて高い水準の環境の保護を促進し、貿易および環境に関する相互に補完的な政策および慣行等を通じて持続可能な開発の目的を推進 • 労働者の権利の保護およびその行使の確保、労働条件および生活水準の向上、労働に関する事項についての協力および締約国の能力を強化 • （USMCAのみ）男	• 公共の福祉に係る正当な目的（環境の保護等）を達成するための、差別的でない規制措置は間接収用を構成しない＊12 • 投資章のいかなる規定も、締約国が自国の領域内の投資活動が環境、健康その他の規制上の目的に配慮した方法で行われることを確保するために適当と認める措置（この章の規定に適合するものに限る）を採用し、維持し、または強制することを妨げるものと解してはならない＊13 • （CPTPPのみ）た	• 締約国は、企業の社会的責任に関する国際基準等を自発的に企業内の政策に取り入れるよう奨励することの重要性を再確認する（USMCAのみ、さらに、「かかる基準等は、労働、環境、性の平等、人権、先住民の権利、および、腐敗等に対処するものである」と補足）＊15 • 国際的に認められた労働者の権利に直接関係する締約国の法律等を執行すること、国際労働機関の1998年の労働における基本的な原則及び権利に関する宣言ならびにその実施に関する措置に述べられている権利（強制労働の撤廃、児童労働の廃止、雇用・職業に関する差別の撤廃等）を自国の法律等において採用・維持すること、労働法令についての

協定	①前文 (人権・環境に関する要素)	②人権や環境等に関する規制権限の確認規定	③人権や環境の保護をより積極的に推進する規定
	女の平等の確保および女性の貿易および投資への参加についての支援	ばこ規制措置に対する訴えにつき、ISDSを活用するという投資家の利益を否認することができる＊14	啓発の促進および公衆による関与のための枠組み、協力に関する原則等について定める労働章が置かれている＊16 • 環境に関する多数国間の協定の約束の確認およびさらなる協力のためのルール、漁業の保全および持続可能な管理に関するルール、野生動植物の違法な採捕および取引に対処するためのルール等について規定する環境章が置かれている＊17

＊1　本章において分析の対象としたEU-China CAIの条文は、EUおよび中国が大筋合意したものであり、協定の署名前に、爾後の修正がありうるという前提の下、2021年1月22日付けで欧州委員会により公表されたものである〈https://trade.ec.europa.eu/doclib/press/index.cfm?id=2237〉。

＊2　EU-China CAI, Section I, Article 1.2.

＊3　EU-China CAI, Section IV.

＊4　EU-China CAI, Section IV, Sub-Section 1, Article 1.1.

＊5　EU-China CAI, Section IV, Sub-Section 1, Article 2.

＊6　EU-China CAI, Section IV, Sub-Section 2.

＊7　EU-China CAI, Section IV, Sub-Section 3.

＊8　EU-China CAI, Section IV, Sub-Section 4.

＊9　間接収用とは、投資財産の所有権ないし支配または管理を永続的に奪う行為（直接収用）には該当しなくとも、さまざまな規制、立法措置、課税措置、事業への妨害などを通じて投資財産を経済的に無価値にしてしまう行為のことをいう。

＊10　RCEP附属書10B-4。

＊11　ともに米国モデル投資協定の系譜を受け継いでおり、規定が類似している。

＊12　USMCA附属書14B-3 (b)、CPTPP附属書9B-3 (b)。

＊13　USMCA 14.16条、CPTPP 9.16条。

＊14　CPTPP 29.5条。

＊15　USMCA 14.17条、CPTPP 9.17条。

＊16　USMCA 23章、CPTPP 19章。CPTPPの労働章に関する分析として、第1章Ⅱ3 (1)。

＊17　USMCA 24章、CPTPP 20章。

第2部

米欧日の経済安全保障法制

第5章

米国の経済安全保障法制

▶▶▶▶▶▶▶▶

　本章は、米国の通商政策（貿易に関する措置のみならず、投資に関する措置や経済制裁等も含む）、その中でも、経済安全保障に関連し、特に日本企業および日本政府にとっての重要性が高いと思われる(1)対中政策、および(2)米国国内産業の保護・産業の国内回帰に関する政策を分析する[1]。具体的には、まず、バイデン政権の通商政策上の優先課題やトランプ前政権と比較した際の特徴を概観する。その上で、(1)対中政策に関しては、ⅰ技術覇権をめぐる中国との競争、ⅱ米国の政府・企業・個人の機微情報や重要インフラに関する安全保障、およびⅲ人権問題という政策課題に関して、トランプ前政権下およびバイデン政権下で実施された措置を整理するとともに、今後の見通しやこれらの政策の影響を受けうる日本企業が留意すべき点を示す。また、(2)米国国内産業の保護・産業の国内回帰に関する政策に関しては、ⅰ1962年通商拡大法232条に基づく措置、ⅱサプライチェーン・リスクへの対策、およびⅲ政府調達における「バイ・アメリカン」政策の強化に関して、同様に論じる。

　本章の主要なポイントは、以下のとおりである。

（本章の主要なポイント）
・バイデン政権はトランプ前政権の通商措置を基本的に継承し、強化を進めている（下記表を参照）
・企業は、米国の個別の通商措置のみならずその背景にある米国の政策課題をふまえて対応策を検討する必要がある
・たとえば、自社のサプライチェーンにおける機微性の高い品目、強制労働

---

1)　米国の労働者の保護に関する政策に関しては第1章Ⅱ3(3)を参照されたい。

等の人権問題、経済制裁・輸出規制の対象主体の関与を検証する必要がある

・米国が今後導入しうる通商政策に関して、国際通商ルールとの整合性もふまえ、政府や業界団体等を通じた米国政府への早期の働きかけが重要となる

背景にある政策課題		トランプ前政権およびこれまでのバイデン政権下での主な通商政策	バイデン政権下で今後、進展する可能性のある通商政策
対中国	技術覇権をめぐる競争	・機微度が高い品目の輸出規制の強化（対米投資審査と連動）	・民生用の基盤的な技術に対する広範かつ継続的な輸出規制の導入 ・輸出規制拡大の対象となる新興・基盤的技術の具体化
		・中国軍事企業等に関する投資禁止等	・中国軍事企業等に関する制裁拡大 ・米国の先端または重要技術に係る対外投資審査制度の導入
		・中国製品への追加関税	・不当な産業補助金を理由とする追加関税に向けた調査
	米国内の機微情報や重要インフラに関する安全保障	・対米投資審査の範囲の拡大（輸出規制の強化と連動）と重点審査事項の明確化	・新興・基盤的技術を有する米国企業への投資審査強化
		・中国企業5社の通信・映像監視関連機器等の米国政府調達からの排除 ・中国企業が関与する米国内の情報通信取引の規制	・左記米国政府調達ルールや米国内の情報通信取引の規制に関する詳細な制度設計
		・中国製アプリの排除（バイデン政権により撤回）	・中国製アプリに関する新しい規制
	人権問題	・新疆ウイグル自治区における人権問題： 　○綿製品等の輸入禁止 　○関与企業等に対する経済制裁 　○関与企業等に対する輸出規制 ・香港の自治に関する問題： 　○関係者に対する経済制裁 　○輸出管理上の優遇措置の廃止 ・監視技術分野の中国企業に対する投資禁止	・人権侵害を理由とする輸出制限や経済制裁の強化 ・新疆ウイグル自治区関連の製品の輸入を原則として禁止するウイグル強制労働防止法の執行およびその拡大

国内産業の保護・産業の国内回帰	鉄鋼およびアルミニウムに対する追加関税	鉄鋼およびアルミニウム以外の製品に対する追加関税
	希少資源の供給確保に関する戦略の策定等	半導体や電気自動車産業に対する政府補助の供与
	バイ・アメリカン政策の強化	政府調達における国産品優遇の強化

∷ Ⅰ バイデン政権下の米国通商政策の概要

1 バイデン政権の通商政策上の優先課題

　バイデン大統領が 2021 年 1 月の就任以来これまで優先的に取り組んできた通商政策は、米国通商代表部（以下「USTR」という）が 2022 年 3 月 1 日に連邦議会へ提出した「2022 年の通商政策課題と 2021 年の年次報告」（以下「USTR2022 年通商政策課題」という）[2] で整理されている。具体的には、バイデン政権は、①労働者中心の通商政策の推進、②米中関係の再調整、③友好国および同盟国との連携、④通商ルールの執行、ならびに⑤公平、インクルーシブかつ持続可能な通商政策の推進および利害関係者の関与の増進という 5 つの政策課題を重視している。このうち、労働者中心というテーマの下では、国内の労働者の地位向上に直接関係する政策[3] に加え、脱炭素と持続可能な環境政策の推進、国内農業の支援、サプライチェーンの強靭化、新型コロナウィルスのパンデミック対応等に関する多様な通商政策が掲げられている。各通商政策課題の概要は、図表 2 − 5 − 1 のとおりである。本章では、USTR2022 年通商政策課題をふまえながら、そのなかでも日本企業および日本政府の関心が特に高いと思われるテーマとして、(1)対中政策、および(2)米国国内産業の保護・産業の国内回帰に関する政策を分析する。

---

2) Office of the United States Trade Representative, "2022 Trade Policy Agenda & 2021 Annual Report"〈https://ustr.gov/sites/default/files/2022%20Trade%20Policy%20Agenda%20and%202021%20Annual%20Report%20（1）.pdf〉
3) たとえば、主にメキシコの労働者保護の水準を引き上げることを通じて米国の労働者を保護することを目的とした、USMCA に基づく RRLM の活用がある（第 1 章Ⅱ 3(3)参照）。

図表 2−5−1　USTR2022 年通商政策課題の概要

①国内の労働者の地位向上に直接関係する政策

- 労働者の権利に関する新しくかつ高い水準の合意に向けた国際交渉
- USMCA の労働章の効果的な施行と執行　等

②脱炭素と持続可能な環境政策の推進

- 鉄鋼業およびアルミ産業における、生産時の二酸化炭素の排出量の抑制ならびに市場歪曲的な余剰生産能力の削減
- インド太平洋経済枠組み（以下「IPEF」という）等の地域的枠組みを通じた、脱炭素化の推進を含む環境保護の維持および向上
- 既存の通商協定を通じた環境基準の執行　等

③国内農業の支援

- 既存の通商協定を活用した、米国農産品の新たな販売機会の創造
- 農業貿易ルールの執行を通じた、競争環境の公平化　等

④サプライチェーンの強靭化

- 経済安全保障、国家安全保障、高賃金の職および中小企業の健全性を推進するための、サプライチェーン強化
- サプライチェーンの脆弱性への対処およびさらなる強靭性の基盤構築のための貿易相手国との取組み　等

⑤新型コロナウィルスのパンデミックへの対応

- 通商ルールが新型コロナウィルスのパンデミックへの対応を支え、その支障とならないようにするための他省庁との連携
- コロナワクチンに係る寄付、投資および特許放棄合意等の国際的な取組み　等

⑥米中関係の再調整

- 中国と強い立場で対峙し、競争するための、米国内への大規模な投資
- 中国の貿易および経済に係る不正がもたらす損害から、米国の労働者と消費者を保護するためのサプライチェーンの強靭化
- 中国の不公正な通商および経済に係る慣行に対する、同盟国や友好国と連携した対抗
- 強制労働に関する中国政府の責任の追及、および貿易友好国との協働やウイグル強制労働防止法の執行を通じた、世界のサプライチェーンからの強制労働の排除　等

⑦友好国および同盟国との連携

- 同盟国や友好国との緊張した関係の修復
- 労働者中心の通商政策という原則に基づく、長期に及ぶ通商紛争の解決および新たな協力関係や枠組みの構築
- WTO 等の国際機関に再関与し、再活性化させること　等

⑧通商ルールの執行
• 利用可能なあらゆる手段を用いた、不公正な経済慣行への対抗 • 労働・環境基準が執行され、知的財産権が保護され、予見可能性のある規制が科学に基づいて課される、通商システムの形成　等
⑨公平、インクルーシブかつ持続可能な通商政策の推進および利害関係者の関与の増進
• 通商政策を評価し決定する際に、すべての利害関係者に関与する機会を与えること　等

　USTR2022年通商政策課題の遂行に加え、バイデン政権は、2022年2月以降、ロシアによるウクライナ侵略を受けた対抗措置として、経済制裁や輸出入の規制等の多数の通商措置を矢継ぎ早に講じており、日本企業にも大きな影響を与えている。かかるロシア関連の通商措置の詳細は、紙幅の関係上、本章では取り上げないが、ロシアのウクライナ侵略に伴う一連の対抗措置は、次の2点において、より広く米国の通商政策に影響を与える可能性があることを指摘したい。第一に、多数国が連携してロシア関連の各種措置を迅速に講じ、ロシアに対して一定の経済的な不利益を与えた経験は、自らの政策目的を実現するために同盟国や友好国と連携することの重要性を米国が再認識する契機となったと思われる。この米国による再認識は、たとえば、新興技術や基盤的技術等に関する新たな輸出規制の導入を、国際的レジームや日米欧の三極の合意を通じて目指したり、米国主導で、IPEF等の地域経済の枠組みを構築したりする動きに通じる（詳細はⅡ1およびⅡ2(1)ウ㋐参照）。第二に、米国が事前にロシアに対して通商措置を警告し、実際にも米国を含む主要国が、前例がないほど厳しいロシア関連の通商措置を講じたにもかかわらず、ロシアによるウクライナ侵攻が継続していることは、有事の前により効果的な措置を講じる必要があるとの考えにつながりうる。たとえば、台湾有事を想定し、有事の発生前の各種措置の警告のみでは足りず、有事を未然に防ぐために必要かつ十分な通商措置を中国に対して実際に執る必要があるという主張が勢いづく可能性も否定できない。

2　トランプ前政権と比較したバイデン政権の通商政策の特徴

バイデン政権の通商政策に関しては、USTR2022年通商政策課題や、すでに実施済みの具体的な措置をみると、以下のようなトランプ前政権下の通商政策との異同を指摘できる。

まず、共通点として、バイデン政権はトランプ前政権と同様に、通商政策と、国内の経済や雇用、労働者や農業従事者の保護といった内政とのつながりを重視しているようにみえる（たとえば図表2-5-1の①③⑤⑨）。また、中国に対しては引き続き、通商政策上の厳しい姿勢が窺える（たとえば図表2-5-1の⑥⑧）。実際にも、以下で述べるとおり、トランプ前政権によって発動された中国に対する措置は、バイデン政権でも基本的に継続されている。

一方で、異なる点として、トランプ前政権は、米国の安全保障を通商政策の根拠として強調していたが、バイデン政権は、米国の安全保障のみならず、環境、サステイナビリティー、人権といった世界的ないし普遍的なイシューを通商政策の根拠としつつ（たとえば図表2-5-1の②⑥⑧⑨）、同盟国ないし友好国との連携を重視している（たとえば図表2-5-1の⑦）。加えて、トランプ大統領（当時）およびその側近の強いイニシアティブの下で通商政策が決まることが多かった前政権と比べると、バイデン政権では、総じて、政権の基本方針に沿って、個別具体的な政策に関する実務レベルの検討が重ねられ、省庁間・関係国間の調整や利害関係者からの意見聴取も適宜行われている。そのため、バイデン政権の通商政策は、今のところ、トランプ前政権よりも予測可能性が高いと評価しうる。

∷ Ⅱ　中国に対する通商政策

1　総　論

米国の中国に対する通商政策は、トランプ前政権下で中国脅威論が広まり、国際秩序における米中の覇権争いが先鋭化する中で、貿易赤字や中国による不公正な貿易慣行等の貿易摩擦への対処にとどまらず、米国の安全保障戦略や外交政策等を実現するための一手段として積極的に活用される

ようになった[4]。バイデン政権下でも、また、ウクライナを侵略したロシアへの対応が注目されるなかでも、米国にとっての最優先課題が中国であることに変わりはなく、中国に対する厳しい姿勢は維持されている。たとえば、ブリンケン国務長官は、2022年5月、バイデン政権の対中戦略に関する演説の中で、「中国は、国際秩序を塗り替える意図と、それを実行する経済・外交・軍事・技術面における力を持つ唯一の国だ」と述べた[5]。また、米国連邦議会は超党派で対中強硬姿勢を支持している。

　このような対中認識をふまえ、中国に対する通商政策に関して、バイデン政権は、熟慮を伴い、長期的な視点を取り入れた、総体的かつ実利的な新しいアプローチを採用することを表明し、あらゆる手法を用いて、かつ同盟国や友好国と連携し、中国の不公正な貿易慣行等に対抗する方針を打ち出している[6]。また、バイデン政権は、中国と直接対抗する各種政策に加え、中国の他国への影響力の低減を目指し[7]、インド太平洋地域におけるIPEFや北米および中南米における経済繁栄のための米州パートナーシップ構想（APEP）等の地域経済の枠組みの構築を進めている。これらの枠組みは未だ交渉の初期段階にあるものの、たとえばIPEFでは貿易、サプライチェーン、クリーン経済および公正な経済という4つの分野につき

4）トランプ前政権下の米国において、通商政策を含む対中戦略が見直された経緯について、たとえば、佐橋亮『米中対立 アメリカの戦略転換と分断される世界』（中央公論新社、2021）127頁以下参照。

5）ANTONY J. BLINKEN "The Administration's Approach to the People's Republic of China"（May 26, 2022））〈https://www.state.gov/the-administrations-approach-to-the-peoples-republic-of-china/〉.

6）たとえば、USTR2022年通商政策課題8-9頁。2021年10月に発表された中国に対する通商政策の「新しいアプローチ」にも同旨（Office of the United States Trade Representative, "Fact Sheet: The Biden-Harris Administration's New Approach to the U.S.－China Trade Relationship"〈https://ustr.gov/about-us/policy-offices/press-office/press-releases/2021/october/fact-sheet-biden-harris-administrations-new-approach-us-china-trade-relationship〉）。

7）たとえば、レモンド商務長官は、IPEFの立ち上げは、インド太平洋地域における米国の経済的主導権を取り戻し、同地域の諸国に対し中国以外の選択肢を提示するものとして重要な転機となる旨を述べた（一例として The White House, "On-the-Record Press Call on the Launch of the Indo-Pacific Economic Framework"（May 23, 2022）〈https://www.whitehouse.gov/briefing-room/press-briefings/2022/05/23/on-the-record-press-call-on-the-launch-of-the-indo-pacific-economic-framework/〉参照）。

通商ルールを規定することが目指されており[8]、注目に値する。

　これまでトランプ前政権およびバイデン政権の下で米国が他国に先んじて中国に対して講じてきた措置[9]の背景には、大きく分けて、(1)技術覇権をめぐる中国との競争、(2)米国の政府・企業・個人の機微情報や重要インフラに関する安全保障、および(3)人権問題（香港の自治の侵害を含む）という３つの主要な政策課題が窺われる。これらの政策課題は互いに重複する面もあるが[10]、米国が講じる具体的な通商措置が複雑である中で、政策課題全体における各措置の位置付けを整理する際の一助となる。

　先に全体像を俯瞰すると、各政策課題に対処するために執りうる措置の主な類型としては、(a)米国からの輸出や再輸出の禁止、(b)米国への輸入の禁止または関税の引上げ、(c)経済制裁（米国内の資産凍結、金融取引の禁止等）、(d)米国への投資禁止、(e)米国から中国への投資禁止、(f)米国政府による調達の禁止、(g)米国内の民間取引の禁止等さまざまな規制方法が存在する。これらの分類に基づいて、政策課題ごとに執られてきた主要な措置の具体例を整理すると図表２－５－２のとおりである。また、これまでのところ、バイデン政権は、トランプ前政権が導入した中国に対する各種の通商措置を、いくつかの例外を除き、概ねそのまま、または拡充・補強した上で承継している。

---

8) USTR, "United States and Indo-Pacific Economic Framework Partners Announce Negotiation Objectives"（September 9, 2022））〈https://ustr.gov/about-us/policy-offices/press-office/press-releases/2022/september/united-states-and-indo-pacific-economic-framework-partners-announce-negotiation-objectives〉.

9) このほかにも米国は、たとえば産業補助金や過剰生産能力の問題について、日本や欧州といった友好国とともにWTO補助金協定のアップデートを議論するといった複数国間でのアプローチも取ってきた（たとえば "Joint Statement of the Trilateral Meeting of the Trade Ministers of Japan, the United States and the European Union"（14 January 2020）〈https://www.meti.go.jp/press/2019/01/20200114007/20200114007-2.pdf〉参照）。しかし本章では、米国が他国に先んじて中国に対して講じている措置に焦点を当てる。

10) たとえば、米国企業からの技術流出阻止は(1)および(2)に関係し、人民の監視における米国の先端技術の使用阻止は(1)および(3)に関係する。

図表2-5-2 対中政策課題に関する具体的な措置

	(1)技術覇権をめぐる中国との競争	(2)米国の政府・企業・個人の機微情報や重要インフラに関する安全保障	(3)人権問題
(a)輸出規制	・機微度が高い品目の許可例外事由（一定の条件下で輸出ライセンスが不要となる事由）の撤廃 ・対中軍事用途・軍事エンドユーザーへの輸出規制強化 ・Huawei 社、SMIC 社等の情報通信や半導体等に関連する個別企業に対する輸出規制の導入 ・半導体関連品目の中国向け輸出等に対する規制拡大		・新疆ウイグル自治区における強制労働等の問題に関与した中国企業等を輸出規制の対象に追加 ・香港に対する輸出等について、輸出管理上の優遇措置を廃止し、中国向けの輸出等と同様の取扱いに変更
(b)輸入規制および関税引上げ	・中国製品の米国市場における競争力を減殺するための対中追加関税	・Huawei 社、ZTE 社等の通信機器等の輸入および米国内販売の禁止（下記(g)も関連）	・WRO に基づく新疆ウイグル自治区産の綿製品等の輸入禁止 ・ウイグル強制労働防止法に基づく新疆ウイグル自治区関連の製品の広範な輸入禁止
(c)経済制裁			・新疆ウイグル自治区における人権侵害に関与した企業や政府幹部に対する経済制裁 ・香港の自治侵害に関与した者に対する経済制裁 ・監視技術分野の中国企業に対する米国人の投資禁止
(d)国内投資規制	対米投資審査の範囲を拡大 ・外国人[11] による、重要技術、重要インフラ、または米国市民の機微な個人データに関係する米国事業への投資を規制 ・外国人による、安全保障上の懸念のある不動産の取得等の規制		

(e)国外投資規制	・中国軍事企業/中国の軍産複合体企業に対する米国人[12]の投資禁止 ・半導体に係る財政的支援を受ける企業に対する、中国の半導体の生産能力拡大を伴う取引の禁止および当該取引に係る事前審査		
(f)政府調達規制		中国企業5社の通信・映像監視関連の機器・サービスの排除	
(g)その他米国内の民間取引規制		・中国企業が関与する特定分野の情報通信技術・サービスに関する取引の禁止 ・中国製アプリの排除	

2 各政策課題に対処するための対中通商政策

(1) 技術覇権をめぐる中国との競争

ア 「中国製造2025」および中国の軍民融合政策に対する米国の警戒

　トランプ前政権下の米国は、技術に関して他国に対する競争優位性を保つこと、また、知的財産権の保護等を通じて国内の技術革新に係る基盤を保護し発展させることを、米国の繁栄ひいては国家安全保障戦略上の重要な課題と位置付けた[13]。このような技術をめぐる競争のうち、米国の対中認識について注目すべき点として、以下が挙げられる。

　第一に、米国は、トランプ前政権より前の時代から、長らく、中国に進

---

11) 自然人に限らず法人等の組織も含む。以下同様。

12) 自然人に限らず法人等の組織も含む。以下同様。

13) The White House, "National Security Strategy of the United States of America"（December 2017）pp. 20-22〈https://trumpwhitehouse.archives.gov/wp-content/uploads/2017/12/NSS-Final-12-18-2017-0905.pdf〉.

出する外国企業に対し強制的に技術移転を求める中国の政策や中国企業による知的財産権の侵害を問題視してきた。さらに、トランプ前政権下でも、中国政府が、特に「中国製造2025」と題する製造業高度化政策の下、半導体や高速通信規格「5G」を含む次世代情報技術、航空宇宙設備、省エネルギー・新エネルギー車等の分野において、不合理または差別的な慣行を用いて、中国企業による海外技術の獲得を支援していることが指摘された[14]。

　第二に、トランプ前政権時代には、中国の軍事力の急激な増大やそれに伴う米中の間のパワーバランスの変化に対する警戒感が増すなかで、中国のいわゆる軍民融合政策に対処する必要性が強く認識されるようになった。中国が近年推進する軍民融合政策は、民間の技術も取り込み、経済・社会の発展と同時に軍事力の強化を平時から図る国家戦略であり、特に、海洋、宇宙、サイバー、人工知能（AI）等の中国にとっての「新興領域」が軍民融合の重点分野とされている[15]。この軍民融合政策に関して、トランプ前政権下の米国では、特に、中国企業に民生用として提供された米国の機微技術が軍事転用され、人民解放軍の能力向上に用いられることや、そのように不当な形で軍事力増強を図っている、人民解放軍と密接な関係を有する中国企業が、米国企業を買収したり米国資本の投資を受けたりすることにより、米国の技術・資金を人民解放軍の活動に寄与させていることが問題視されるに至った。

　イ　トランプ前政権下での政策

　中国が米国の技術や資本を活用して技術優位を確立し、米国の安全保障上の脅威となることを避けるため、トランプ前政権は、大きく分けて、㈠

14）1974年通商法301条に基づき対中追加関税を賦課する根拠をまとめたUSTRの調査報告書。USTR, "FINDINGS OF THE INVESTIGATION INTO CHINA'S ACTS, POLICIES, AND PRACTICES RELATED TO TECHNOLOGY TRANSFER, INTELLECTUAL PROPERTY, AND INNOVATION UNDER SECTION 301 OF THE TRADE ACT OF 1974"（22 March 2018）〈https://ustr.gov/sites/default/files/Section%20301%20FINAL.PDF〉.

15）防衛省「令和2年版 防衛白書」57頁〈http://www.clearing.mod.go.jp/hakusho_data/2020/pdf/R02010202.pdf〉。

中国企業への米国技術の流出阻止、(い)中国企業への米国資金の流入阻止、ならびに(う)中国企業の製品の米国市場における競争力減殺という3つの措置を講じた（図表2-5-3参照）。

図表2-5-3　技術覇権をめぐる競争に係る米国の対中通商政策

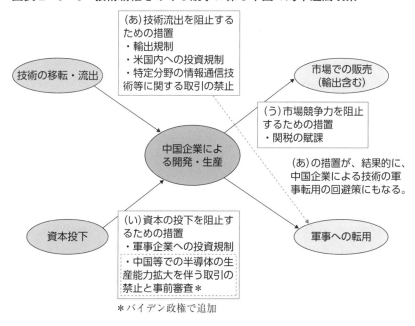

＊バイデン政権で追加

(あ)　中国企業への米国技術の流出阻止

　中国企業への米国技術の流出阻止のための措置として、第一に、輸出規制が数次にわたり厳格化された（図表2-5-2(a)）。すなわち、EARに基づくデュアルユース品目（民生用および軍事用の双方に用いることができる貨物、技術およびソフトウェア）等の輸出規制には、品目の機微度の観点からの規制（いわゆるリスト規制）と品目の用途または需要者（エンドユーザー）の観点からの規制があるところ[16]、いずれの観点からも中国向けの

16)　EARに基づく輸出規制の2つの規制類型については、第1章Ⅲ2(1)を参照。

輸出（米国域内から米国域外への出荷）や再輸出（米国以外の国から、他の米国以外の国への出荷）等に関する規制が強化された。たとえば、前者の規制類型では、軍民融合政策により米国の先端技術が軍事転用されることへの懸念から、中国等に対し機微度の高い品目を輸出等するときは、民生用途として民間エンドユーザーに輸出等する場合であっても、個別の輸出許可審査を受けることが義務付けられた[17]。また、後者の規制類型では、従前から中国への軍事「用途」の輸出等は既に規制されていたところ、一定の品目に関して、新たに中国の軍事「エンドユーザー」向けの輸出等が、民生用途であっても事実上禁止された[18]。

　加えて、トランプ前政権は、中国企業が特に5Gの分野で世界的に競争力を高めていることを憂慮し、その影響力の拡大を阻止するためにも輸出規制を活用した。具体的には、5G対応のスマートフォンや通信設備の開発・販売で先行するHuawei社およびそのグループ会社が「エンティティリスト」に追加されるとともに、エレクトロニクス、コンピュータ、通信・情報セキュリティの3分類に関する特定の品目で、米国原産の技術またはソフトウェアの直接製品である等の要件を満たす外国製品をHuawei社向けおよびその関連会社に輸出等することが規制された[19]。Huawei社に対する一連の輸出規制は、米国技術を用いた半導体等の供給を遮断し、同社が最新の5G関連通信機器等を開発、製造することを困難にすることで、情報通信分野における同社の躍進を阻止する効果を有する[20]。当該規制により国外の調達先を失ったHuawei社は、半導体受託生産の中国最大

---

17) 2020年4月28日付官報（85 FR 23470）〈https://www.federalregister.gov/d/2020-07240〉。

18) 2020年4月28日付官報（85 FR 23459）〈https://www.federalregister.gov/d/2020-07241〉。

19) 2019年5月21日付官報（84 FR 22961）〈https://www.federalregister.gov/d/2019-10616〉、2019年8月21日付官報（84 FR 43493）〈https://www.federalregister.gov/d/2019-17921〉、2020年8月20日付官報（85 FR 51596）〈https://www.federalregister.gov/d/2020-18213〉。

20) ただし、Huawei社およびそのグループ会社のエンティティリスト掲載の理由はHuawei社が米国の国家安全保障または外交政策上の利益に反する活動を行ったことであるとされているところ、その具体的な行為として例示されているのは、同社が米国の対イラン経済制裁に違反したことであり、当該行為自体と米中の技術競争との関連は薄い。2019年5月21日付官報（84 FR 22961）、2019年8月21日付官報（84 FR 43493）、2020年8月20日付官報（85 FR 51596）参照。

手であり、5G 対応機器にも搭載される最先端の半導体の国産化を目指していた SMIC 社等からの代替的な調達を模索した。しかし、トランプ前政権は、その SMIC 社に対し先端的な半導体の製造に必要な一定の品目を輸出等することも事実上禁止した[21]。

さらに、中国企業が米国の技術を取得する方法は、上記の輸出規制の対象となる米国からの輸出等のみならず、当該技術を保有する米国企業を買収したり、米国企業に提供する情報通信機器等を通じて秘密裏に技術を取得したりするという方法もあるため、トランプ前政権下では、これらを封じる対策（図表2-5-2(d)および(g)）も講じられたが、この対策については下記(2)で詳述する。

(い)　中国企業への米国資金の流入阻止

中国企業への米国資金の流入阻止のための措置として、米国人による「中国軍事企業（Communist Chinese Military Company：CCMC）」への投資規制が導入された[22]。中国軍事企業とは、①ⅰ人民解放軍もしくは中国政府の省に所有もしくは支配され、またはⅱ中国の軍事産業基盤と関係する企業に所有もしくは支配され、②商業活動に従事し、かつ、③直接または間接に米国内で操業する中国企業をいい、国防長官がかかる企業を指定する。トランプ前政権下では、鉄道、原子力発電、電気通信、建設、化学、造船、宇宙、半導体、石油等幅広い産業に従事する 44 社が指定された。かかる投資規制は、対外投資規制（図表2-5-2(e)）の一種であるが、米国人による中国軍事企業の公開有価証券等の購入や保有が禁止されるにと

21）SMIC 社は、遅くとも 2020 年 10 月には軍事エンドユーザー規制の対象となった（SMIC, "INSIDE INFORMATION FURTHER INFORMATION ON U.S. EXPORT RESTRICTIONS" (4 October 2020)〈https://www1.hkexnews.hk/listedco/listconews/sehk/2020/1004/2020100400079.pdf〉）。その後、同年 12 月、同社は、軍民融合に関与していたことを理由にエンティティリストに掲載された。2020 年 12 月 22 日付官報（85 FR 83416）〈https://www.federalregister.gov/d/2020-28031〉。

22）2021 年 1 月 13 日 付 大 統 領 令 13974〈https://home.treasury.gov/system/files/126/13974.pdf〉により修正された、2020 年 11 月 12 日付大統領令 13959〈https://home.treasury.gov/system/files/126/13959.pdf〉。

どまり、対象企業との商取引を幅広く禁止するものではない。

　(う)　中国製品の米国市場における競争力減殺

　さらに、中国製品の米国市場における競争力減殺のために、1974年通商法301条に基づく対中追加関税が賦課された（図表2-5-2(b)）。かかる追加関税は、建前上は、中国の強制的な技術移転や知的財産権侵害等に対抗するための措置とされている。しかし、実際には、具体的に強制技術移転や知的財産権侵害を経て開発生産された産品であるか否かにかかわらず、また、米中間の技術競争が盛んな先端分野の産品であるか否かを問わず、中国（香港は除く）を原産国とするほとんどの産品に対して追加関税が賦課された。

　ウ　バイデン政権下における政策と今後の見通し

　バイデン政権はトランプ前政権と同様に「中国製造2025」および中国の軍民融合政策を警戒しており、具体的な措置に関しても、少なくとも日本企業への影響という観点からは現段階では大勢に変化はない一方で、今後の動向に十分な注意を払う必要がある措置も存在する。

　(あ)　中国企業への米国技術の流出阻止

　中国企業への米国技術の流出阻止のための措置のうち、輸出規制（図表2-5-2(a)）に関して、バイデン政権は、トランプ前政権下の措置を承継および強化している。たとえば、トランプ前政権下で、情報通信や半導体等に関連する個別企業に対する輸出規制が講じられたところ、バイデン政権は、さらに、中国のスーパーコンピュータ関連の7機関[23]やバイオテクノロジー関連の研究機関等[24]をエンティティリストに追加した。また、輸出許可の運用も厳格化しており、たとえば、2022年8月には、商務省が、機械学習や人工知能に用いられる半導体を中国企業に供給することを

23）2021年4月9日付官報（86 FR 18437）〈https://www.federalregister.gov/d/2021-07400〉。
24）2021年12月7日付官報（86 FR 71557）〈https://www.federalregister.gov/d/2021-27406〉。

事実上、禁止したと報じられていた[25]。

　その上で、バイデン政権は、2022 年 9 月、中国との技術競争も念頭に置いた、輸出規制に関する新たな政策方針を明らかにした[26]。すなわち、サリバン大統領補佐官（国家安全保障担当）は、米国の技術上の優位性を保つにあたり、競合する他国に対し、特定の重要な技術に関してのみ、数世代分の相対的な優位を保てば良いという従来の前提を見直す必要があり、最大限の優位を維持できるよう、民生用の基盤的な技術に対し広範かつ継続的な管理を実施していくことを検討すべきである旨を述べた。これは、ロシアによるウクライナ侵略を受けた対露輸出規制の成果（ロシアを、汎用の半導体でさえ入手することが困難になり、食器洗浄機に使われる半導体を軍事転用せざるを得なくなる状況に追い込んだ）もふまえ、輸出規制を、単に安全保障上の懸念がある者に軍事転用可能な品目が供給されることを防ぐための予防的措置と捉えるのではなく、長期的には懸念国の戦闘能力にも影響を及ぼしうる重要な戦略手段の一つと位置付ける、米国の新たな認識を表明した発言であった。そして、その後、米国の技術競争の最大の相手である中国との関係で、同様の観点から輸出規制が強化された。

　具体的には、2022 年 10 月の EAR 改正により[27]、中国向けの半導体関連品目の輸出等に関する規制が大幅に拡大された[28]。この改正により、①エンドユース・エンドユーザー規制が拡大され、中国所在または中国向けのスーパーコンピュータの開発・製造・修理等や、中国における集積回路の開発・製造を用途とする、所定品目の輸出等が規制された。この点以外

---

25) ロイター通信「米、エヌビディアなどの AI チップに対中輸出規制」（2022 年 8 月 31 日）〈https://jp.reuters.com/article/usa-china-chips-nvidia-idJPKBN2Q1295〉。この時点では、商務省から個別の輸出企業に対して通知することにより、当該企業による先端半導体の対中輸出を停止する措置であったが、その後、下記 2022 年 10 月の EAR 改正により、当該措置はすべての輸出者等に適用される形に一般化された。

26) The White House,“Remarks by National Security Advisor Jake Sullivan at the Special Competitive Studies Project Global Emerging Technologies Summit”（September 16, 2022）〈https://www.whitehouse.gov/briefing-room/speeches-remarks/2022/09/16/remarks-by-national-security-advisor-jake-sullivan-at-the-special-competitive-studies-project-global-emerging-technologies-summit/〉.

27) 2022 年 10 月 13 日付官報（87 FR 62186）〈https://www.federalregister.gov/d/2022-21658〉。

にも、②所定基準以上のスペックの集積回路や半導体製造装置等の CCL への追加、③中国向け取引に対象を絞った外国直接産品ルールの修正（中国向け取引に対する EAR の域外適用の拡大）、④米国人による、半導体関連品目の中国向け供給等については、EAR の適用が及ばない品目（米国外に所在し、かつ、域外適用の対象にならない品目）についても許可取得義務を課す、といった内容が含まれている。これらの措置は、米中間の技術競争の要となる半導体技術を標的とするものであるが、EAR 改正の趣旨としては、当該スーパーコンピュータおよび集積回路が中国で大量破壊兵器の開発等に用いられるおそれがあることが主な規制根拠として挙げられている。大量破壊兵器等の拡散防止は輸出規制の伝統的な目的の一つであるところ、日本やオランダ等の他国が米国に追随して中国に対する新たな措置を講じるのか、注視する必要がある。

　また、今後注目すべき点として、2018 年に成立した輸出管理改革法（ECRA）が、新興技術（AI/ 機械学習、先進セキュリティ技術等 14 分野）[29] および基盤的技術（半導体製造装置、レーザーおよび水中システムに関する技術等）[30] に対する輸出規制を講じることを商務省に義務付けているところ、その具体的な内容がどのように定められるかという点もある。トランプ前政権から検討が続けられてきているが、ごく少数の技術に対する規制（そのほとんどが国際的な輸出管理レジームにおける合意を国内法に反映するものである）を除けば、新興・基盤的技術は未だにほとんど特定されていない。しかし、バイデン政権下の米国は、EU 米国貿易技術評議会（TTC）や日米経済政策協議委員会（経済版「2 + 2」）の枠組み等を通じて、EU や日本等と新興・基盤的技術を含む輸出管理に関する協議や協力も進めてお

28）なお、2022 年 10 月には、外国事業者の所在国の政府が BIS のエンドユース確認に対する協力を継続的に拒んでいる場合、そのことが当該事業者をエンティティリストに掲載する理由となりうる旨を EAR に明記する改正も行われた（2022 年 10 月 13 日付官報（87 FR 61971）〈https://www.federalregister.gov/d/2022-21714〉）。この改正条文は中国を名指ししてはいないものの、実態としては中国政府による非協力への牽制であると受け止められている。

29）2018 年 11 月 19 日付官報（83 FR 58201）〈https://www.federalregister.gov/d/2018-25221〉。

30）2020 年 8 月 27 日付官報（85 FR 52934）〈https://www.federalregister.gov/d/2020-18910〉。

り、今後の展開は予断を許さない。

  ⒤　中国企業への米国資金の流入阻止

　次に、中国企業への米国資金の流入阻止に関しては、バイデン政権は、軍民融合を実践する中国企業への対外投資規制（図表2-5-2(e)）をトランプ前政権から継承した上で、その対象を「中国の軍産複合体企業（Non-SDN Chinese Military-Industrial Complex Company：NS-CMIC)」として整理・拡張した[31]。具体的には、トランプ前政権下での大統領令13959は、投資規制の対象を「直接または間接に米国内で操業している中国軍事企業」としていたが、バイデン政権下での大統領令14032は、この米国内での操業という要件を撤廃した点で、対象となる中国企業の範囲を広げている。他方で、トランプ前政権下で中国軍事企業であると指定された企業のうち、指定の根拠が薄弱であるとして、裁判所の命令でリストから除外されたり（Xiaomi社）、裁判所の仮処分により指定の効力が停止されたり（Luokung Technology社）した企業は、バイデン政権の中国の軍産複合体企業に係る規制の対象から除外された。

　一方で、かかる規制は対象となる中国企業との商取引を幅広く禁止するものではなく、対象となる中国企業は、米国人以外（たとえば、中国政府）から資本を調達することができる。そのため、この投資規制の影響は限定的であるとの見方もある。したがって、今後、仮に米中対立が先鋭化し、対象となる中国企業の資金源を遮断したり、技術流出を阻止したりする必要性がさらに大きくなる場合、米国が、たとえば特定の中国企業を、指定された主体との取引が広く禁止されるSDNに指定し、さらに当該中国企業を支援する企業もSDNに指定することを示唆することにより、当該中国企業との取引を広く禁止する等、規制を強化する可能性はある。日本企業においては、取引先である中国企業に対してバイデン政権が規制強化に舵を切るか否かに関わる最新情報の収集に努めるとともに、SDN指定の

31）2021年6月3日付の大統領令14032（2021年8月2日に施行）〈https://home.treasury.gov/system/files/126/14032.pdf〉。

可能性も想定した取引の相手方との契約条件を検討する等の対応をとることが重要である。

　また、バイデン政権は、技術競争の観点から、機微技術に対する米国から外国への投資を規制する措置の導入を模索している。特に、輸出規制では捕捉されず、かつ、競争相手の技術力を向上させうる投資を対象とすることが検討されている[32]。この点、半導体分野では、2022 年 8 月に成立した CHIPS and Science Act of 2022[33] において、バイデン政権と議会が協力し、同法に基づく財政的支援を受ける企業に対する、一定の対外投資審査の枠組みが導入された。すなわち、同法に基づいて拠出される税金が中国等の懸念国の企業の半導体分野における成長に寄与することがないよう、同法に基づく財政的支援を受ける企業は、10 年間、中国等の懸念国における半導体（プロセスが 28nm 未満のロジック半導体や商務長官が指定するもの等に限られる）の生産能力の重大な拡大を伴う重要な取引を行うことが原則として禁じられる。加えて、当該企業は、禁止期間中に当該取引を行おうとする場合には、商務省に通知し、商務省の審査と承認を受けなければならない。この制度導入は、米国による対外投資審査制度確立の皮切りとも評価しうるものであり、今後、バイデン政権が、同法に基づく財政的支援を受ける企業に限られない、より一般的な形の対外投資審査を導入する可能性も考えられる。このため、特に、米国の先端または重要技術を扱い、かつ、中国関連の投資や輸出等を行う企業は、自らの取引が米国政府による審査・規制の対象となりうるか否かを分析するに当たり、技術覇権をめぐる米中間の競争という観点から米国が懸念を有するような取引

---

32) The White House, "Remarks by National Security Advisor Jake Sullivan at the Special Competitive Studies Project Global Emerging Technologies Summit"（September 16, 2022）〈https://www.whitehouse.gov/briefing-room/speeches-remarks/2022/09/16/remarks-by-national-security-advisor-jake-sullivan-at-the-special-competitive-studies-project-global-emerging-technologies-summit/〉.

33) CHIPS and Science Act of 2022 は、Pub. L. 117-167 の「CHIPS Act of 2022」と題された Division A の通称であり、2021 年 1 月に CHIPS for America Act で策定された投資計画や優遇政策（Ⅲ 3(1)および後掲注 77）参照）を実施するための 527 億ドル規模の予算措置を講じる法律である。なお、両法律の略称に含まれる「CHIPS」は、Creating Helpful Incentives to Produce Semiconductors の頭字語である。

ではないかを、対象品目の分野・性質、および取引の内容に照らして検討することが重要である。その際、必ずしも先端技術でなくとも、米国が、安全保障上の考慮から、国内の生産能力の維持を重視するであろう品目に関する技術かどうかという観点も考慮すべきである。

　㈢　中国製品の米国市場における競争力減殺

　最後に、中国製品の米国市場における競争力減殺のための措置についてみると、1974年通商法301条に基づく対中追加関税（図表2－5－2(b)）は、バイデン政権下でも、新型コロナウイルス対策を目的とした医療関連製品の一部[34]や2022年3月に再度除外対象とされた品目[35]を除く中国原産の輸入品に対して賦課され続けている。特に、2018年7月と同年8月に発動したいわゆるリスト1と2に関して、USTRは、措置の開始から4年ごとに行われる法定の見直し手続を行い、国内産業から追加関税の賦課の継続を求める意見が多数出されたことを理由として、2022年9月8日、追加関税の賦課を当面継続することを決定した[36]。

　もっとも、同時に、USTRは、リスト1と2に係る追加関税の賦課に関して、上記のとおり一旦継続しつつ、さらに見直し手続を進める旨を発表しており、また、バイデン政権内にはインフレ対策として対中追加関税を撤廃すべきであるという意見もあることから、対中追加関税がすべて維持されるかは不透明である。加えて、対中追加関税のうち、幅広い消費財も含むいわゆるリスト3およびリスト4Aの品目に賦課されたものに関しては、中国に生産拠点を有する米国の大手企業を含め、これまで中国製の製品を米国に輸入する際に追加関税を納付してきた多数の企業（輸入者）が、その適法性を争って納付済みの関税の還付を米国政府に求めており、数千件の訴訟が米国の国際貿易裁判所で進行している。仮に、裁判所が、最終的に対中追加関税の還付を命じる過程で、対中追加関税の賦課が違法

34）2022年11月29日付官報（87 FR 73383）〈https://www.federalregister.gov/d/2022-25990〉。
35）2022年3月28日付官報（87 FR 17380）〈https://www.federalregister.gov/d/2022-06397〉。
36）2022年9月8日付官報（87 FR 55073）〈https://www.federalregister.gov/d/2022-19365〉。

であると判断すれば、バイデン政権が当該判断を尊重し、違法と判断された範囲で対中追加関税の賦課を撤回する可能性もある。

　一方で、1974年通商法301条に基づく関税等をさらに積極的に活用し、中国に対抗しようとする動きもみられる。具体的には、バイデン政権は、中国の不当な産業補助金に対処するために、また現在の対中追加関税に代わりうる新たな対中関税として、1974年通商法301条に基づく新たな調査の開始に向けた議論を続けてきた[37]。仮に調査が開始され、中国において特定の産業または企業に対して不当な補助金が供与されていることが判明すれば、同法301条に基づく対抗措置として、当該産業または企業の米国への輸出品に対して、当該補助金の効果を減殺するような追加関税が課される可能性は否定できない。したがって、中国で生産した製品を米国に輸出している企業としては、自社または自社産業に対して中国政府から供与されている補助金の有無ないし規模もふまえながら[38]、この動向を注視する必要があると考えられる。他方で、自社が米国市場において、中国政府からの補助金を受けて製造された中国製品との競争にさらされている場合には、調査に対して積極的に協力する等の方法により、米国政府に対して措置の発動を促していくことも検討に値すると思われる[39]。

(2)　米国の政府・企業・個人の機微情報や重要インフラに関する安全保障

ア　中国企業の対米投資や情報通信の利用による米国への脅威

　トランプ前政権下の米国では、中国をはじめとする敵対国の企業が、米

37）例えば、ロイター通信「米、対中関税巡る対応見直し　台湾情勢受け＝関係筋」（2022年8月10日）〈https://jp.reuters.com/article/usa-china-tariffs-idJPKBN2PH016〉.

38）中国政府から個別の産業に供与されている補助金の規模を把握する上で有益なレポートとして、たとえば、OECD, "Measuring distortions in international markets: Below-market finance", OECD Trade Policy Papers, No. 247 (2 May 2021)〈https://doi.org/10.1787/a1a5aa8a-en〉がある。

39）ただし、補助金の効果を減殺するための関税については、WTO補助金協定が規律しているため、かかる規律との整合性が確保できるか否かも、1974年通商法301条に基づく追加関税を賦課する上でのハードルとなる可能性がある。

国の政府・企業・個人の機微情報や重要インフラを有する企業に投資することにより、安全保障上の脅威となることが強く認識された。また、敵対国の情報通信技術・サービス（以下「ICTS」という）が米国内のネットワークやシステムに実装されることにより、これらの保護すべき対象に脆弱性が生まれ、その悪用によって機微情報の流出や社会インフラを支えるネットワークの機能不全等、ときに回復不能な甚大な損害が生じうることが懸念されている[40]。さらに、中国企業が、携帯端末に搭載された中国製アプリを通じて、米国人の位置情報を含む個人情報を収集するという身近な脅威も指摘された。

　イ　トランプ前政権下およびバイデン政権下での政策と今後の見通し
　このような脅威の意識から、トランプ前政権は、㋐中国企業による対米投資への規制の強化、㋑中国企業が製造・提供する通信・映像監視機器・サービスの米国政府の調達からの排除、㋒米国内の ICTS に関する民間取引の規制、および、㋓米国における中国製アプリの規制を実施した。バイデン政権も、上記アの、中国企業が米国に及ぼす脅威について同様の認識を有しており、トランプ前政権が拙速に講じた一部の個別の措置は撤回したものの、基本的にトランプ前政権時代の政策を継承している。

　　㋐　中国企業による対米投資を念頭においた、CFIUS による対米投資に係る審査権限の強化
　米国は、対米外国投資委員会（Committee on Foreign Investment in the United States：以下「CFIUS」という）による審査を通じて、安全保障上の懸念のある対米投資を規制している。CFIUS は、従前から、外国企業等が米国事業を「支配」するに至る取引を審査する権限を有していたところ、トランプ前政権下で、特に中国企業による対米投資を規制することを

---

[40]　2021 年 1 月 19 日付官報（86 FR 4909）〈https://www.federalregister.gov/d/2021-01234〉参照。このような問題意識が惹起される契機として、たとえば、前掲注 14）のとおり、トランプ前政権が対中追加関税を賦課する際に作成した調査報告書において、中国が米国に対するサイバー攻撃によって得た技術や情報を国有企業に共有したことが指摘されている。

念頭に、外国投資リスク審査現代化法（Foreign Investment Risk Review Modernization Act：以下「FIRRMA」という）[41] およびその下位規則によって、CFIUS の審査対象となる取引の範囲が大幅に拡大された（図表 2 − 5 − 2(d)）。

　具体的には、第一に、米国事業を「支配」するに至らない外国人による対米投資のうち、ⅰ 重要技術（critical technologies）[42]、ⅱ 重要インフラ（critical infrastructure）、またはⅲ 米国市民の機微な個人データ（sensitive personal data）のいずれかに関与する米国事業（TID U.S. business（TID は technologies, infrastructure, data それぞれの頭文字をつなげたもの））を対象とする一定のもの[43] が CFIUS の審査対象に加えられた[44]。このような対米投資規制は、主に、中国企業が、米国企業への投資を通じて、当該米国企業が保有する重要技術や米国市民の機微な個人データを取得したり、米国の重要インフラに影響を与えたりすることを阻止するために導入されたものである（すなわち図表 2 − 5 − 2 記載の政策課題のうち、(1)技術競争および(2)機微情報や重要インフラに関する安全保障の両方に対処するものといえる）。

　第二に、トランプ前政権下で施行された FIRRMA は、外国人による米国事業への投資に加え、外国人による一定の不動産取引（購入や賃借等）

41）トランプ前大統領の署名により 2018 年 8 月に施行された 2019 年度国防権限法（National Defense Authorization Act：NDAA）に盛り込まれた。
42）この「重要技術」には、たとえば、EAR に基づき輸出等が現に規制されている一定の技術に加え、ECRA において新たに輸出規制を講じることとされた新興技術および基盤的技術も含まれている（31 CFR §800.215）。
43）たとえば、当該外国投資家が、ⅰ 当該米国事業が保有する重要な非公開の技術情報にアクセスすること、またはⅱ 当該米国事業が保有する重要技術、重要インフラもしくは米国市民の機微な個人データに関する、当該米国事業による実質的な意思決定に関与することを可能にする取引が、CFIUS の審査対象となる（31 CFR § 800.211(b)）。
44）2020 年 1 月 17 日付官報（85 FR 3112）〈https://www.federalregister.gov/d/2020-00188〉。なお、重要技術に係る米国事業への投資については、CFIUS に対する事前申告が義務付けられているが、重要インフラおよび米国市民の機微な個人データに係る米国事業への投資に関しては、CFIUS に対する事前申告は任意とされている（31 CFR §§ 800.401, 402 参照）。事前申告義務の対象となる重要技術に係る米国事業の範囲は、当初、特定の産業分野に属するか否かが基準とされていたが（上記官報参照）、その後改正され、当該重要技術が輸出規制の対象であるか否かが基準となった（2020 年 9 月 15 日付官報（85 FR 57124）〈https://www.federalregister.gov/d/2020-18454〉）。

も CFIUS の審査対象に加えた。具体的には、CFIUS による審査の対象となるのは、ⅰ米国内のハブ空港もしくは戦略的港湾等の中に所在等する不動産[45]、またはⅱ一定の米軍施設もしくは米国政府の不動産に近接する米国内の不動産である[46]。この米国内の不動産に対する投資への規制は、米国内の機微な施設や不動産それ自体を安全保障上の懸念のある外国人による支配から保護することに加え、その内部で保管されている機微な情報を諜報活動等から保護することも目的とするものであると考えられる[47]。

　FIRRMA に基づく CFIUS による対米投資審査の改革は、トランプ前政権時代に一通り完了しており、バイデン政権下でも対米投資審査の制度枠組み自体に大きな変化はないと見込まれる。したがって、日本企業による対米投資も、従前どおり、基本的には CFIUS の審査で特段の懸念対象とはならないと考えられる。もっとも、日本の投資家であっても、たとえば米国が中国への流出を特に懸念する技術を保有する米国企業への投資に関しては、投資家の中国拠点や中国企業との協働関係等を通じて投資の完了後に当該技術が中国に流出しないかを重点的に審査される可能性が高い。特に、投資対象の米国企業が、「中国製造 2025」の重点分野に係る技術[48]で対中輸出規制の対象となるものや、現在は輸出規制が講じられていなくとも、CFIUS による審査の中で特に問題となりやすい新興技術および基盤的技術に該当すると考えられるものを保有している場合には、留意する必要がある。

　バイデン大統領は、2022 年 9 月、CFIUS が審査にあたり考慮すべき安全保障に係る 5 つのリスクを定める大統領令を発した[49]。具体的には、

---

45) 31 CFR § 802.210.

46) 31 CFR § 802.211.

47) 2019 年 9 月 24 日 付 官 報（84 FR 50214）〈https://www.federalregister.gov/d/2019-20100〉の、§ 802.218 の条文案に関する説明を参照。

48) 具体的には、①次世代情報通信技術（半導体、5G）、②高度なデジタル制御の工作機械とロボット、③航空・宇宙設備、④海洋エンジニアリング・ハイテク船舶、⑤先端の鉄道設備、⑥省エネ・新エネルギー自動車、⑦電力設備（大型水力発電、原子力発電）、⑧農業用機材、⑨新素材、⑩バイオ医薬・高性能医療機器。

49) 2022 年 9 月 15 日付大統領令 14083（87 FR 57369）〈https://www.federalregister.gov/d/2022-20450〉。

CFIUS は、ⅰ重要な国内サプライチェーンの強靭性および安全性への影響、ⅱ米国の技術的リーダーシップへの影響、ⅲ同一分野や関連技術等への複数の取引による累積的な影響、ⅳサイバーセキュリティー上のリスク、およびⅴ米国人の機微なデータに対するリスクという5つの要素を適切に検討するよう指示された。また、特にⅰおよびⅱに関し、米国の安全保障の根幹をなす分野として、マイクロエレクトロニクス、人工知能、バイオ技術・製造、量子コンピューティング、先端クリーンエネルギー（蓄電池や水素等）、気候適応技術、重要素材（リチウムやレアアース等）、食料安全保障に影響を与える農業の基盤を構成するもの等が例示された。この大統領令は、CFIUS の審査対象となる取引の範囲や審査手続等を変更するものではないが、CFIUS が重点的に審査する安全保障上の懸念を具体的に明らかにしたものとして注目に値する。

 (い) 中国企業5社の通信・映像監視関連の機器・サービスの政府調達からの排除

 前述のとおり、近年、中国製の ICTS が米国政府や民間企業の通信設備に採用されることにより、米国政府の機微情報が、政府自身の設備から流出したり、政府から当該情報の提供を受けた民間企業の設備から流出したりすることへの懸念が高まった。そこで、トランプ前政権は、2019年度国防権限法889条に基づき、Huawei 社や ZTE 社ら中国企業5社の通信・映像監視関連の機器・サービス（便宜上、以下「排除対象機器・サービス」という）を政府調達から排除した（図表2-5-2(f)）。具体的には、2019年8月に施行された暫定規則により、米国政府が排除対象機器・サービスを調達することが原則として禁止され[50]、さらには、2020年8月から施行された別の暫定規則により、米国政府が排除対象機器・サービスを使用する企業と契約することも原則として禁止された[51]。現在、バイデン政権下で、これらの規制に係る最終規則の策定作業が進んでいるとみられ、その公表が待たれている。

---

50) 2019年8月13日付官報（84 FR 40216）〈https://www.federalregister.gov/d/2019-17201〉。

当該規制は、日本企業にとっても、米国政府機関と直接の取引があるか否かにかかわらず、相応の追加負担を生じさせうるものである。たとえば、日本企業が米国政府機関と契約する場合は、①自社が納品しようとしている機器・サービスが排除対象機器・サービスに該当しないこと、②自社が排除対象機器・サービスを使用していないこと、および③自社が排除対象機器・サービスを使用する機器、システムまたはサービスを使用していないことを米国政府に表明する必要があり、かかる表明の前提として調査をする必要がある。この際、表明事項により必要な調査の範囲や程度が異なることに留意が必要である。たとえば、②自社が排除対象機器・サービスを使用していないこと、および③自社が排除対象機器・サービスを使用する機器、システムまたはサービスを使用していないことに関しては「合理的な調査」を行えば足りるが、①自社が納品しようとしている機器・サービスが排除対象機器・サービスに該当しないことに関しては、「合理的な調査」という限定が付されていない。

　また、日本企業が機器、システムまたはサービスを納入する取引の相手方企業が米国政府機関と契約する場合に、当該相手方企業から、当該日本企業の機器等に排除対象機器・サービスが含まれていないことについて確認を求められることもありうる。加えて、上記の当該規制の最終規則において、たとえば排除対象機器・サービスを使用していないことに係る調査や表明の範囲が修正される可能性も否定できないことから、最終規則が策定された場合はその内容を精査する必要がある。

---

51) 2020年7月14日付官報（85 FR 42665）〈https://www.federalregister.gov/d/2020-15293〉。厳密には、排除対象機器・サービスを、システムの「重要なもしくは必須の構成要素」またはシステムの一部の「重要な技術」として用いる機器、システムまたはサービスの調達等が禁止される。もっとも、米国政府機関と契約を締結する企業は、（システムの「重要なもしくは必須の構成要素」またはシステムの一部の「重要な技術」であるか否かにかかわらず）、①排除対象機器・サービスを（一切）提供しないこと、②排除対象機器・サービスを（一切）使用していないこと、および③排除対象機器・サービスを使用する機器、システムまたはサービスを（一切）使用していないことを、米国政府に表明しなければならない。

⑸　中国企業が関与する特定分野の情報通信技術・サービスに関する取引の禁止

　また、トランプ前政権は、中国製の通信機器等が関係する米国内の民間同士の取引を米国政府が阻止することを可能にする、ICTSサプライチェーン保護の枠組みを策定した（図表2‒5‒2⒢）[52]。これは、具体的には、i 中国等の「敵対国」に所有または支配等されている者が設計、開発、製造または供給する特定分野の「情報通信技術・サービス」に関する取引が、ii 米国の管轄に服する者による、または米国の管轄に服する資産に関する取引であって、かつ iii 米国の国家安全保障に過度または容認できないリスクをもたらす等の要件を満たす場合には、商務長官は調査を開始でき、最終的に取引の禁止を命じることもできるとするものである。

　当該規制の各要件のうち、「敵対国」の定義は特定の国名に言及していないが、商務長官が「敵対国」に該当するとして指定した国の中に中国が含まれている[53]。また、規制の対象となりうる「情報通信技術・サービス」として、具体的には、重要インフラ、各種ネットワーク、個人情報を扱うデータホスティング・コンピューティングサービス、ネット接続される監視装置、ルーター・モデム、ドローン、コミュニケーション手段となる各種アプリ、AI、量子計算機、自動運転システム、先端ロボット工学等の分野が指定されている[54]。

　バイデン政権は、トランプ前政権が策定したICTSサプライチェーン保護に係る規制の最終暫定規則を、2021年3月22日、修正を加えることなく施行したうえで[55]、当該規制の対象となるまたはなりうる取引に係る許可申請や事前承認の制度設計を進めている（下記⒠参照）。

　このICTSサプライチェーン保護に係る規制に基づいて取引が禁止され

52）2019年5月17日付大統領令13873号（84 FR 22689）〈https://www.federalregister.gov/d/2019-10538〉。

53）15 CFR§7.2および7.4⒜⑴.

54）15 CFR§7.3.

55）2021年3月29日付官報（86 FR 16312）〈https://www.federalregister.gov/d/2021-06529〉参照。

た例は現在のところ公になっていない。また、許可申請や事前承認の制度に係る要件も現時点では曖昧であるため、今後どのように運用されるかは不透明である。このような状況において、日本企業が規制対象分野の情報通信技術・サービスに関する取引を行う際には、規制の趣旨に立ち返り、当該取引に敵対国のICTSが関係するか否か、また当該ICTSが関係する場合には、それに起因して米国内のネットワークに脆弱性が生じ、米国の機微情報や重要インフラが脅威にさらされうるか否か等を、慎重に検討することが有用である。

　電気通信産業分野を所管する連邦通信委員会（FCC）は、2022年11月、中国企業5社の通信機器および映像監視機器の輸入および米国内での販売を禁止した。5社のうちHytera社、Hikvision社およびDahua社の機器については、公共の安全、政府施設の警備、および重要インフラの監視のために使用される場合のみが禁止対象である[56]。FCCは、2019年11月以降、米国の通信事業会社が公的補助金を用いて安全保障上の脅威をもたらす通信機器・サービスを調達することを禁止し[57]、この禁止の対象となる、中国企業やロシア企業が製造した機器および供給するサービスを指定し、その範囲を拡大してきた[58]。2022年11月の規則改定により、Huawei社およびZTE社と上記3社の計5社の中国企業の上記機器については、補助金の使用の有無にかかわらず、FCCによる認証が禁止された。

---

56) Federal Communications Commission,“REPORT AND ORDER, ORDER, AND FURTHER NOTICE OF PROPOSED RULEMAKING”（FCC-22-84；2022年11月25日公表）〈https://www.fcc.gov/document/fcc-bans-authorizations-devices-pose-national-security-threat〉。

57) Universal Service Fundを用いた調達禁止に関して、Federal Communications Commission,“Protecting National Security Through FCC Programs”（FCC-19-121；2019年11月26日公表）〈https://www.fcc.gov/document/protecting-national-security-through-fcc-programs-0〉。より広範な、FCCが所管する連邦補助金一般を用いた調達禁止に関して、Federal Communications Commission,“Public Safety And Homeland Security Bureau Announces Publication Of The List Of Equipment And Services Covered By Section 2 Of The Secure Networks Act”（DA-21-309；2021年3月12日公表）〈https://www.fcc.gov/document/fcc-list-equipment-and-services-pose-national-security-threat〉。

58) Federal Communications Commission,“List of Equipment and Services Covered By Section 2 of The Secure Networks Act”（Updated September 20, 2022）〈https://www.fcc.gov/supplychain/coveredlist〉

(え)　中国製アプリの排除

　トランプ前大統領は、上記 ICTS サプライチェーン保護の枠組みに加え
て、米国市民の個人情報を収集していると疑われる、信頼できない中国製
のモバイルアプリ（TikTok、WeChat、Alipay 等）を米国内のアプリストア
から排除することを目指し、米国内におけるアプリの提供や利用の禁止を
命じた（図表 2−5−2(g)）[59]。しかし、アプリを配信する中国企業がこれを
強く争い、米国の裁判所が仮差止命令を発したこともあり、中国製アプリ
の排除は実現しなかった。

　これに対してバイデン政権は、トランプ前政権の中国製アプリに係る禁
止命令こそ撤回したものの、たとえば、上記(う)の ICTS サプライチェーン
保護に係る規制を活用し、「証拠に基づいた注意深い分析」に基づいて、
必要に応じ、中国等の敵対国が開発等しているアプリに係るリスクに対処
する方針である[60]。

(3)　人権問題

　中国における人権問題は古くから指摘されてきたが、トランプ前政権
は、新疆ウイグル族等の少数民族の弾圧や香港の自治の侵害といった中国
の人権問題やそれを引き起こす中国の政治体制が、米国の安全保障や米国
にとって望ましい国際秩序の脅威になると判断し、中国に強硬な対応をと
った[61]。

59）動画共有アプリ TikTok に関して、2020 年 8 月 6 日付大統領令 13942 号（85 FR 48637）
　　〈https://www.federalregister.gov/d/2020-17699〉。対話アプリ WeChat に関して、2020 年 8
　　月 6 日付大統領令 13943 号（85 FR 48641）〈https://www.federalregister.gov/d/2020-17700〉。
　　決済アプリ Alipay 等 8 つのアプリに関して、2021 年 1 月 5 日付大統領令 13971 号（86 FR
　　1249）〈https://www.federalregister.gov/d/2021-00305〉。
60）2021 年 6 月 9 日 付 大 統 領 令 14034 号（86 FR 31423）〈https://www.federalregister.gov/
　　d/2021-12506〉。この大統領令を受けてバイデン政権が 2021 年 11 月に公表した ICTS サプ
　　ライチェーン保護に係る最終暫定規則の修正案は、アプリが ICTS サプライチェーン保護に
　　係る規制の対象となりうる旨を明記するとともに、アプリが米国の国家安全保障に過度も
　　しくは容認できないリスクをもたらすか否かを判断する際の考慮要素を具体的に列挙して
　　いる（2021 年 11 月 26 日付官報（86 FR67379）〈https://www.federalregister.gov/d/2021-
　　25329〉）。
61）佐橋亮『米中対立　アメリカの戦略転換と分断される世界』（中央公論新社、2021）154 頁。

中国の人権問題に対処するためのトランプ前政権下での米国の通商政策は、第1章で整理したとおりである。すなわち、まず、米国は新疆ウイグル自治区と香港のいずれの人権侵害についても輸出規制を用いて対処した（図表2-5-2(a)）。また両問題に関与する個人や法人に対して経済制裁が発動された（図表2-5-2(c)）。さらに、新疆ウイグル自治区における人権侵害については米国への輸入規制が発動された（図表2-5-2(b)）。

　これに対し、バイデン政権においては、政権発足後間もない2021年3月にUSTRが連邦議会へ提出した「2021年の通商政策課題と2020年の年次報告」および直近のUSTR2022年通商政策課題（たとえば図表2-5-1の⑥）において、一貫して中国政府による強制労働等の人権侵害について優先課題として対処するとしているとおり、対中通商政策における人権問題の優先度が、トランプ前政権以上に高くなっていると評価できる。

　実際に、第1章でみたとおり、米国は、バイデン政権下で、人権侵害に関連する輸出規制、経済制裁、輸入規制を強化している。特に、輸入規制については、2021年12月に、新疆ウイグル自治区関連の製品の輸入を原則として禁止するウイグル強制労働防止法が成立し、2022年6月から同法に基づく輸入禁止措置が施行されている。

　以上の流れをふまえれば、日本企業としては、今後ますます人権侵害に関する輸出入規制や経済制裁が強化され、その影響を自社が受けるという前提に立ち、特にウイグル強制労働防止法において優先セクターとして指定された産業については、同法に関して公表された執行戦略に含まれる輸入者向けガイダンスに沿って、サプライチェーンの厳格な管理を実践していくことが求められる（人権デューデリジェンスの実践に関しては、第2章「人権デューデリジェンスの実践」も参照）。また、経済制裁の対象主体が拡大される中で、自社のサプライチェーンに制裁対象主体が含まれていないことを継続的に確認する必要がある。たとえば、取引相手自身は制裁対象者ではなくとも、その先のサプライチェーンの取引関係者が制裁対象者である場合や、取引相手の直接または間接の出資者や兄弟会社が制裁対象主体である場合には、留意が必要である。後者の出資関係については、SDNリストの場合、リストの掲載者のみならず、いわゆる「50％ルー

ル」[62] に基づき、SDN リスト掲載者によって直接的・間接的に株式を 50％以上保有されている者も制裁対象となる。また、この 50％に満たない少数株主であっても、取引相手の意思決定に関与していないか等の検証が必要となる。

:: Ⅲ　米国国内産業の保護・産業の国内回帰に関する政策

1　総　論

　トランプ前政権は、米国の安全保障、国内の経済や雇用等を根拠に、米国の国内産業の保護および産業の国内回帰のために保護主義的な通商政策を講じてきた。その背景には、国内産業（特に製造業）が健全な状況にあり競争力を保持していることが、経済成長、雇用の維持・創出等の観点のみならず、国防に必要な製品の国内での製造を可能にするものとして、安全保障の観点からも重要であるとの考えがある[63]。

　具体的には、トランプ前政権は、安全保障の観点から、輸入品の米国市場における競争力を減殺する措置として、①鉄鋼およびアルミニウムの輸入品に対し、1962 年通商拡大法 232 条に基づく追加関税の賦課等を開始した。また、トランプ前政権は、国内産業を支える措置として、②サプライチェーン・リスクへの対策（特にレアアース等の希少鉱物の確保）や、③政府調達における「バイ・アメリカン」政策の強化を実施した。

　バイデン政権は、トランプ前政権におけるこれらの政策の基本的な方向性および具体的な措置を継承し、特に、サプライチェーンをさらに強靭化する政策の策定と実行を進めている。

　なお、これらの措置やその背後にある上記の問題意識は、必ずしも特定

---

62) U.S. Department of the Treasury, "REVISED GUIDANCE ON ENTITIES OWNED BY PERSONS WHOSE PROPERTY AND INTERESTS IN PROPERTY ARE BLOCKED" (13 August 2014)〈https://home.treasury.gov/system/files/126/licensing_guidance.pdf〉.

63) たとえば、かかる考えを鉄鋼の輸入との関係で述べたものとして、U.S. Department of Commerce, "The Effect of Imports of Steel on the National Security" (11 January 2018)〈https://www.bis.doc.gov/index.php/documents/steel/2224-the-effect-of-imports-of-steel-on-the-national-security-with-redactions-20180111/file〉pp. 23-27 参照。

の国を念頭においたものではない。もっとも、たとえば、中国産の鉄鋼およびアルミニウムに関しては、産業補助金や過剰生産能力が問題視されており[64]、また、以下で詳述するとおり、レアアースに関して米国は中国に依存している状況にあることから、実質的には、これらの措置にも、対中政策（上記Ⅱ）の一環として講じられているという側面がある。

2 1962年通商拡大法232条に基づく措置

(1) トランプ前政権下での政策

　1962年通商拡大法232条は、商務省による調査を経て、特定の産品の米国への輸入が米国の国家安全保障を損なうと認定される場合、当該産品に対する輸入制限措置（たとえば、追加関税の賦課、数量制限の導入）を発動する権限を大統領に与えている。トランプ前大統領は、過剰な鉄鋼およびアルミニウムの輸入が、防衛装備に利用されるこれらの製品を生産する国内産業を弱体化させ、国家安全保障を損なうおそれがあるとして、同法に基づき、2018年3月、米国に輸入される鉄鋼およびアルミニウムに対し追加関税の賦課を開始した[65]。ただし、鉄鋼およびアルミニウムに対する追加関税措置にはいわゆる除外制度が設けられており、商務省は、ⅰ米国内において十分な数量もしくは品質での生産ができない製品、またはⅱ安全保障上の考慮から除外すべき製品については、追加関税賦課の対象から除外することができるとされている[66]。

---

64) 前掲注9) 参照。

65) 2020年2月には、川下製品の輸入による追加関税賦課の迂回を阻止するため、同条に基づく措置として、鉄鋼およびアルミニウムの各派生製品（鉄鋼の釘、アルミニウムのケーブル等）に対する追加関税の賦課も開始された。なお、オーストラリア、カナダ、メキシコは、鉄鋼およびアルミニウムの両方について追加関税措置の対象から除外されている。また、韓国（鉄鋼のみ）、ブラジル（鉄鋼のみ）、アルゼンチン（鉄鋼およびアルミニウム）は、数量制限を受け入れる代わりに、追加関税措置から除外されている。

66) この除外制度においては、当初、輸入者等の米国内の利害関係者が、商務省に対して個別の製品ごとに除外申請を行い、商務省が、国内産業の反対意見もふまえて当該申請を審査する手続のみ設けられていた。しかし、2020年12月、特定の品目に関して、自動的かつ無期限に追加関税の適用対象から除外する一括承認除外（General Approved Exclusions：GAEs）の仕組みが併設された（2020年12月14日付官報（85 FR 81060）〈https://www.federalregister.gov/d/2020-27110〉）。

加えて、トランプ前政権下では、自動車・自動車部品、ウラン、スポンジチタン、変圧器等・変圧器等用部材、移動式クレーン、およびバナジウムの輸入に関しても、それぞれ 1962 年通商拡大法 232 条に基づく調査が開始された。しかし、最終的には、いずれの産品に関しても同条に基づく輸入制限措置はとられていない。

⑵　バイデン政権下での政策と今後の見通し

　バイデン政権下でも、鉄鋼およびアルミニウムに対する 1962 年通商拡大法 232 条に基づく追加関税の賦課等の措置は維持されている[67]。ただし、バイデン政権は、欧州連合（鉄鋼およびアルミニウム）[68]、日本（鉄鋼のみ）[69] および英国（鉄鋼およびアルミニウム）[70] に関しては、追加関税措置を撤廃し、代わりに関税割当（対象国からの輸入総量が一定数量に達するまでは追加関税が課されないが、当該一定数量を超えた後は、当該国からの輸入に追加関税が課されるという仕組み）を導入した。

　また、バイデン政権は、ネオジウム磁石に関して、1962 年通商拡大法 232 条に基づく調査を実施したが、同条に基づく輸入制限措置はとらなかった[71]。ネオジウム磁石は、戦闘機やミサイル誘導システム等の重要な国家安全保障システムに使われるほか、電気自動車、風力発電タービン等に

67）バイデン大統領は、就任後間もなく、アラブ首長国連邦からのアルミニウム製品に対する追加関税を維持する旨の決定を行った（2021 年 2 月 1 日付大統領布告 10144（86 FR 8265）〈https://www.federalregister.gov/d/2021-02490〉）。これは、同国からのアルミニウム製品に対する追加関税を撤廃し、数量制限措置に移行するトランプ前大統領の退任直前の決定（2021 年 1 月 19 日 付 大 統 領 布 告 10139（86 FR 6825）〈https://www.federalregister.gov/d/2021-01711〉）を覆すものである。

68）The White House, "Joint US-EU Statement on Trade in Steel and Aluminum"（October 31, 2021）〈https://www.whitehouse.gov/briefing-room/statements-releases/2021/10/31/joint-us-eu-statement-on-trade-in-steel-and-aluminum/〉.

69）U.S. Department of Commerce, "Announcement of Actions on Japanese Imports of Steels Under Section 232"（February 7, 2022）〈https://www.commerce.gov/files/announcement-actions-japanese-imports-steels-under-section-232〉.

70）U.S. Department of Commerce, "Announcement of Actions on UK Imports Under Section 232"（March 22, 2022）〈https://www.commerce.gov/files/announcement-actions-uk-imports-under-section-232〉.

も使われているところ、中国がそのサプライチェーンのほとんどを独占しており、その輸入は米国の国家安全保障を損なうと認定された。しかし、米国内におけるネオジウム磁石の生産能力が著しく不足しており、仮に輸入制限措置をとった場合、川下産業が国外へ流出する等の悪影響が生じるおそれが考慮され、輸入制限措置の発動には至らなかった[72]。代わりに、バイデン政権は、1962年通商拡大法232条の枠外で、国内生産の支援等、ネオジウム磁石に係るサプライチェーンの強靱化策を講じると発表した。

今後バイデン政権が他の製品に関しても1962年通商拡大法232条に基づく調査を実施するか否か、また調査を経てとられる措置の内容は、特に米国の国内産業と競合する製品の製造や取引にかかわる日本企業にとって注目すべき点となる。

3　サプライチェーン・リスクへの対策

(1)　トランプ前政権下での政策

情報通信機器および次世代自動車等の生産に必要なレアアースを含む希少鉱物の確保は、国家の経済的繁栄および安全保障上重要であるとされる。しかし、米国はその多くを外国からの輸入に依存しており、特にレアアースは8割を中国から輸入している[73]ところ、トランプ前政権下では、中国がレアアース等の対米輸出制限を示唆したこともあり、希少鉱物に関して中国等への依存度を減らし、その安定供給を確保する必要性が一層高まった。

このような背景から、トランプ前大統領は2017年12月に大統領令を発

---

71) U.S. Department of Commerce, "FACT SHEET: Biden-Harris Administration Announces Further Actions to　Secure Rare Earth Element Supply Chain" (21 September 2022)〈https://www.bis.doc.gov/index.php/documents/section-232-investigations/3142-2022-09-fact-sheet-biden-harris-administration-announces-actions-to-secure-rare-earth-element/file〉.

72) U.S. Department of Commerce, "The Effect of Imports of Neodymium-Iron-Boron (NdFeB) Permanent Magnets on the National Security" (September 2022) 98 頁〈https://www.bis.doc.gov/index.php/component/docman/?task=doc_download&gid=3141〉.

73) 2020 年 9 月 30 日付大統領令 13953 (85 FR 62539)〈https://www.federalregister.gov/d/2020-22064〉.

し、希少鉱物の供給途絶に対する米国の脆弱性を低減させるという政策方針を掲げた[74]。当該大統領令に基づき、トランプ前政権は、「重要な（critical）」35 の希少資源を特定するとともに[75]、リサイクルや代替品・技術に関する研究開発の促進等を柱とする希少資源の供給確保に関する戦略を策定した[76]。

さらに、トランプ前政権下では、新型コロナウイルスの蔓延や世界各地での自然災害によってサプライチェーンの寸断が現実化したこと等を契機として、半導体、自動車、医療（医薬品・医療機器・医療資材）等、他の産業分野に係るサプライチェーンに関するリスクも広く認識されるようになった。かかる背景のもとで、たとえば、半導体に関して、連邦議会は、2021 年 1 月に CHIPS for America Act を成立させ[77]、米国における半導体の研究開発および製造を支援するための投資計画や補助金を含む優遇政策の枠組みを策定した。

(2)　バイデン政権下での政策と今後の見通し

バイデン政権も、トランプ前政権下と同様の問題意識のもとで、サプライチェーンの安定強化に取り組んでいる。具体的には、まず、2021 年 2 月に発した大統領令[78] に基づき、同年 6 月、ⅰ半導体製造・先端パッケージング、ⅱ電気自動車用等の大容量電池、ⅲレアアースを含む重要な

74）2017 年 12 月 20 日付大統領令 13817（82 FR 60835）〈https://www.federalregister.gov/d/2017-27899〉。

75）2018 年 5 月 18 日付官報（83 FR 23295）〈https://www.federalregister.gov/d/2018-10667〉。

76）U.S. Department of Commerce, "A Federal Strategy to Ensure Secure and Reliable Supplies of Critical Minerals"（4 June 2019）〈https://www.commerce.gov/data-and-reports/reports/2019/06/federal-strategy-ensure-secure-and-reliable-supplies-critical-minerals〉。その後、トランプ前大統領は、2020 年 9 月 30 日付大統領令 13953（前掲注 73）により、希少鉱物に係る中国等の敵対国家への過度の依存について国家緊急事態法に基づく国家緊急事態を宣言し、関連省庁に対し、輸入制限措置や補助金等のさらなる政策の検討を指示した。

77）CHIPS for America Act は、2021 年度国防権限法（National Defense Authorization Act：NDAA）（Pub. L. 116-283）〈https://www.congress.gov/bill/116th-congress/house-bill/6395/text〉に Title XCIX として盛り込まれた一連の条項の通称である。

78）2021 年 2 月 24 日付大統領令 14017（86 FR 11849）〈https://www.federalregister.gov/d/2021-04280〉。

鉱物・材料、およびiv医薬品・医薬品有効成分の4分野につき、強靭なサプライチェーン構築のための政策提言を公表した[79]。加えて、2022年2月、同大統領令に基づき、ⅴエネルギー、ⅵ運輸、ⅶ農産物・食料品、ⅷ公衆衛生・生物学的事象への備え、ⅸ情報通信技術、およびⅹ防衛の各サプライチェーンについても、同様に政策提言を公表した[80]。

これらの提言された政策には、主な内容として、各種の財政支援（たとえば、米国における先端的な半導体の研究開発および製造を促進するための500億ドル以上の予算、米国産の電気自動車の普及のための購入補助金および税制優遇措置）、政府調達の活用、補助金の使途に係る国産品要件の厳格化、国際通商ルールの強化、同盟国・友好国との連携が含まれている。かかる政策提言の中には中長期的課題として対応すべきものも含まれる一方で、2022年8月に成立したCHIPS and Science Act of 2022に基づく半導体関連の財政支援プログラムの立ち上げ[81]等、すでに実行に移されているものもある。

これらの政策のうち、補助金の交付、税制優遇措置や補助金の使途に係る国産品要件の厳格化は、貿易歪曲効果を有する補助金等の供与を制限するWTOの補助金協定[82]との整合性が問題となりうる。そのため、米国政府によるそのような補助によって競争上の不利益を被る日本企業としては、この先、かかる整合性に関して分析した上で、必要があれば日本政府、業界団体等を通じて、補助金協定への抵触について問題提起をしてい

---

79) The White House, "BUILDING RESILIENT SUPPLY CHAINS, REVITALIZING AMERICAN MANUFACTURING, AND FOSTERING BROAD-BASED GROWTH"（June 2021）〈https://www.whitehouse.gov/wp-content/uploads/2021/06/100-day-supply-chain-review-report.pdf〉.

80) The White House, "The Biden-Harris Plan to Revitalize American Manufacturing and Secure Critical Supply Chains in 2022"（February 24, 2022）〈https://www.whitehouse.gov/briefing-room/statements-releases/2022/02/24/the-biden-harris-plan-to-revitalize-american-manufacturing-and-secure-critical-supply-chains-in-2022/〉.

81) 2022年8月25日付大統領令14080（87 FR 52847）〈https://www.federalregister.gov/d/2022-18840〉。

82) WTOの補助金協定は、輸出補助金および国産品優先補助金を禁止し、それ以外の補助金も市場歪曲効果を生じさせる場合には撤廃等が求められる。補助金協定の概要については、第3章Ⅳ3(2)を参照。

くことが考えられる。一方で、米国において対象事業を行なっている、または行おうとしている日本企業にとっては、かかる補助金を自社が活用したり、またはその前提として、当該補助金プログラムが自社をも対象とするものとしてデザインされるよう米国政府に働きかけたりすることも、検討に値する可能性がある。

4 政府調達における「バイ・アメリカン」政策の強化

(1) トランプ前政権下での政策

米国の連邦政府は年間 6,000 億ドル規模の政府調達を行っているところ[83]、政府調達に関するさまざまな大統領令、法律、規則等に「バイ・アメリカン」または「バイ・アメリカ」と称する政策が導入されており、米国で製造された材料または製品の調達・使用が義務付けられ、または優先されている。かかる政策により、米国は、政府調達から外国製品を排除し、巨額の財政支出により国内製造業を支えている。

たとえば、1933 年バイ・アメリカン法[84]等を根拠とする連邦調達規則（Federal Acquisition Regulation：以下「FAR」という）は、米国政府が調達する最終製品および米国政府の公共工事で使用される建設資材のうち、ⅰ米国内で製造され、かつ、ⅱ最終製品または建設資材を構成する米国産部材のコストが最終製品または建設資材を構成するすべての部材のコスト総額の 55％を超えるものを、「国内最終製品」または「国内建設資材」と定める[85]。その上で、FAR は、連邦政府機関に対し、原則として、「国内最終製品」の調達[86]、および公共工事における「国内建設資材」の使用を義務付けている[87]。

バイ・アメリカン政策は、トランプ前政権時代に繰り返し強化され

83) The White House, "FACT SHEET: Biden-Harris Administration Issues Proposed Buy American Rule, Advancing the President's Commitment to Ensuring the Future of America is Made in America by All of America's Workers" (28 July 2021) 〈https://www.whitehouse. gov/briefing-room/statements-releases/2021/07/28/fact-sheet-biden-harris-administration-issues-proposed-buy-american-rule-advancing-the-presidents-commitment-to-ensuring-the-future-of-america-is-made-in-america-by-all-of-americas/〉.
84) Buy American Act of 1933 (41 U.S.C. Ch. 83).

た[88]。特に重要な点として、米国製の製品および材料の活用の最大化に関する2019年7月15日付大統領令13881に基づき、「国内最終製品」および「国内建設資材」に係る米国産部材比率の基準を50%から55%に引き上げること等を内容とするFAR改正に係る最終規則が策定された[89]ことが挙げられる。

(2) バイデン政権下での政策と今後の見通し

バイデン政権も、国内産業基盤の強化および中間層・労働者層への支援という同政権の重要政策課題の実現のため、バイ・アメリカン政策のさらなる強化を進めている。たとえば、バイデン政権は、2022年10月、バイデン大統領が就任直後に発した大統領令[90]に基づき、「国内最終製品」と「国内建設資材」に係る米国産部材比率の基準を、2024年以降、現行の55

---

85) FAR25.003 の "Domestic end product" および "Domestic construction material"。なお、最終製品のうち、その全体または大部分が鉄鋼で構成されるものには、さらに厳格な基準が適用される。すなわち、かかる鉄鋼製品の場合、最終製品に使用される外国製の鉄鋼のコストが、当該最終製品に使用されるすべての部材のコスト総額の5%未満である場合にのみ、「国内最終製品」となる。

86) FAR25.101。なお、FAR25.103 および 25.202 が、公共の利益との不一致、国内調達が不可能であること、「国内最終製品」または「国内建設資材」の費用が合理的でないこと等の例外条件を規定する。

87) FAR25.201。また、連邦政府機関は、外国産の製品と「国内最終製品」または「国内建設資材」とを比較評価する際、一定の場合には、外国産の製品に係る提示価格を一定の割合で水増しして、「国内最終製品」または「国内建設資材」に係る提示価格を優遇しなければならない（FAR25.105 および 25.204）。

88) トランプ前大統領が発したバイ・アメリカン政策に関する主な大統領令として、各種バイ・アメリカン規定の運用強化等に関する2017年4月18日付大統領令13788（82 FR 18837）〈https://www.federalregister.gov/d/2017-08311〉、インフラプロジェクトにおける米国製品の使用促進に関する2019年1月31日付大統領令13858（84 FR 2039）〈https://www.federalregister.gov/d/2019-01426〉、米国製の製品や材料の活用の最大化に関する2019年7月15日付大統領令13881（84 FR 34257）〈https://www.federalregister.gov/d/2019-15449〉がある。

89) 2021年1月19日付官報（86 FR 6180）〈https://www.federalregister.gov/d/2021-00710〉。上記の FAR 改正は同月21日に発効。「国内最終製品」および「国内建設資材」を優遇するために外国産製品の提示価格に加える水増しの割合を2倍以上に引き上げることも規定された。

90) 2021年1月25日付大統領令14005（86 FR 7475）〈https://www.federalregister.gov/d/2021-02038〉。

％から段階的に75％まで引き上げること等を内容とするFAR改正を施行した[91]。また、バイデン政権が2021年11月に超党派で成立させた1兆ドル規模のインフラ投資雇用法にも、同法に基づくインフラプロジェクトにおいて米国産の鉄鋼、製品および建設資材を使用することを原則として義務付けるバイ・アメリカン規定が含まれている[92]。

　政府調達における国産品優遇は、規律の対象となる政府調達について内外差別を禁じるWTO政府調達協定[93]への抵触が問題となりうる。したがって、さらに強化されるバイ・アメリカン政策によって不利益を被りうる日本企業としては、かかる政策のWTO政府調達協定との整合性について分析の上で、必要に応じて問題提起をすることが考えられる。一方で、米国政府向けに製品を販売するためには、同協定との整合性について留意しつつも、米国政府向けの資材について米国に生産拠点を設けること等も検討する必要があると思われる。

∷ IV　結　び

　本章で分析したとおり、バイデン政権は、技術覇権をめぐる中国との競争、サプライチェーン・リスク、労働や環境に係る国際的な競争条件の公平化といったトランプ前政権との共通の問題意識に基づき、さらには人権保護や気候変動への対応といった、より普遍的な問題意識に基づき、前政権の通商政策を基本的に継承し、強化を進めている（本章冒頭の「本章の主要なポイント」を参照）。したがって、米国の通商政策の影響を受ける日本企業は、これまで以上に米国の動向を注視し、個々の措置に係る分析・対応を進めると同時に、その背景にある問題意識もふまえた戦略を構築し

91）2022年3月7日付官報（87 FR 12780）〈https://www.federalregister.gov/d/2022-04173〉。
92）Public Law 117 - 58 - Infrastructure Investment and Jobs Act〈https://www.govinfo.gov/app/details/PLAW-117publ58〉, §70914.
93）同協定は、対象となる政府調達に際して、外国の産品、サービスおよび供給者に関して、国内の産品、サービスおよび供給者との関係で差別してはならないことを規定する（政府調達協定4条1項）。

ていくことが重要である。米国の種々の通商措置を体系的に整理すること
を試みた本章が、日本企業のそのような取組みの一助となれば幸いであ
る。

第 6 章

欧州の経済安全保障法制

▶▶▶▶▶▶▶

:: Ⅰ　はじめに

　欧州連合（以下「EU」という）は、フォン・デア・ライエン欧州委員会委員長の下、新型コロナウイルス感染症の拡大やロシアによるウクライナ侵略等、急速に変化する環境に応じて、経済安全保障にかかる多様な取組みを進めてきた。

　本章では、EU の経済安全保障政策を概観した後（下記Ⅱ）、近時の EU の経済安全保障にかかる規制のうち、特に日本企業の活動に対して大きな影響を与えうる、デュアルユース品目規則[1]（下記Ⅲ）、外国直接投資審査規則[2]（下記Ⅳ）、外国補助金規則[3]（下記Ⅴ）、反経済的威圧措置規則案[4]（下記Ⅵ）および制裁（下記Ⅶ）の 5 つの制度を整理し、日本企業として留意すべき点を指摘する。本章で取り上げる各制度の概要は、以下のとおりである。

---

1)　規則 2021/821〈https://eur-lex.europa.eu/legal-content/EN/TXT/?uri=CELEX:0202
　　1R0821-20220505〉。
2)　規則 2019/452〈https://eur-lex.europa.eu/legal-content/EN/TXT/?uri=CELEX:0201
　　9R0452-20211223〉。
3)　"Regulation of the European Parliament and of the Council on foreign subsidies distorting the
　　internal market"（16 November 2022）〈https://data.consilium.europa.eu/doc/document/PE-
　　46-2022-INIT/en/pdf〉。
4)　European Commission, "Proposal for a Regulation of the European Parliament and of the
　　Council on the protection of the Union and its Member States from economic coercion by third
　　countries"（8 December 2021）〈https://eur-lex.europa.eu/legal-content/EN/
　　TXT/?uri=CELEX:52021PC0775〉。

図表 2−6−1　近時の EU の経済安全保障にかかる制度概要

	デュアルユース品目規則	外国直接投資審査規則	外国補助金規則	反経済的威圧措置規則案	制裁
法的根拠	共通通商政策	共通通商政策	共通通商政策調和措置	共通通商政策	共通外交・安全保障政策
目的	人権保護・戦略物資の安全なサプライチェーンの支援にかかる EU の能力強化	複数 EU 加盟国 /EU 全体に影響を与える安全保障・公の秩序にかかるリスク特定・対処	市場歪曲的な外国補助金への対処	第三国による経済的威圧措置への対処	紛争予防・危機に対応
内容	デュアルユース品目の輸出、移転、通過、仲介および技術支援の管理ルール	EU 加盟国の投資審査にかかる枠組み、EU 加盟国間および欧州委との協力の仕組み	欧州委の市場歪曲的な外国補助金の審査および是正にかかるルール・手続	経済的威圧措置への EU の対応にかかるルール・手続	EU の制裁措置
状況	施行済み	施行済み	成立済み、未施行	欧州委員会、欧州議会および閣僚理事会が三者対話中	40 以上の制裁を実施中
主に影響を受けうる日本企業の活動	EU からの輸出、EU 域内の輸送、仲介、技術支援	EU への投資	EU 非加盟国からの補助金の受領、EU 企業が関わる企業結合、EU 加盟国の公共調達への参加	対象国 -EU 間の輸出入、対象国を通じた EU へのサービス提供・投資	対象国 -EU 間の輸出入、指定企業・個人が関係する取引

:: Ⅱ　EU の経済安全保障政策

1　民間、防衛および宇宙産業間のシナジーの追求

　フォン・デア・ライエン委員長は、2019 年 12 月の就任時に、欧州の技術的リーダーシップおよび戦略的自律性強化の観点から、「民間、防衛お

よび宇宙産業間の相互肥沃化の確保」を課題として挙げて以降[5]、民間、防衛および宇宙産業間のシナジーの追求を推進してきた。

2020年3月10日に公表された新産業戦略も、EUのプログラムにより、民間、防衛および宇宙の各産業間のシナジーを追求することが、資源・技術の活用および規模の経済の創出につながると指摘している[6]。

さらに、2021年2月22日には、新産業戦略においても予告されていた、「民間、防衛および宇宙産業間のシナジーに関する行動計画」[7]が公表された。同計画は、EUが、2021-2027年の予算において多額の防衛資金を手にし、民間、防衛および宇宙分野に跨がる重要技術への支援拡大が可能になったことを背景に、EUの各種プログラム間のシナジーを創出し、イノベーションを促進する戦略的な枠組みとして策定されている[8]。具体的には、同計画は、以下の3つの目標の下で欧州委員会が採るべき11の行動を提示している[9]。

5）Ursula von der Leyen, "Margrethe Vestager: Executive Vice President for A Europe fit for the Digital Age" (1 December 2019) 〈https://ec.europa.eu/commission/commissioners/sites/default/files/commissioner_mission_letters/mission-letter-margrethe-vestager_2019_en.pdf〉.

6）European Commission, Communication from the Commission to the European Parliament, the Council, the European Economic and Social Committee and the Committee of the Regions, "A New Industrial Strategy for Europe", p. 14 (10 March 2020) 〈https://eur-lex.europa.eu/legal-content/EN/TXT/?uri=CELEX:52020DC0102〉.

7）European Commission, Communication from the Commission to the European Parliament, the Council, "Action Plan on Synergies between civil, defence and space industries" (22 February 2021) 〈https://commission.europa.eu/system/files/2021-03/action_plan_on_synergies_en_1.pdf〉.

8）European Commission, "Questions and Answers: Action Plan on synergies between civil, defence and space industries" (22 February 2021) 〈https://ec.europa.eu/commission/presscorner/detail/en/QANDA_21_652〉.

9）European Commission, supra note 7.

図表2−6−2　民間、防衛および宇宙産業間のシナジーに関する行動計画における3つの目標

シナジー	スピンオフ	スピンイン
投資の効率および成果の有効性を高めるため、EUのプログラムや制度間の補完性を高める	防衛や宇宙を含む研究開発に対するEUの資金が、EU市民に経済的・技術的な配当をもたらすことを促進する	欧州の防衛協力プロジェクトにおける民間企業の研究成果や民間主導のイノベーションの活用を促進する

図表2−6−3　民間、防衛および宇宙産業間のシナジーに関する行動計画における11の行動

1. 安全保障分野におけるケイパビリティー・ドリブン・アプローチの強化
2. EUのプログラム・制度の連携強化
3. スタートアップ、中小企業および研究技術組織への支援
4. 重要技術にかかるイノベーション促進のための技術ロードマップの作成
5. 既存の民生・防衛ハイブリッド規格の使用および新規規格の開発の促進
6. 民間、防衛および宇宙産業間のイノベーションおよび相互肥沃化の促進
7. サイバーセキュリティ・コンペテンス・センターの立ち上げ
8. 破壊的技術の支援
9. ドローン技術プロジェクトの立ち上げ
10. 宇宙グローバル安全通信システムプロジェクトの立ち上げ
11. 宇宙交通管理プロジェクトの立ち上げ

2　重要な技術・バリューチェーンにおける依存の低減

　こうした取組みを進めるなかで、新型コロナウイルス感染症の感染拡大に伴い、特に深刻な問題として認識されてきたのが、重要な技術やバリューチェーンにおける依存である。

　フォン・デア・ライエン委員長は、就任前に示した政治指針において、重要技術分野におけるEUの技術主権に言及している[10]。また、2020年3月10日の新産業戦略も、重要な原材料・技術、食糧、インフラ、安全保

---

10) Candidate for President of the European Commission, Ursula von der Leyen, "Political Guidelines for the next European Commission 2019-2024"〈https://commission.europa.eu/system/files/2020-04/political-guidelines-next-commission_en_0.pdf〉.

障、その他の戦略的分野等の必需品の他国への依存を低減する戦略的自立が、欧州産業界の競争力を高めるとして、外国直接投資審査枠組みの強化等の方針を打ち出していた[11]。これに対し、2021年5月5日の新産業戦略更新版は、新型コロナウイルス感染症がヘルスエコシステムのサプライチェーンを破壊し、自動車産業における半導体不足等の品不足を招いたとして、EUの中核的な利益に影響を与える戦略上の依存を喫緊の課題として捉え、戦略上の依存を低減および防止するための方策を示している[12]。

　欧州委員会は、さらに、2022年2月15日、欧州理事会の要請[13]に応える形で、「安全保障および防衛における重要技術に関するロードマップ」[14]（以下「ロードマップ」という）を公表した。ロードマップは、安全保障および防衛における重要な技術およびバリューチェーンにかかる戦略上の依存を低減するため、欧州委員会が、既存のEUの産業・貿易関連制度の実施や見直しまたは新しい制度の設計を行う際には、安全保障および防衛の観点からも体系的に評価を行うとした上で、以下の施策を示している[15]。

---

11) European Commission, supra note 6, p. 13.
12) European Commission, Communication from the Commission to the European Parliament, the Council, the European Economic and Social Committee and the Committee of the Regions, "Updating the 2020 New Industrial Strategy: Building a stronger Single Market for Europe's recovery", pp. 11-15（5 May 2021）〈https://commission.europa.eu/system/files/2021-05/communication-industrial-strategy-update-2020_en.pdf〉.
13) "Statement of the Members of the European Council", para. 13（26 February 2021）〈https://www.consilium.europa.eu/media/48625/2526-02-21-euco-statement-en.pdf〉.
14) Communication from the Commission to the European Parliament, the Council, the European Economic and Social Committee and the Committee of the Regions, "Roadmap on critical technologies for security and defence"（15 February 2022）〈https://eur-lex.europa.eu/legal-content/EN/TXT/PDF/?uri=CELEX:52022DC0061&from=EN〉.
15) Ibid. pp. 11-13.

図表2-6-4 ロードマップにおける戦略上の依存の低減のための施策概要

産業アライアンス	官民協働産業アライアンスにおいて、戦略上の依存を低減するための取組みを行う
IPCEI	欧州共通利益に適合する重要プロジェクト（IPCEI）において、安全保障および防衛の観点を考慮する
資金提供プログラム	EUの資金提供プログラムにおいて、国際的な義務を遵守しながら、EUの本質的な安全保障上の利益を保護する
標準化	防衛ニーズとの適合性を高めるため、欧州委員会が今後支援する標準化の取組みに防衛要件を含める
外国直接投資審査	外国直接投資がEUの本質的な安全保障上の利益を損なうリスクを防止するため、外国直接投資審査規則が導入された
重要インフラ	新しい破壊的技術が、安全保障および防衛分野の機器、インフラ、サービスおよびサプライチェーンの安全性に影響を与えることを防止するため、EUレベルでの調整が必要となる
原材料の有効的・循環的な利用	資源効率の向上や新素材の開発は、原材料へのアクセス確保につながり、積層造形技術、グリーン調達および原材料のリサイクルは、EUの安全保障・防衛産業の競争力強化に資する
データセキュリティ	民間、防衛および宇宙産業間のクラウドおよびエッジ技術移転を確保することにより、技術面の主権を強化する
通商政策	他国のEUに対する依存（逆依存）および貿易（相互依存）は、グローバルチェーンの安定性に寄与しうる EUは、市場歪曲的な外国補助金の使用を含む、不公正な取引慣行に対して、積極的に行動する

　安全保障・防衛分野の戦略上の依存の問題は、ロシアのウクライナ侵略後に、閣僚理事会が採択した「安全保障および防衛の戦略的羅針盤」においても取り上げられ、EUの防衛分野における投資が安全保障や公の秩序を脅かす場合には、外国直接投資審査枠組みを引き続き使用すること、ロードマップに基づき、研究、技術開発およびイノベーションを促進し、安全保障および防衛における重要な技術およびバリューチェーンにおける戦略上の依存を低減すること等が示されている[16]。

3 共通通商政策に基づく施策

　EU は、共通外交・安全保障政策を策定・実施する権限を有するが[17]、ロードマップが列挙する施策にも示されているとおり、EU の経済安全保障政策は、通商政策を始めとする他の政策の下で策定および実施される施策をも通じて実現されることが想定されている。実際、新産業戦略更新版も、戦略上の依存の問題について、「開かれた戦略的自律性（Open Strategic Autonomy）」を促進する必要があるとしているところ[18]、かかる概念は、2021 年 2 月 18 日の新通商戦略「開かれた、持続可能かつ積極的な貿易政策」[19]（以下「新通商戦略」という）において提示されたものである。

　新通商戦略は、「開かれた戦略的自律性」が、EU の開放性および国際的な関与の機会を最大限活用する一方で、積極的に自国の利益を守り、不公正な貿易慣行から EU 経済を保護し、公正な競争条件を確保することを示すとした上で[20]、公正な競争条件を確保する観点から、経済安全保障にかかる制度を取り上げている。具体的には、同戦略は、EU の安全や公の秩序を保護するため、全 EU 加盟国に、外国直接投資審査制度を構築するよう再度呼びかけるとともに、外国直接投資審査規則が定める協力制度の強化を主張する[21]。また、同戦略は、安全なバリューチェーンの実現、国際平和の促進、人権保護、公正な競争条件の確保のため、EU 加盟国の当局と協力しつつ、デュアルユース品目規則の効果的な実施を確保する必要性を唱える[22]。さらに、同戦略は、新たな課題に対応し、不公正な取引慣

---

16) Council of the European Union, "A Strategic Compass for Security and Defence - For a European Union that protects its citizens, values and interests and contributes to international peace and security", p. 38（21 March 2022）〈https://data.consilium.europa.eu/doc/document/ST-7371-2022-INIT/en/pdf〉.

17) EU 機能条約 2 条 4 項。

18) European Commission, supra note 12, p. 11.

19) European Commission, "Trade Policy Review－An Open, Sustainable and Assertive Trade Policy"（18 February 2021）〈https://trade.ec.europa.eu/doclib/docs/2021/february/tradoc_159438.pdf〉.

20) Ibid. p. 4.

21) Ibid. p. 20.

行から欧州企業および市民を守るための手段を開発する必要があるとして、第三国による経済的威圧および市場歪曲的な外国補助金に対処するための新しい制度も提案するとしている[23]。

　新通商戦略において取り上げられているこれらの制度は、共通通商政策を実施するための枠組みを定める規則[24]として提案されている。規則は、その全体が拘束力を持ち、すべての EU 加盟国において直接適用される[25]。また、共通通商政策は、EU の排他的権限に属することから、EUのみが関連する立法を行い、法的拘束力を有する行為を採択することができる[26]。具体的には、共通通商政策を実施するための枠組みを定める規則は、通常立法手続に基づき、欧州委員会による提案後、欧州議会および閣僚理事会において審議され、欧州委員会、欧州議会および閣僚理事会の三者対話により合意に至れば、欧州議会および閣僚理事会の承認を経て成立する[27]。日本企業としては、EU の経済安全保障にかかる制度が、共通通商政策に基づく規則としても導入されていることを前提に、かかる法的効果や立法手続を念頭に置いて、制度改正や新制度導入の動きおよび運用状況を把握する必要がある。

:: Ⅲ　デュアルユース品目規則

　2021 年 9 月 9 日に施行されたデュアルユース品目規則は、従来の規則を包括的にアップデートすることにより、デュアルユース品目の貿易管理を強化しながら、人権を保護し、戦略的品目の安全なサプライチェーンを支える EU の能力を強化することを意図している[28]。同規則は、EU が排

22）Ibid.
23）Ibid.
24）EU 機能条約 207 条 2 項。
25）EU 機能条約 288 条。
26）EU 機能条約 2 条 1 項および 3 条 1 項(e)号。
27）EU 機能条約 207 条 2 項および 294 条。
28）European Commission, "Strengthened EU export control rules kick in"（9 September 2021）
　〈https://ec.europa.eu/commission/presscorner/detail/en/IP_21_4601〉.

他的権限を有する共通通商政策（EU 機能条約 207 条 2 項）に基づき制定されたが[29]、EU 加盟国が、公共の安全または人権保護の目的で、独自にデュアルユース品目を輸出禁止または輸出許可の対象とすることも認めている[30]。

　以下では、デュアルユース品目規則の規制内容を概観した後、特に日本企業の事業との関係で問題となりうる、デュアルユース品目の EU 域外への輸出に対する規制を整理し、最後に日本企業として留意すべき点を示す。

1　デュアルユース品目規則の規制内容

　デュアルユース品目規則は、民生および軍事目的の双方に使用できる品目（デュアルユース品目）を対象に、EU 域外への輸出（export）、EU 域内の移転（transfer）、EU 域内における非 EU 品の通過（transit）ならびに仲介（brokering）サービスおよび技術支援（technical assistance）の提供を規制している[31]。

　とりわけ、デュアルユース品目規則では、新たな脅威に対処するため、規制対象が拡大されたことが着目される。たとえば、同規則は、外国人の大学課程や産業研修への参加等を通じた EU 域内での技術移転（いわゆるみなし輸出）が統一的に規制されていなかったことをふまえ[32]、電話その他の口頭での支援だけでなく、電子的手段による支援も含め、指示、助言、研修、実務上の知識または技術の伝達、コンサルティングサービス等

---

29) デュアルユース品目の EU 域外への輸出は、もともと、共通通商政策と共通外交・安全保障政策とのそれぞれに基づき規制されていたが、1995 年の司法裁判所の先決裁定を経て、2000 年に共通通商政策に基づく規則に一本化された（かかる経緯については、たとえば、Tamara Perišin and Sam Koplewicz, "The Nexus between the CCP and the CFSP" in Michael Hahn and Guillaume Van der Loo（eds.）, Law and Practice of the Common Commercial Policy: The first 10 years after the Treaty of Lisbon（2020）pp.404-406 参照）。

30) デュアルユース品目規則 9 条 1 項。

31) デュアルユース品目規則 1 条、2 条等。

32) Mark Bromley and Kolja Brockmann, "Implementing the 2021 Recast of the EU Dual-use Regulation: Challenges and Opportunities", p. 5（September 2011）〈https://www.sipri.org/sites/default/files/2021-09/eunpdc_no_77.pdf〉。

の形態をとった修理、開発、製造、組立、試験、メンテナンスその他の技
術サービスに関する技術支援を規制対象とし、EU 域内に一時的に滞在す
る外国人居住者に対して技術支援を提供する者も、「技術支援の提供者」
に含めている[33]。また、デュアルユース品目規則は、「仲介者」の定義を
拡張し、居住または設立国が EU 域内であるか否かにかかわらず、EU 域
内から仲介サービスを提供する自然人・法人を「仲介者」としている[34]。

2 デュアルユース品目の輸出規制

デュアルユース品目規則は、①附属書 I に掲載されている品目のほか、
②附属書 I に掲載されていない品目についても、一定の要件を満たす場
合、EU 域外への輸出について、輸出許可を要求する[35]。

(1) 輸出許可の対象

デュアルユース品目規則は、附属書 I において、以下のカテゴリー別
に、輸出許可の対象となるデュアルユース品目を列挙している。

図表 2−6−5　デュアルユース品目規則附属書 I の対象品目

カテゴリー	対象品目
0	核物質、原子力施設、装置（Nuclear materials, facilities and equipment）
1	特殊素材、関連装置（Special materials and related equipment）
2	材料加工（Materials processing）
3	電子機器（Electronics）
4	コンピュータ（Computers）
5	電気通信、情報セキュリティ（Telecommunications and "information security"）
6	センサー、レーザー（Sensors and lasers）

---

33) デュアルユース品目規則 2 条 9 号および 10 号(c)。
34) デュアルユース品目規則前文 14 項および 2 条 8 号。
35) デュアルユース品目規則 3 条 1 項および 2 項。

7	ナビゲーション、航空電子（Navigation and avionics）
8	海洋（Marine）
9	航空宇宙、推進装置（Aerospace and propulsion）

　附属書Ⅰに列挙されていないデュアルユース品目についても、輸出者が、管轄当局から、(a)化学兵器、生物兵器もしくは核兵器の開発等に関連した用途、(b)購入国もしくは仕向国が武器禁輸措置の対象国である場合の軍事用途、または(c)EU加盟国から、無許可で、もしくは国内法令に定められた許可に違反して輸出された軍事品目の部品・構成品とする用途であるとの通知を受けた場合には、輸出許可が必要となる[36)]。輸出者は、輸出するデュアルユース品目が、こうした用途に供されることを認識した場合、管轄当局に通報しなければならない[37)]。

　また、サイバー監視品目[38)]は、附属書Ⅰに列挙されていなくとも、輸出者が、管轄当局から、国内抑圧や人権・国際人道法の重大な違反行為に関連した用途であるとの通知を受けた場合、輸出許可の対象となる[39)]。輸出者は、デューデリジェンスの結果、附属書Ⅰに記載されていないサイバー監視品目が、こうした用途に供されることを認識した場合、管轄当局に通報しなければならない[40)]。

　さらに、EU加盟国が公共の安全もしくは人権保護の目的から許可要件を課している場合[41)]、またはほかのEU加盟国がそうした許可要件を課している場合であって、輸出者が管轄当局から通知を受けた場合にも、輸出

---

36)　デュアルユース品目規則4条1項。
37)　デュアルユース品目規則4条2項。
38)　情報通信システムからのデータを監視、抽出、収集または分析することにより、自然人の隠れた監視を可能にするために特別に設計されたデュアルユース品目（デュアルユース品目規則2条20号）。
39)　デュアルユース品目規則5条1項。
40)　デュアルユース品目規則5条2項。
41)　EU加盟国は、公共の安全または人権保護の目的で、デュアルユース品目を輸出禁止の対象とすることも認められている（デュアルユース品目規則9条1項）。

許可が必要となる[42]。

(2) 輸出許可の種類

輸出許可を要するデュアルユース品目を EU 域外に輸出する際には、EU 一般輸出許可、加盟国一般輸出許可、個別輸出許可およびグローバル輸出許可のうちいずれか一つが必要となる[43]。

図表 2−6−6　輸出許可の種類

EU 一般輸出許可	附属書 II に記載された、特定の仕向国に対する特定のデュアルユース品目の輸出について、一定の条件および要件を満たす輸出者が利用できる
加盟国一般輸出許可	EU 加盟国が導入している場合、デュアルユース品目規則および EU 加盟国の法令により定められた要件を満たす輸出について、当該 EU 加盟国で居住し、または設立された輸出者が利用できる
個別輸出許可	EU 加盟国の管轄当局が、一国の単一最終需要者・荷受人に対するデュアルユース品目の輸出について、原則として、当該 EU 加盟国で居住し、または設立された輸出者に対して付与する
グローバル輸出許可	EU 加盟国の管轄当局が、1 以上の国の 1 以上の最終需要者に対するデュアルユース品目の輸出について、当該 EU 加盟国で居住し、または設立された輸出者に対して付与する

輸出者は、附属書 II セクション A から H に記載された、特定の仕向国に対する特定のデュアルユース品目の輸出について、一定の条件および要件を満たす場合、EU 一般輸出許可に基づき、簡易手続により対象品目を輸出することができる[44]。日本への輸出については、附属書 II セクション I に列挙された一定の品目を対象とせず、かつ、附属書 II セクション A パート 3 に記載された事項に該当しない場合に、EU 一般輸出許可を利用することができる[45]。また、輸出者は、居住または設立 EU 加盟国が加盟

42）デュアルユース品目規則 9 条 1 項および 10 条 1 項。
43）デュアルユース品目規則 12 条 1 項。
44）デュアルユース品目規則 2 条 15 号および 12 条 1 項。
45）デュアルユース品目規則附属書 II セクション A。

国一般輸出許可を導入している場合には、デュアルユース品目規則および当該 EU 加盟国の法令により定められた要件を満たすことを条件に、簡易手続により対象品目を輸出することができる[46]。

EU 一般輸出許可や加盟国一般輸出許可に基づく簡易手続を利用できない場合、輸出者は、居住または設立 EU 加盟国の管轄当局から、個別輸出許可またはグローバル輸出許可を取得する必要がある[47]。複数の国・最終需要者に対する輸出については、グローバル輸出許可が利用されるが、グローバル輸出許可を利用する輸出者には、原則として、内部コンプライアンスプログラム（最終需要者および最終用途にかかる輸出リスクを評価するデューデリジェンスを含む）の実施が義務付けられている[48]。

なお、デュアルユース品目規則は、個別輸出許可およびグローバル輸出許可の一類型として、特定の大規模プロジェクトの目的で付与される、大規模プロジェクト許可を新設しているが[49]、グローバル輸出許可と比較した利点は、明らかではない。

3 日本企業として留意すべき点

日本企業は、デュアルユース品目規則の施行に伴い、自社の事業やサプライチェーンに対する同規則の影響を改めて精査する必要がある。とりわけ、技術支援や仲介にかかる規制対象の拡大は、輸出入を伴わない EU 域内での日本企業の活動をも制約する可能性がある。また、デュアルユース品目の EU 域外への輸出については、附属書 I に掲載されていなくとも、デュアルユース品目規則または EU 加盟国による規制対象となりうることに注意する必要がある。

---

46) デュアルユース品目規則 2 条 16 号ならびに 12 条 1 項および 6 項。
47) デュアルユース品目規則 12 条 1 項。輸出者の居住および設立国が EU 域外である場合、デュアルユース品目が所在する EU 加盟国から個別輸出許可を取得する（デュアルユース品目規則 12 条 2 項）。
48) デュアルユース品目規則 12 条 4 項および 2 条 21 号。なお、EU 一般輸出許可についても、ソフトウェアおよび技術のグループ内輸出については、内部コンプライアンスプログラムの実施が義務付けられている（附属書 II セクション G パート 3）。
49) デュアルユース品目規則 2 条 14 号。

::: Ⅳ　外国直接投資審査規則

　外国直接投資審査規則は、共通通商政策（EU 機能条約 207 条 2 項）に基
づき制定され、2020 年 10 月 11 日に全面適用が開始した。EU では、近
年、EU 加盟国間の市場の統合の深化、サプライチェーンの相互の結びつ
き、インフラの共通化等を背景に、外国直接投資が投資受入国以外の安全
保障や公の秩序をも脅かしうるとの懸念が強まってきた[50]。外国直接投資
審査規則は、こうした懸念をふまえて、EU 加盟国と欧州委員会との協力
体制を構築することにより、複数の EU 加盟国または EU 全体に影響を与
える安全保障や公の秩序にかかるリスクを特定し、かかるリスクに対処す
ることを目的として制定された[51]。

　以下では、外国直接投資審査規則が定める、EU 加盟国による外国直接
投資審査の枠組みならびに EU 加盟国間および EU 加盟国と欧州委員会と
の間の協力の仕組みを概説した後、外国直接投資等に関するガイダン
ス[52]に言及し、最後に日本企業として留意すべき点を示す。

1　EU 加盟国による外国直接投資審査の枠組み

　外国直接投資審査規則は、EU 加盟国に対して、外国直接投資審査制度
の導入を義務付けるものではない。ただし、欧州委員会は、外国直接投資
審査規則の全面適用開始に先立ち、外国直接投資等に関するガイダンスに
おいて、審査制度が存在しないまたはすべての関連取引を対象としない

50）European Commission, "Frequently asked questions on Regulation（EU）2019/452
　establishing a framework for the screening of foreign direct investments into the Union" p. 3
　（Last update: 22 June 2021）〈https://trade.ec.europa.eu/doclib/docs/2019/june/
　tradoc_157945.pdf〉.

51）Ibid. pp. 3 and 5.

52）European Commission, "Communication from the Commission: Guidance to the Member
　States concerning foreign direct investment and free movement of capital from third countries,
　and the protection of Europe's strategic assets, ahead of the application of Regulation（EU）
　2019/452（FDI Screening Regulation）"（25 March 2020）〈https://eur-lex.europa.eu/legal-
　content/EN/TXT/?uri=celex:52020XC0326（03）〉.

EU 加盟国に対し、本格的な外国直接投資審査制度の導入を要請している[53]。

　EU 加盟国が、安全保障もしくは公の秩序を理由とする外国直接投資審査制度を新設し、または維持する場合、当該審査制度について、以下の事項が求められる[54]。

> ・審査のルールおよび手続の透明性ならびに EU 非加盟国間の非差別性
> ・審査の時間枠の遵守
> ・ほかの EU 加盟国のコメントおよび欧州委員会の意見の考慮
> ・審査の過程で入手する秘密情報（営業秘密を含む）の保護
> ・外国投資家および関連事業者が利用可能な審査決定に対する救済措置
> ・審査制度・決定に対する迂回行為の特定および防止措置の新設または維持

2　EU 加盟国間および EU 加盟国と欧州委員会との間の協力の仕組み

　外国直接投資審査規則は、安全保障や公の秩序に影響を与えうる外国直接投資について、投資受入国が、自ら審査を行うか否かにかかわらず、ほかの EU 加盟国のコメントや欧州委員会の意見を考慮するための仕組みを整えている。ただし、外国直接投資審査規則においても、各投資受入国は、外国直接投資の承認にかかる判断権限を有し、欧州委員会やほかの EU 加盟国が、当該投資を禁止したり、投資実行後に元の状態に戻させたりすることはできない[55]。

53）外国直接投資等に関するガイダンス附属書セクション 3。欧州委員会は、ロシアによるウクライナ侵略後に公表した、ロシアおよびベラルーシからの外国直接投資に関するガイダンスにおいても、両国の投資家による外国直接投資が安全保障または公の秩序に脅威を与える可能性が高まっていることをふまえ、包括的な外国直接投資審査制度を早急に導入するよう要請している（European Commission, "Communication from the Commission: Guidance to the Member States concerning foreign direct investment from Russia and Belarus in view of the military aggression against Ukraine and the restrictive measures laid down in recent Council Regulations on sanctions"（6 April 2022）〈https://eur-lex.europa.eu/legal-content/EN/TXT/?uri=uriserv:OJ.CI.2022.151.01.0001.01.ENG〉）。

54）外国直接投資審査規則 3 条 2 項ないし 6 項。

55）See, European Commission, supra note 50, pp. 12-13.

⑴　投資受入国が外国直接投資審査を行う場合

　投資受入国は、外国直接投資審査を行う場合、欧州委員会およびほかの
EU加盟国に対して、できる限り早く、外国投資家の株主構成ならびに製
品、サービスおよび事業内容、外国直接投資の概算額、資金源および完了
（予定）日等の情報を通知しなければならない[56]。また、投資受入国は、
自国の領域内で行われる外国直接投資が、自国の安全保障または公の秩序
に影響を与える可能性が高いと考える場合、欧州委員会による意見表明ま
たはほかのEU加盟国によるコメントを要請することができる[57]。

　ほかのEU加盟国は、①投資受入国が審査中の外国直接投資が、自国の
安全保障もしくは公の秩序に影響を与える可能性が高いと考える場合、ま
たは②当該審査に関する情報を有する場合、投資受入国に対して、コメン
トを通知することができる[58]。欧州委員会も、①投資受入国が審査中の外
国直接投資が複数のEU加盟国の安全保障もしくは公の秩序に影響を与え
る可能性が高いと考える場合、②当該投資が、安全保障もしくは公の秩序
を理由として、附属書に列挙されたEUの利益にかかるプロジェクト・プ
ログラムに影響を与える可能性が高いと考える場合、または③当該投資に
関する情報を有する場合、投資受入国に対して、意見を表明することがで
きる[59]。ほかのEU加盟国および欧州委員会は、これに加え、投資受入国
に対し、追加の情報を提供するよう要請することもできる[60]。

　投資受入国は、こうしたほかのEU加盟国のコメントおよび欧州委員会
の意見を十分に考慮しなければならない[61]。また、EUの利益にかかるプ
ロジェクト・プログラムに関する欧州委員会の意見については、投資受入
国は、最大限に考慮し、当該意見に従わない場合は欧州委員会に対して説
明を行わなければならない[62]。ただし、最終的な審査決定は、審査を行っ

56）外国直接投資審査規則6条1項および9条2項。
57）外国直接投資審査規則6条4項。
58）外国直接投資審査規則6条2項。
59）外国直接投資審査規則6条3項ならびに8条1項および3項。
60）外国直接投資審査規則6条6項。
61）外国直接投資審査規則6条9項。
62）外国直接投資審査規則8条2項(c)号。

た投資受入国が行う[63]。

(2) 投資受入国が外国直接投資審査を行っていない場合

投資受入国は、自国の領域内で行われる外国直接投資が、自国の安全保障または公の秩序に影響を与える可能性が高いと考える場合、自ら審査を行っていない場合であっても、欧州委員会による意見表明またはほかのEU加盟国によるコメントを要請することができる[64]。また、ほかのEU加盟国および欧州委員会も、投資受入国に対し、情報提供を要請し、外国投資の完了後15ヶ月以内に、コメントの通知または意見の表明を行うことができる[65]。投資受入国は、当該コメントおよび意見を十分に考慮し、特にEUの利益にかかるプロジェクト・プログラムに関する欧州委員会の意見については、最大限に考慮し、当該意見に従わない場合は欧州委員会に対して説明を行わなければならない[66]。

(3) 投資が安全保障または公の秩序に影響を与える可能性にかかる考慮要素

外国直接投資が安全保障または公の秩序に影響を与える可能性について判断する際、EU加盟国および欧州委員会は、以下の事項に対する潜在的な影響を考慮することができる[67]。

・重要インフラおよび重要インフラの使用に不可欠な不動産
・重要技術およびデュアルユース品目
・重要な投入物（エネルギー、原材料等）の供給および食料安全保障
・機密情報（個人データを含む）へのアクセスまたは機密情報をコントロールする能力

---

63) 外国直接投資審査規則6条9項。
64) 外国直接投資審査規則7条3項。
65) 外国直接投資審査規則7条1項、2項、5項および8項、8条1項および3項ならびに9条2項。
66) 外国直接投資審査規則7条7項および8条2項(c)号。
67) 外国直接投資審査規則4条1項。

　また、EU 加盟国および欧州委員会は、かかる判断の際に、外国投資家について、EU 非加盟国の政府による支配、EU 加盟国の安全保障・公の秩序に影響を与える活動への関与および違法行為・犯罪行為への関与にかかる深刻なリスクを考慮することもできる[68]。

3　外国直接投資等に関するガイダンス

　外国直接投資等に関するガイダンスは、新型コロナウイルス感染症に伴い生じた経済的脆弱性をふまえ、外国投資に対する開放性を損なうことなく、特に保健、医療研究、バイオテクノロジー、インフラといった、安全保障や公の秩序に不可欠な分野における EU 企業および重要資産を保護することを目的として公表された[69]。

　同ガイダンスは、EU 加盟国に対して、本格的な外国直接投資審査制度の導入を要請した上で、外国直接投資審査について、以下の指摘を行っている[70]。

・投資受入国が自ら投資審査を行っていない場合であっても、外国直接投資の完了後 15 ヵ月以内であれば、ほかの EU 加盟国や欧州委員会がコメントを通知しまたは意見を表明できることから、投資受入国は、そうしたコメントや意見をふまえて必要な措置を採ることができる。
・外国直接投資に該当しないポートフォリオ投資は、投資先に対する実効的な支配が必ずしも容易ではないため、安全保障や公の秩序の観点から問題になりにくい場合が多いが、各 EU 加盟国の会社法に基づき一定の権利が付与されるような割合の出資が行われる場合には問題となりうる[71]。
・EU 加盟国は、外国直接投資に対して、投資審査以外にも、一定の投資を阻止または制限することが可能な拒否権付株式（いわゆる黄金株）を活用

68）外国直接投資審査規則 4 条 2 項。
69）European Commission, "Coronavirus: Commission issues guidelines to protect critical European assets and technology in current crisis"（25 March 2020）〈https://ec.europa.eu/commission/presscorner/detail/en/IP_20_528〉.
70）外国直接投資等に関するガイダンス附属書セクション 3 および 4。

することができる。
・EU 加盟国は、対象会社の資本市場における評価額が本来的な価値をはるか
　に下回っていると考えられる場合、公共の利益の保護に対する実際のまた
　は潜在的な影響（たとえば、必要不可欠な物資・サービスの提供について、
　EU 非加盟国の外国投資家に過度に依存することに繋がるか）を考慮して制
　約を課すことを検討しうる。

　外国直接投資等に関するガイダンスは、一時的に導入されているもの
の、ガイダンスの内容またはその影響が継続的に残る可能性がある点にも
留意する必要がある。

4　日本企業として留意すべき点

　外国直接投資審査規則は、投資審査制度の導入を EU 加盟国に義務付け
るものではないが、同規則の制定後、各 EU 加盟国は、既存の投資審査制
度の改革または新たな投資審査制度の導入を進めている[72]。また、外国直
接投資審査規則は、EU レベルの外国直接投資審査制度を創り出すもので
はないが、EU 加盟国間および欧州委員会との協力体制を構築することに
より、個々の外国投資家による投資状況を EU 全体として把握することに
も資する。さらに、外国直接投資審査規則は、協力体制の構築に加え、各
EU 加盟国の投資審査制度に最低限求められる基準を設定し、外国投資の
安全保障または公の秩序への影響にかかる考慮要素を示すことにより、
EU 加盟国間での投資審査手続および審査結果のばらつきや不整合を減ら

71）ロシアおよびベラルーシからの外国直接投資に関するガイダンスは、ロシアやベラルーシ
　　の政府が、EU 域内のロシアやベラルーシの投資家に対する支配または指示を通じて、EU
　　における重要な活動を妨害する強い動機を持つと指摘した上で、ロシアやベラルーシの団
　　体が最終的にコントロールする投資を念頭に、ポートフォリオ投資に加え、他の EU 加盟国
　　の企業が行う EU 域内の直接投資についても、資本の自由移動および設立の自由（EU 機能
　　条約 49 条および 63 条）を含む EU 法に整合する限り、EU 加盟国が審査することができる
　　と指摘している。
72）各 EU 加盟国における審査制度の導入状況は、欧州委員会のウェブサイトで確認することが
　　でき、2022 年 5 月 10 日時点では、18 加盟国の投資審査制度が掲載されている（European
　　Commission, "List of screening mechanisms notified by Member States"（Last update: 10
　　May 2022）〈https://trade.ec.europa.eu/doclib/docs/2019/june/tradoc_157946.pdf〉。

すことにもつながると考えられる。

　日本企業としては、今後 EU 域内で外国直接投資審査が厳格化する可能性も視野に入れ、EU レベルの取組みとともに、各 EU 加盟国の投資審査制度にかかる進展も、注視する必要がある。

:: V　外国補助金規則

　外国補助金規則は、共通通商政策を実施するための枠組みを定める措置（EU 機能条約 207 条 2 項）かつ域内市場の確立および機能を目的とする各国法の調和措置（EU 機能条約 114 条）として提案され、2022 年 11 月 28 日に成立した。

　同規則は、今後、EU 官報への掲載から 20 日後に発効し、それから 6 ヵ月後に適用が開始する[73]。

　外国補助金規則は、欧州委員会が、職権により、または企業結合もしくは公共調達にかかる事前届出に基づき、域内市場を歪曲させる外国補助金を審査し、かかる外国補助金による歪曲を是正するためのルールおよび手続を定めている[74]。以下では、外国補助金規則が制定された背景を述べた後、同規則の規制内容を概説し、最後に日本企業として留意すべき点を示す。

1　外国補助金規則が制定された背景

　現行の EU 国家補助（State aid）規制[75] は、EU 加盟国が付与する補助金にのみ適用され、EU 非加盟国が付与する補助金は、EU 域内市場に影響を及ぼすものであっても適用対象とならない[76]。また、EU 非加盟国に

73）外国補助金規則 54 条 1 項および 2 項。
74）外国補助金規則 1 条 1 項参照。
75）EU 機能条約 107 条ないし 109 条。
76）外国補助金規則前文 5 項および European Commission, "Questions and Answers: Proposal for new Regulation to address distortions caused by foreign subsidies in the Single Market"（5 May 2021）〈https://ec.europa.eu/commission/presscorner/detail/en/qanda_21_1984〉。

よる補助金を受けた産品の輸入は、WTO 補助金協定の規律および EU の貿易救済措置の対象となりうるが、これらの規律は、投資、買収または調達手続における入札を支援する補助金や、サービス提供にかかる補助金には適用されない[77]。外国補助金規則は、かかる既存のツールを補完して、外国補助金による EU 域内市場の歪曲に効果的に対処し、公正な競争条件を確保する新しい仕組みとなることを意図して制定された[78]。

2　外国補助金による域内市場の歪曲

　外国補助金規則は、「域内市場を歪曲」させる「外国補助金」を規制する。

(1)　外国補助金

　「外国補助金」は、EU 非加盟国により提供される「資金的貢献」が、EU 域内で経済活動を行う事業者に利益をもたらし、かつ当該資金的貢献が一つまたは複数の事業者または産業に限定して供与されている場合に、存在するとみなされる[79]。

　外国補助金の交付主体となる EU 非加盟国としては、①中央政府およびその他のレベルの公的な政府機関（public authorities）、②その行為を外国政府に帰属させられる外国の公的主体（a foreign public entity）および③その行為を外国政府に帰属させられる私的主体（a private entity）が挙げられており[80]、交付主体が、中央政府や地方自治体に限定されない点に注意を要する。とりわけ、②外国の公的主体については、その該当性を判断する際に、主体の特徴や、当該主体が事業活動を行う国の法的および経済的環境（経済における政府の役割も含む）を考慮するとされているが[81]、それ以上の具体的な判断要素は示されていない。そのため、どのような主体が規

77）同上。
78）外国補助金規則前文 6 項。1 条 1 項も参照。
79）外国補助金規則 3 条 1 項。
80）外国補助金規則 3 条 2 項。
81）外国補助金規則 3 条 2 項。

制対象となるかは今後の動向を注視する必要があるものの、政府系金融機関や官民ファンドなどは、当該主体に該当すると判断される可能性がある。

「資金的貢献」には、政府や公的機関による、①資本注入、補助金・交付金、融資・融資保証、債務免除などの資金または債務の移転、②免税措置などの本来得るべき歳入の放棄または十分な対価を伴わない特別なもしくは排他的な権利の付与および③物品・サービスの提供または購入が含まれる[82]。また、そうした「資金的貢献」は、事業者が、民間投資家の投資慣行、市中金利、比較可能な税制、物品やサービスに対する適切な対価等の比較指標に基づき、通常の市場条件では得られない場合に、事業者に利益をもたらすと考えられる[83]。

(2) 域内市場の歪曲

「域内市場の歪曲」は、①外国補助金が域内市場における事業者の競争上の地位を向上させる効果があり、②①によって域内市場の競争に、実際にまたは潜在的に悪影響が生じる場合に存在するとみなされる[84]。

具体的には、かかる歪曲の有無は、(a)補助金の額、(b)補助金の性質、(c)事業者の状況（規模、市場・産業セクター等）、(d)事業者の経済活動の程度および展開ならびに(e)補助金の目的、条件および用途を考慮して判断される[85]。ただし、外国補助金規則自体も、外国補助金が域内市場に与える影響を明確に特定または定量化することは困難であることを認めており[86]、こうした考慮要素がどのように用いられるかについて、今後の動向を注視する必要がある。

また、外国補助金規則は、域内市場を歪曲する可能性が高い外国補助金の類型として、破綻企業の救済補助金（適切な再建計画を欠く場合）、限度

---

82) 外国補助金規則3条2項。
83) 外国補助金規則前文13項。
84) 外国補助金規則4条1項。
85) 外国補助金規則4条1項。
86) 外国補助金規則前文18項。

額または期限の定めのない保証、OECD 公的輸出信用アレンジメントに沿わない輸出金融措置、企業結合を直接的に推進する補助金、および不当に有利な入札を可能とする補助金を挙げている[87]。他方で、事業者に対する外国補助金は、連続する 3 年の総額が、(a) 400 万ユーロを超えない場合、域内市場を歪曲する可能性が低く、(b) 1 国あたり 20 万ユーロを超えない場合、域内市場を歪曲しないとされている[88]。

3　審査の内容

　欧州委員会は、職権により、または企業結合もしくは公共調達にかかる事前届出に基づき、域内市場を歪曲させる外国補助金を審査する。

(1)　職権による審査

　欧州委員会は、市場歪曲的な外国補助金にかかるあらゆる情報に基づき、審査を開始し、情報提供の要請や EU 域内外での検査を行うことができる[89]。この職権審査については、あらゆる種類ないし性質の市場歪曲的な外国補助金が審査の対象になると考えられる。

　審査を経て、外国補助金による域内市場の歪曲が認められる場合、欧州委員会は、外国補助金による域内市場の歪曲にかかる負の効果と、域内市場における関連する経済活動の発展等にかかる正の効果との比較検討結果を考慮した上で、是正措置を命じ、または事業者が域内市場の歪曲を十分に除去する確約を提示した場合には、当該確約を受け入れることができる[90]。外国補助金規則は、是正措置・確約として、外国補助金によって取得等されたインフラ（研究施設、生産設備等）へのアクセスの提供、生産能力または市場プレゼンスの縮小（一時的な経済活動の制限を含む）、特定

---

87) 外国補助金規則 5 条 1 項。
88) 外国補助金規則 4 条 2 項および 3 項。また、自然災害または例外的な出来事により生じた損害を補填することを目的とする外国補助金は、域内市場を歪曲しないとされる可能性がある（4 条 4 項）。
89) 外国補助金規則 9 条 1 項、10 条 1 項、11 条 1 項、13 条、14 条および 15 条。
90) 外国補助金規則 6 条、7 条ならびに 11 条 2 項および 3 項。

の投資を行わないこと、外国補助金によって取得等された資産についての
ライセンス供与、研究開発成果の公表、特定の資産の売却、企業結合の解
消、外国補助金の払い戻し、およびガバナンス体制の整備を例示してい
る[91]。

(2) 企業結合の事前届出に基づく審査

　企業結合（合併、買収またはジョイントベンチャーの設立）を行う事業者
は、以下2つの要件を満たす場合、原則として、欧州委員会に対する事前
届出を行わなければならない[92]。

① 合併企業のうち少なくとも1社、買収対象企業またはジョイントベンチャーが、EU域内で設立され、EU域内で5億ユーロ以上の売上高を有する
② 企業結合の当事会社ら[93]が、契約締結、公開買付けの公告または支配権の取得から過去3年の間に、EU非加盟国から合計5,000万ユーロを超える資金的貢献を受けている

　①売上高および②資金的貢献の額を算定する際には、当事会社グループ
全体、すなわち、当事会社のほか、当事会社が過半数の持ち分・議決権を
有する事業者や当事会社に対してそうした支配を有する事業者が算定対象
となる[94]。

　欧州委員会は、原則として、届出から25営業日以内に1次審査を行い、
その後、必要に応じて、90営業日以内に2次審査を行う[95]。また、職権
による審査の場合と同様、欧州委員会は、情報提供の要請やEU域内外で
の検査を行うことができる[96]。当事会社は、欧州委員会が審査を行ってい

---

91) 外国補助金規則7条4項。
92) 外国補助金規則20条1項ないし3項および21条1項。
93) 買収の場合、買収者および被買収者を、合併の場合、合併する事業者を、ジョイントベンチャーの場合、ジョイントベンチャーを設立する事業者およびジョイントベンチャーをいう。
94) 外国補助金規則22条4項および23条。
95) 外国補助金規則25条2項および4項。
96) 外国補助金規則25条1項ならびに10条1項、11条1項、13条、14条および15条。

る期間中、原則として、当該企業結合を行うことができない[97]。

2次審査の後、外国補助金による域内市場の歪曲を認めた場合、欧州委員会は、企業結合を禁止し、または事業者が域内市場の歪曲を十分に除去する確約を提示した場合には、当該確約を受け入れることができる[98]。

(3) 公共調達の事前届出に基づく審査

公共調達に参加する事業者は、以下2つの要件を満たす場合、契約官庁または契約主体に対して、EU非加盟国からのすべての資金的貢献について事前届出を行わなければならない[99]。

---

① 公共調達の推定額が2億5,000万ユーロ以上である
② 事業者（商業的自律性のない子会社、持株会社ならびに同一の入札に関与する主要な下請事業者および供給事業者を含む）が、過去3年の間に、EU非加盟国から1国あたり400万ユーロ以上の資金的貢献を受けている

また、届出義務を負わない事業者も、EU非加盟国から受領した資金的貢献のリストを申告書に記載し、届出義務を負わないことを確認しなければならない[100]。

欧州委員会は、原則として、届出から20営業日以内に1次審査を行い、その後、必要に応じて、届出から110営業日以内に2次審査を行う[101]。また、職権による審査の場合と同様、欧州委員会は、情報提供の要請やEU域内外での検査を行うことができる[102]。2次審査の後、事業者が域内市場を歪曲する外国補助金により利益を受けていると認められる場合、欧州委員会は、①事業者が域内市場の歪曲を十分に除去する確約を提示した場合には、かかる確約を受け入れ、②事業者が確約を提示しない場合、または不十分な確約を提示した場合には、当該事業者との公共調達契約の締

---

97) 外国補助金規則24条1項。
98) 外国補助金規則25条3項a号およびc号ならびに11条3項。
99) 外国補助金規則28条1項および29条1項。
100) 外国補助金規則29条1項。
101) 外国補助金規則30条2項および5項。
102) 外国補助金規則30条1項ならびに10条1項、11条1項、13条、14条および15条。

結を禁止する[103]。

4　制裁金および履行強制金

　事業者が、審査において、不完全、不正確または誤解を招く情報を提供
したり、検査に応じない等の場合、欧州委員会は、年間総売上高の1％以
下の制裁金または1日あたり平均総売上高の5％以下の履行強制金を課す
ことができる[104]。また、事業者が是正措置や確約にかかる決定に従わな
い場合、欧州委員会は、年間総売上高の10％以下の制裁金または1日あ
たり平均総売上高の5％以下の履行強制金を課すことができる[105]。

　企業結合については、欧州委員会は、上記制裁金または履行強制金に加
え、事業者が届出において不正確または誤解を招く情報を提供した場合、
年間総売上高の1％以下の制裁金を課すことができる[106]。また、事業者
が、①事前届出を行わなかった場合、②届出後の待機期間内に企業結合を
実施した場合、③欧州委員会が禁止した企業結合を実施した場合、または
④届出要件を迂回し、もしくは迂回を試みた場合、年間総売上高の10％
以下の制裁金を課すことができる[107]。

　公共調達については、欧州委員会は、上記制裁金または履行強制金に加
え、事業者が届出または申告書において不正確または誤解を招く情報を提
供した場合、年間総売上高の1％以下の制裁金を課すことができる[108]。
また、事業者が、①届出を行わなかった場合、または②届出要件を迂回
し、もしくは迂回を試みた場合、年間総売上高の10％以下の制裁金を課
すことができる[109]。

103）外国補助金規則31条1項および2項。
104）外国補助金規則17条1項ないし3項。
105）外国補助金規則17条5項。
106）外国補助金規則26条1項および2項。
107）外国補助金規則26条3項。
108）外国補助金規則33条1項および2項。
109）外国補助金規則33条3項。

5　日本企業として留意すべき点

　外国補助金規則は、いかなる場合に外国補助金が域内市場の歪曲効果を有すると判断されるかについて、一定額以下の外国補助金を除外するほかは、域内市場を歪曲する可能性が高い外国補助金の類型を示すにとどまり、現時点で詳細なガイドラインが示されているわけではないことから、同規則の適用開始後に欧州委員会から措置を命じられるリスクの程度は、未だ明らかではない。

　ただし、実際に欧州委員会から措置を命じられる可能性が低い場合であっても、企業結合や公共調達に参加する企業は、外国補助金規則の定める基準を満たす場合に欧州委員会への届出が義務付けられることにより、相当程度の手続的な負担が生ずることが予想される。とりわけ、届出基準は、事業者に利益が発生しているか否かにかかわらず、「資金的貢献」の額を閾値としていることから、政府・公的機関との取引や政府系金融機関から受けた融資・融資保証は、民間企業・金融機関と同等の条件であったとしても、算入対象となることに注意を要する。

　そのため、特に、EU企業との合併、EU企業の買収またはEUにおけるジョイントベンチャーの設立を予定している日本企業および公共調達に参加する可能性のある日本企業は、日本を含むEU非加盟国から受けた、または受ける見込みのある「資金的貢献」をリストアップすることが求められる。その際には、資金の出し手が、「公的主体」であるか否かの検討も求められよう。

　また、そうした日本企業は、欧州委員会の審査に基づく是正措置を避けるため、高額の「資金的貢献」については、通常の市場条件で得られたこと（「利益」をもたらすものではないこと）を示す準備もしておくことが望ましい。さらに、実際の企業結合や公共調達にあたっては、かかる資金的貢献が、利益をもたらすか否かに関わらず、いずれにしてもEU市場の歪曲を生じさせないとの議論を構築しておくことが必要になると考えられる。

　このような準備にあたっては、外国補助金規則は、現段階では不明確な点も多いため、最新の議論についての情報収集が必要になる。また、「補

助金」について類似の定義を用いる WTO 補助金協定の解釈に関する先例や、EU 国家補助に関する規則における先例を参照することも有益となると考えられる。

:: VI 反経済的威圧措置規則案

　欧州委員会は、2021 年 12 月 8 日、反経済的威圧措置規則案を公表した。反経済的威圧措置規則案は、共通通商政策に基づき提案され、通常立法手続に基づき審議されており、現在、欧州委員会、欧州議会および閣僚理事会が、三者対話を行っている[110]。同規則が成立すれば、第三国が、気候変動、税制、食品安全等の分野で EU の政策変更を迫る目的で行う、貿易または投資制限に対抗するための、新たな手段となると期待されている[111]。

　以下では、反経済的威圧措置規則案の概要および日本企業として留意すべき点を示す。

1 経済的威圧措置

　反経済的威圧措置規則案において、「経済的威圧措置」は、①貿易もし

---

110) 欧州議会は、2022 年 10 月 19 日に、閣僚理事会は、同年 11 月 16 日に、それぞれ反経済的威圧措置規則案に係る立場を採択している（European Parliament, "Legislative Observatory"〈https://oeil.secure.europarl.europa.eu/oeil/popups/ficheprocedure.do?reference=2021/0406 (COD)&l=en>; European Parliament, Committee on International Trade, "Report on the proposal for a regulation of the European Parliament and of the Council on the protection of the Union and its Member States from economic coercion by third countries"（13 October 2022）<https://www.europarl.europa.eu/doceo/document/A-9-2022-0246_EN.html>; Council of the European Union, "Proposal for a Regulation of the European Parliament and of the Council on the protection of the Union and its Member States from economic coercion by third countries（First reading）- Mandate for negotiations with the European Parliament"（16 November 2022）〈https://data.consilium.europa.eu/doc/document/ST-14837-2022-INIT/en/pdf〉）。

111) European Commission, "EU strengthens protection against economic coercion"（8 December 2021）〈https://ec.europa.eu/commission/presscorner/detail/en/IP_21_6642〉. 反経済的威圧措置規則案前文 6 項および 7 項ならびに 1 条も参照。

くは投資に影響を与える措置を適用し、または適用を威嚇することによって、②EUまたはEU加盟国による特定の行為の中止、変更または採用を阻止もしくは獲得しようとすることにより、EUまたはEU加盟国の正当な主権的選択を妨害することとして定義されている[112]。具体的には、EUの貿易相手国が、EUによる法的取組を方向付け、または措置の導入自体を阻止するため、追加的・差別的な輸入関税の導入、ビジネスに必要な認可の意図的な遅延・拒否、特定のEU加盟国の製品に対する差別的な選択的国境検査・安全検査、国家主導のボイコット等の措置を採ることが想定されている[113]。実際、ドムブロウスキス欧州委員会上級副委員長は、中国によるリトアニア製品の輸入制限等の措置[114]についてWTOの協議要請を行った際に、反経済的威圧措置規則導入の必要性を改めて主張しており[115]、こうした措置が「経済的威圧措置」の一例として捉えられていると考えられる。

2 経済的威圧措置への対応措置

反経済的威圧措置規則案の下では、欧州委員会が第三国による措置を「経済的威圧措置」として認定した場合、第一段階として、当該第三国との対話による経済的威圧の停止が目指される。欧州委員会は、まず、当該第三国に対して、経済的威圧措置として認定した旨を通知するとともに、経済的威圧の停止に加え、必要に応じて、EUまたはEU加盟国が被った

---

112) 反経済的威圧措置規則案 2 条 1 項。

113) European Commission, "Questions and Answers: Commission proposal for an Anti-Coercion Instrument" (8 December 2021) 〈https://ec.europa.eu/commission/presscorner/detail/en/qanda_21_6643〉.

114) 当該措置は、リトアニアにおいて台湾代表事務所が開設されたことに対して採られたものであると報じられている (Financial Times, "Lithuania tests the EU's resolve on Chinese economic coercion" (13 February 2022) 〈https://www.ft.com/content/77adb343-6196-4d66-af84-995c05db7b6c〉)。

115) European Commission, "Statement by Executive Vice-President Valdis Dombrovskis on Launch of Case at World Trade Organization" (27 January 2022) 〈https://ec.europa.eu/commission/commissioners/2019-2024/dombrovskis/announcements/statement-executive-vice-president-valdis-dombrovskis-launch-0_en〉.

損害の補償を要請する[116]。また、欧州委員会は、当該第三国との直接交渉、調停、紛争解決手続といった手段を通じて経済的威圧の停止を求め、関連する国際フォーラムに問題提起を行う[117]。

　欧州委員会は、①こうした手段を採っても、合理的期間内に、経済的威圧の停止および損害の補償に至らなかった場合であって、② EU および EU 加盟国の利益および権利を守るために必要であり、かつ③ EU の利益になる場合、EU 加盟国の代表で構成される委員会による審査手続における特定多数決を得て、EU の対応措置（response measure）を定めた実施行為を採択する[118]。さらに、欧州委員会は、原則として、実施行為の採択時に、当該第三国に対して、経済的威圧を速やかに停止するよう求め、解決策を交渉するよう申し出るとともに、経済的威圧を停止しない限り対応措置が適用されることを通告する[119]。

　反経済的威圧措置規則案は、対応措置として採りうる措置として、関税の賦課、輸出入の制限、サービスや投資の制限、知的財産権の保護の制限、銀行・保険業務の制限等、幅広い措置を挙げている[120]。ただし、こうした対応措置が採られた場合、① WTO 加盟国が自国の利益の無効化・侵害の是正を求める場合に、紛争解決に係る規則および手続に関する了解（以下「DSU」という）の定める手続により解決を図ることを義務付けた規定（DSU23 条）や、②各対応措置に関連する実体規律等、WTO 協定との整合性が問題となる可能性が指摘されている[121]。

3　日本企業として留意すべき点

　反経済的威圧措置規則が成立した場合、日本の措置が「経済的威圧措

---

116) 反経済的威圧措置規則案 4 条。
117) 反経済的威圧措置規則案 5 条。
118) 反経済的威圧措置規則案 7 条 1 項および 15 条 2 項ならびに規則 182/2011 第 5 条 1 項および 2 項〈https://eur-lex.europa.eu/legal-content/EN/TXT/?uri=CELEX:32011R0182〉。
119) 反経済的威圧措置規則案 7 条 2 項および 3 項。
120) 反経済的威圧措置規則案 7 条 1 項および附属書 I。
121) 経済産業省「2022 年版不公正貿易報告書」442 頁〈https://www.meti.go.jp/shingikai/sankoshin/tsusho_boeki/fukosei_boeki/report_2022/pdf/2022_02_15.pdf〉。

置」として認定されなくとも、第三国の「経済的威圧措置」への対応措置
により、当該第三国における拠点から EU に対する製品輸出、EU 拠点で
使用するための当該第三国からの原材料の輸入、EU 拠点を通じた当該第
三国への投資等、日本企業の取引が広く制約されることになる可能性があ
る。また、手続面としても、制裁措置と比較し、EU 加盟国による全会一
致の決定を要することなく対応措置を採ることができる点が、同規則の実
際の影響を拡大させる可能性がある。こうした潜在的な影響の大きさに鑑
み、日本企業は、同規則案の審議動向のみならず、同規則が成立した場合
には、その運用についても、十分に注視する必要がある。

:: Ⅶ 制 裁

　制裁は、EU の共通外交・安全保障政策に不可欠な手段であり、EU は、
制裁を通じて、紛争を予防し、または危機に対応するために必要な介入を
行いうる[122]。具体的には、EU は、制裁により、問題となる悪質な行為に
関与した EU 非加盟国や団体・個人を対象として、政策や行動に変化をも
たらすことを意図している[123]。
　EU は、現在、40 以上の制裁を導入しているところ[124]、近時の制裁と
しては、ロシアによるウクライナのドネツクおよびルハンスクの「独立」
承認ならびにウクライナへの侵略を受けて導入・強化された[125]、ロシア
に対する一連の制裁措置（以下「対ロシア制裁」という）が、日本企業に対
しても少なくない影響を及ぼすとして、注目されている。
　以下では、EU の制裁の基本的枠組みを示した後、EU の対ロシア制裁

---

122) European Commission, "Overview of sanctions and related tools"〈https://finance.ec.europa.
　　eu/eu-and-world/sanctions-restrictive-measures/overview-sanctions-and-related-tools_en〉.
123) Ibid.
124) EU が現在実施している制裁措置は、European Commission, "EU Sanctions Map"〈https://
　　www.sanctionsmap.eu/〉に一覧化されている。
125) Council of the EU and European Council, "EU sanctions against Russia explained"〈https://
　　www.consilium.europa.eu/en/policies/sanctions/restrictive-measures-against-russia-over-
　　ukraine/sanctions-against-russia-explained/〉.

を概説する[126]。

1 EUの制裁の基本的枠組み

(1) 制裁措置の種類・対象

　EUの制裁は、EU非加盟国や団体・個人を対象に、武器禁輸、入域制限、資産凍結や輸出入制限その他経済的措置を課すものである[127]。このうち、武器禁輸および入国制限は、EU加盟国に対して法的拘束力を有する閣僚理事会決定[128]にのみ定められている[129]。これに対し、資産凍結や輸出入制限その他経済的措置は、閣僚理事会決定に基づき採択される閣僚理事会規則[130]にも定められ、EUの管轄下にあるすべての団体・個人に対して法的拘束力を有する[131]。

(2) 制裁措置の採択・実施

　EUの制裁措置は、以下の手続を通じて採択され、実施される。

---

126) なお、EUは、ベラルーシに対する制裁措置も導入しているが、本章では、日本企業への影響が特に大きいと考えられる対ロシア制裁に絞って概説する。

127) European Commission, supra note 122.

128) EU条約29条。

129) European Commission, "Frequently asked questions: Restrictive measure（sanctions）"（26 February 2022）〈https://ec.europa.eu/commission/presscorner/detail/en/qanda_22_1401〉. ただし、技術援助や資金援助の提供の禁止等、武器禁輸に関連する条項の一部は、閣僚理事会規則に定められている（同上）。

130) EU機能条約215条1項および2項。

131) European Commission, supra note 129.

図表 2-6-7　EU 制裁措置の採択および実施の流れ

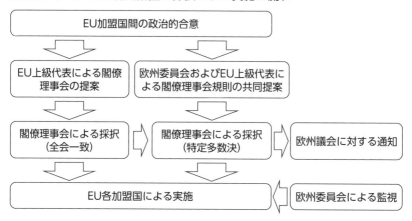

　EU 加盟国が制裁措置について政治的合意に達した場合[132]、EU 外務・安全保障政策上級代表（以下「EU 上級代表」という）[133]が閣僚理事会決定案を、EU 上級代表と欧州委員会とが共同で閣僚理事会規則案を、それぞれ作成する[134]。閣僚理事会決定案は、閣僚理事会の準備機関が検討した後[135]、閣僚理事会が全会一致で採択する[136]。閣僚理事会規則案は、閣僚理事会の準備機関が検討した後[137]、閣僚理事会が特定多数決により採択し、欧州議会に通知する[138]。

　制裁の適用および執行の最終責任は、EU 加盟国にある[139]。EU 加盟国は、制裁に違反する可能性がある事例について調査を行い、閣僚理事会規則の規定に違反した場合の罰則を定め、かかる規定を実施するために必要

---

132) Ibid.

133) EU 上級代表は、欧州理事会が、欧州委員会委員長の同意を得て、特定多数決により任命する（EU 条約 18 条 1 項）。

134) EU 条約 30 条 1 項および EU 機能条約 215 条 1 項。

135) Council of the EU and European Council, "Adoption and review procedure for EU sanctions" 〈https://www.consilium.europa.eu/en/policies/sanctions/adoption-review-procedure/〉.

136) EU 条約 29 条および 31 条 1 項。

137) Council of the EU and European Council, supra note 135.

138) EU 機能条約 215 条 1 項。

139) European Commission, supra note 129.

な措置を講じる[140]。

　また、欧州委員会は、制裁の統一的な適用を確保するために監視する役割を担っている。具体的には、欧州委員会は、EU加盟国の管轄当局に対して、関連する特定の条項の解釈について意見を述べ、その実施について指針を示すほか、義務を履行していないEU加盟国に対しては、義務不履行訴訟を提起することができる[141]。

2　EUの対ロシア制裁

　EUは、ロシアによるクリミアおよびセヴァストーポリの違法な併合ならびにウクライナの意図的な不安定化に対して、2014年3月に一連の制裁措置を導入した後、段階的に対ロシア制裁を強化してきた[142]。とりわけ、EUは、ロシアによるウクライナのドネツクおよびルハンスクの「独立」承認ならびにウクライナへの侵略を受けて、2022年2月23日以降、制裁パッケージの形で、新たな制裁措置を導入し、既存の制裁措置を強化している[143]。2022年11月30日時点では、8つの制裁パッケージが導入されている。

---

140) Ibid. なお、閣僚理事会は、2022年11月28日、EUレベルで犯罪の定義および罰則に関する最低限のルールを定めることができる犯罪類型（EU機能条約83条1項）に、EUの制裁措置への違反を追加する閣僚理事会決定を採択した（閣僚理事会決定2022/2332〈https://eur-lex.europa.eu/legal-content/EN/TXT/?uri=uriserv:OJ.L_.2022.308.01.0018.01.ENG〉）。かかる閣僚理事会決定を受けて、今後、欧州委員会が、EUの制裁措置違反にかかる犯罪の定義および罰則に関する最低限のルールを定める指令案を提示すると考えられる（Council of the EU, "Sanctions: Council adds the violation of restrictive measures to the list of EU crimes"（28 November 2022）〈https://www.consilium.europa.eu/en/press/press-releases/2022/11/28/sanctions-council-adds-the-violation-of-restrictive-measures-to-the-list-of-eu-crimes/〉）。

141) EU機能条約258条。

142) European Commission, "Sanctions adopted following Russia's military aggression against Ukraine"〈https://finance.ec.europa.eu/eu-and-world/sanctions-restrictive-measures/sanctions-adopted-following-russias-military-aggression-against-ukraine_en〉.

143) Ibid.

(1) 対ロシア制裁の概要

EU の対ロシア制裁には、①特定の個人・団体を対象とする措置、②経済制裁および③特定の地域との経済関係の制限が含まれている。

①特定の個人・団体に対する制裁は、ウクライナの領土の一体性、主権および独立の侵害に関与した個人および団体を対象に、資産凍結、資金および経済的資源供与の禁止ならびに EU への入域禁止を定めている[144]。

②経済制裁は、金融、貿易、エネルギー、交通、技術および防衛の各分野を標的にして[145]、各種制裁措置を定めている（図表2−6−8参照）[146]。このうち、金融制裁は、ロシアによる EU の資本市場へのアクセスを遮断し、制裁対象企業の借入コストを増加させ、ロシアの産業基盤を徐々に破壊するとともに、ロシアの主要な銀行の金融取引を阻害することを意図している[147]。また、防衛分野では、ロシアの軍産複合体の機密部門を標的に、デュアルユース品目の輸出規制を強化・拡大し、重要な先端技術へのロシアのアクセスを制限している[148]。さらに、EU は、G7 その他の同志国とともに、2022年3月15日付で、ロシアに対して WTO 協定における最恵国待遇の供与を停止し、ロシアに多額の利益をもたらす物品等の輸入

---

144) 閣僚理事会決定 2014/145/CFSP 第1条1項、2条1項および2項ならびに附属書〈https://eur-lex.europa.eu/legal-content/EN/TXT/?uri=CELEX:02014D0145-20221114〉、閣僚理事会規則 269/2014 第2条1項および2項、3条1項ならびに附属書Ⅰ〈https://eur-lex.europa.eu/legal-content/EN/TXT/?uri=CELEX:02014R0269-20221114〉。ウクライナの国家資金を不正流用した個人についても、資産凍結ならびに資金および経済的資源供与の禁止が定められている（閣僚理事会決定 2014/119/CFSP 第1条1項および2項ならびに附属書〈https://eur-lex.europa.eu/legal-content/EN/TXT/?uri=CELEX:02014D0119-20220913〉、閣僚理事会規則 208/2014 第2条1項および2項、3条1項ならびに附属書Ⅰ〈https://eur-lex.europa.eu/legal-content/EN/TXT/?uri=CELEX:02014R0208-20220913〉）。

145) Council of the EU and European Council, "EU restrictive measures against Russia over Ukraine (since 2014)"〈https://www.consilium.europa.eu/en/policies/sanctions/restrictive-measures-against-russia-over-ukraine/〉.

146) 閣僚理事会決定 2014/512/CFSP〈https://eur-lex.europa.eu/legal-content/EN/TXT/?uri=CELEX:02014D0512-20221007〉、閣僚理事会規則 833/2014〈https://eur-lex.europa.eu/legal-content/EN/TXT/?uri=CELEX:02014R0833-20221007〉。

147) European Commission, EU sanctions against Russia following the invasion of Ukraine〈https://eu-solidarity-ukraine.ec.europa.eu/eu-sanctions-against-russia-following-invasion-ukraine_en〉.

148) Ibid.

を禁止したほか、EUへの依存度が高い物品等の輸出を禁止することにより、ロシアの技術基盤や産業力の弱体化を狙っている[149]。

③特定の地域との経済関係の制限は、ロシアによるクリミアおよびセヴァストーポリの違法な併合に加え、ドネツク州およびルハンスク州の非政府支配地域の独立した地域としての承認ならびにロシア軍の派遣決定、さらにはドネツク州、ルハンスク州、ザポリッジャ州およびヘルソン州の一部地域の違法な併合を受けて導入され[150]、輸出入の制限等の措置（図表2－6－8参照）を通じて、これらの地域との経済関係を制限している[151]。

図表2－6－8　EUの対ロシア制裁の概要[152]

①　特定の個人・団体を対象とする措置	
・　資産凍結 ・　資金および経済的資源供与の禁止 ・　EUへの入域禁止	
②　経済制裁	
金融制裁	・　特定のロシアの銀行および企業に対するEUの一次市場および二次市場へのアクセス制限 ・　ロシア中央銀行との取引禁止 ・　ロシアの特定の銀行のSWIFTからの排除 ・　ロシアへのユーロ紙幣の提供の禁止 ・　ロシアへの公的融資・投資の禁止

149）Ibid.
150）Council of the EU and European Council, supra note 145; Council of the EU, "EU adopts its latest package of sanctions against Russia over the illegal annexation of Ukraine's Donetsk, Luhansk, Zaporizhzhia and Kherson regions"（6 October 2022）〈https://www.consilium.europa.eu/en/press/press-releases/2022/10/06/eu-adopts-its-latest-package-of-sanctions-against-russia-over-the-illegal-annexation-of-ukraine-s-donetsk-luhansk-zaporizhzhia-and-kherson-regions/〉.
151）閣僚理事会決定2014/386/CFSP〈https://eur-lex.europa.eu/legal-content/EN/TXT/?uri=CELEX:02014D0386-20220622〉、閣僚理事会規則692/2014〈https://eur-lex.europa.eu/legal-content/EN/TXT/?uri=CELEX:02014R0692-20221006〉、閣僚理事会決定2022/266/CFSP〈https://eur-lex.europa.eu/legal-content/EN/TXT/?uri=CELEX:02022D0266-20221007〉、閣僚理事会規則2022/263〈https://eur-lex.europa.eu/legal-content/EN/TXT/?uri=CELEX:02022R0263-20221007〉。
152）2022年11月30日時点における主な制裁措置を示している。

	・ ロシア直接投資基金が共同出資するプロジェクトへの投資・出資の禁止
	・ ロシア国民・居住者およびロシア企業・ロシア系企業からの高額の預金受入れの禁止
	・ ロシア国民・居住者およびロシア企業に対する高額の暗号資産サービスの提供禁止
	・ ロシア国民・居住者およびロシア企業・ロシア系企業に対する信託の提供禁止
エネルギー	・ ロシアからの石炭および原油・石油製品の輸入禁止 ・ ロシアの石油の第三国向け輸送についての上限価格の設定 ・ ロシアへの石油精製に関する物品・技術の輸出禁止 ・ ロシアのエネルギーセクターへの新規投資の禁止
交通	・ ロシア航空機の EU 領空通過禁止 ・ ロシア船舶の EU 港湾への入港禁止 ・ ロシアの道路運送事業者の EU への入域禁止 ・ ロシアへの航空、海事および宇宙産業に関する物品および技術の輸出禁止
防衛	・ ロシアへのデュアルユース品目の輸出禁止 ・ 量子コンピュータ、先端半導体、精密機械および化学品の輸出禁止 ・ 武器、民生用銃器、弾薬、軍用車両および準軍事装備の貿易の禁止
原材料その他の物品	・ ロシアからの鉄鋼、木材、セメント、プラスチック、ゴム製品、高級魚介類、蒸留酒、宝飾品および化粧品等の輸入制限 ・ ロシアへの奢侈品の輸出禁止 ・ ロシアからの金の輸入禁止 ・ ロシアの産業力強化に寄与する物品の輸出禁止
サービス	・ 暗号資産ウォレット、アカウントおよび保管サービスの提供禁止 ・ 会計・監査または税務コンサルティングサービス、経営コンサルティングサービス、建築・エンジニアリングサービス、IT コンサルタントサービスおよび法務サービスの提供禁止
その他	・ ロシア国民・居住者およびロシア企業・ロシア系企業による公共調達への参加禁止 ・ ロシアの公的機関への財政支援の禁止 ・ EU 域内におけるロシア国営メディアのコンテンツの放送禁止

③ クリミア・セヴァストーポリおよびドネツク州・ルハンスク州・ザポリッジャ州・ヘルソン州の非政府支配地域との経済関係の制限

・ 物品の輸入禁止
・ 貿易および投資の制限
・ 観光サービスの提供禁止
・ 特定の物品・技術の輸出禁止

(2)　対ロシア制裁の適用範囲

　閣僚理事会規則に定められた対ロシア制裁にかかる各種措置は、以下の範囲で適用される[153]。

①	EU 域内
②	EU 加盟国の管轄下にある航空機・船舶の機内
③	EU 加盟国の国民（EU 域内に所在するか否かを問わない）
④	EU 加盟国の法に基づき設立された法人（EU 域内に所在するか否かを問わない）
⑤	EU 域内で全部または一部を行う事業に関して、すべての法人

3　日本企業として留意すべき点

　EU の制裁は、対ロシア制裁において明示されているとおり、EU 加盟国の法に基づき設立された法人に対して適用されるほか、EU 非加盟国の法に基づき設立され、EU 域外に所在する法人に対しても、適用される可能性がある。したがって、EU 域内に子会社や支店を有し、または EU 域内で事業を行う日本企業は、制裁措置に違反する取引がないか、自社の取引を精査する必要がある。たとえば、対ロシア制裁では、指定された個人・団体に対する資金・経済的資源の供与が禁止されることから、そうした個人・団体が取引関係者やその株主に含まれるか否かを確認し、当該取引が間接的な資金・経済的資源の供与として制裁措置に違反しないか、慎重に判断する必要がある。

　また、EU 域内で事業を行っていない日本企業も、制裁の適用を受ける企業が取引に関与する場合には、EU の制裁の影響を受ける可能性がある。たとえば、EU への輸入が禁止される物品を購入する際には、EU 域内を通過して、または EU の航空機や船舶により、当該物品を輸送することができない。また、対ロシア制裁では、指定された個人・団体に対する資金・経済的資源の供与が禁止されることから、指定された企業や指定さ

153）閣僚理事会規則 208/2014 第 17 条、閣僚理事会規則 269/2014 第 17 条、閣僚理事会規則 692/2014 第 10 条、閣僚理事会規則 2022/263 第 15 条、閣僚理事会規則 833/2014 第 13 条。

れた個人・団体により所有またはコントロールされる企業に対する EU の
銀行を通じた支払いが制限される可能性がある。さらに、対ロシア制裁で
は、銀行間決済に用いられる SWIFT からロシアの金融機関が排除された
ことにより、ロシア企業との間の決済が困難になるケースも想定される。

EU は、今後も、状況の変化に応じて、制裁措置を導入・強化すること
が十分に考えられることから、日本企業は、最新の制裁内容および動向を
注視し、制裁措置の影響を精査する必要がある。

:: Ⅷ　おわりに

本章で整理したとおり、近年、EU は、新たな経済安全保障上の課題に
対処するため、共通外交・安全保障政策に基づく措置だけではなく、共通
通商政策に基づく規則としても、各種制度を導入し、または導入を検討し
ている。

こうした制度は、日本や日本企業の活動が EU の経済安全保障に対する
脅威となるか否かにかかわらず、制度設計や運用次第で、日本企業による
EU 域内からの輸出入や EU 域内での事業活動・投資に対しても、大きな
影響を与える可能性がある。また、日本企業の事業活動が直接規制の対象
にならなくとも、サプライチェーンが影響を受けることにより、間接的に
日本企業の事業活動にまで影響が及ぶ可能性もある。

そのため、現時点で本章で分析した各種施策の対象となる取引を行って
いなくとも、EU の経済安全保障政策や経済安全保障にかかる制度導入の
動きおよび運用状況を随時把握し、影響を分析することが重要である。ま
た、そうした分析に基づき、自社のビジネスに不利に働きうる規制に関し
ては、WTO 協定との整合性もふまえて、政府や業界団体等を通じたアプ
ローチも含め、EU の関係者に対して早期に働きかけを行うことを視野に
入れることが望ましい。

第7章

日本の経済安全保障法制

▶▶▶▶▶▶▶▶

∷ I　はじめに

　日本政府は、国際情勢の複雑化や社会経済構造の変化に対応するため、日本の安全保障を確保するための経済分野の課題に対するさまざまな取組みを行っており、本章ではそれらの取組みについて概説する。

　なお、本章において、「経済安全保障」という用語を用いているが、日本政府が「経済施策を一体的に講ずることによる安全保障の確保の推進に関する法律」（令和4年法律43号。以下「推進法」という）の法案制定・法案審議の過程において説明を行った、「我が国の主権や独立、国民の生命や財産」などの「国益を経済面から確保すること」を意味するものとして話を進めることにしたい。

> （本章の主要なポイント）
> ● 2019年前後から2022年にかけて行われた、政府の経済安全保障の法制度にかかる以下の取組みを概説するとともに、将来の課題・今後の展望について言及する。
> ① 自律性の向上のための施策
> ・サプライチェーン強靭化
> ・基幹インフラ機能の安全性・信頼性確保
> ・重要土地等調査法に基づく重要な土地の調査・管理
> ② 優位性・不可欠性向上のための施策
> ・安全保障貿易管理の強化（みなし輸出管理対象の明確化、リスト規制貨物・技術の輸出等に係る輸出者等遵守基準の強化）
> ・外国投資家による対日投資審査制度の強化等（2020年の外為法改正、

指定業種の見直し）
・先端的な重要技術の開発支援制度の創設
・特許出願の非公開化制度の創設
・研究インテグリティの確保

コラム4：「経済安全保障」について

　2022年5月に成立した、経済安保推進法の法案制定・国会審議の過程において、「経済安全保障」は何か、という点が一つの議論対象となった。
　「経済安全保障」については、論者によってさまざまな意味で使用される多義的な概念であり＊1、たとえば、「経済的な手段を通じて、国民の生命と財産の安全および国家としての価値の保全を保障すること」＊2や「安全保障のための経済的手段」＊3といった説明がなされているが＊4、政府与党である自民党は、新国際秩序創造戦略本部（2021年10月に、経済安全保障対策本部に名称変更）は、2020年12月に、推進法の制定に向けた提言（以下「自民党提言」という）の中で「経済安全保障」を「わが国の独立と生存及び繁栄を経済面から確保すること」と定義した。
　その後成立した推進法においては、「経済安全保障」についての定義は置かれなかったが＊5、推進法の目的（第1条）規定を通じて、この法律は、「安全保障を確保するため」、「経済活動に関して行われる国家及び国民の安全を害する行為を未然に防止する」べく「経済施策を一体的に講じること」を目的としていることが明らかにされている。法案の担当大臣である小林鷹之前経済安全保障担当大臣も、法案審議においては、「我が国の主権や独立、国民の生命や財産、こうした国益を経済面から確保すること」、あるいは、さらにわかりやすく説明する観点から、「経済安全保障」の意味については、「国家そして国民の安全を経済面から確保すること」と説明しており＊6、自民党提言や推進法上の目的規定に沿った考え方をとっているようである。
　このように日本政府は、推進法に基づく施策を含めた、日本政府の現在の取組みおよび将来の取組みの方向性を一体的・統一的に説明する観点から、その概念は広くとらえつつ、経済安全保障に関する各種の施策については、①自律性の向上（日本の社会経済活動の維持にとり重要な産業が抱える脆弱性を把握・分析した上で、かかる脆弱性を解消するための方策を実施）、②優位性不可欠性の確保（世界の産業構造の中、他国にとり「不可欠」な存在となることで、経済安全保障上の抑止力を確保）、③基本的価値やルールに基づく国際秩序の維持強化という3つを目標として設定した上で、各種の取組みについて、これらの3つの目標との関係性において説明をしている。

本章では、「経済安全保障」の文脈においてどのような施策が行われ、経済活動にいかなる影響が生じうるかという点に着目しつつ概観することを目的としており、「経済安全保障」の概念整理を主な目的とするものではないため、政府の定義、文脈に従って、説明を試みることとしている＊7。

＊1 長谷川将規『経済安全保障』（日本経済評論社、2013）17頁。

＊2 鈴木一人「現代的経済安全保障の論点」外交 Vol.68（2021年7/8月号）16頁。

＊3 ＊1の17頁。

＊4 これとは区別すべき概念として、「経済的な手段を用いて自らの政治的意思を強制し、国家戦略上の目標を実現すること」と定義されるエコノミック・ステイトクラフト（Economic Statecraft, ES）がある（定義は、村山裕三教授の定義による（村山裕三編著『米中の経済安全保障戦略』（芙蓉書房出版、2021）11頁）。ESと自民党提言の定義に従った場合の、「経済安全保障」の差異について、鈴木一人教授は、「ESは、国家の主体的な行為として他国に何らかの意図をもって、経済手段を通じて影響力を行使し、ESを発動する国家の望む結果が得られるかどうかが問題になるのに対し、経済安保は他者による意図的な行為であれ、災害などの非意図的な現象であれ、国家にとって、その存在を脅かす事象に対処することが目的となる。このように理解する限り、ESは「攻め」の性格を持つ行為であり、経済安保は「守り」を固めるための方法と見ることが出来るであろう。その観点からすると、両者は異なる概念」とする（鈴木一人「検証　エコノミック・ステイトクラフト」国際政治205号（2022）9頁）。

＊5 定義が置かれなかった理由については、法制上「安全保障」という概念と区別して定義する必要がなかったことや、外縁を確定することにより、想定していな事態に機動的に対応することが出来なく可能性があるため、定義規定を置かなかったのではないか、ということが推測されるが、推進法の審議の過程では政府からは特段の説明はなされていないようである。

＊6 参議院内閣委員会、経済産業委員会連合審査会1号令和4年4月26日小林国務大臣答弁、衆議院内閣委員会11号令和4年3月23日小林国務大臣答弁など。

＊7 2021年の骨太方針（経済財政運営と改革の基本方針2021（2021年6月18日閣議決定）25頁）および「経済安全保障上の主要課題」（内閣官房）（https://www.cas.go.jp/jp/seisaku/keizai_anzen_hosyo/dai1/shiryou3.pdf）など。

図表2−7−1　現状認識と経済安全保障の推進に向けた目標・アプローチ

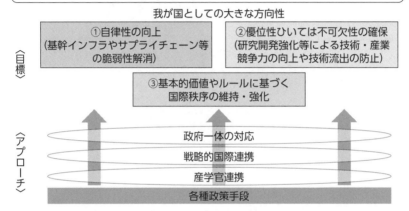

現状認識と経済安全保障の推進に向けた目標・アプローチ

○　感染症の世界的流行、大規模サイバー攻撃や国際テロ等により、国際情勢が一段
と複雑化。従前の想定を超えるリスクが顕在化し、国民生活・経済に影響。
○　また、AIや量子などの革新的な技術の研究開発を各国が進めるなど、安全保障の
裾野が経済・技術分野に急速に拡大。
○　こうした中、各国とも産業基盤強化の支援、機微技術の流出防止や輸出管理強化
等の経済安全保障の関連施策を推進・強化。

我が国としての大きな方向性

①自律性の向上
（基幹インフラやサプライチェーン等
の脆弱性解消）

②優位性ひいては不可欠性の確保
（研究開発強化等による技術・産業
競争力の向上や技術流出の防止）

③基本的価値やルールに基づく
国際秩序の維持・強化

〈目標〉

〈アプローチ〉

政府一体の対応

戦略的国際連携

産学官連携

各種政策手段

出典：経済安全保障推進会議（第1回）の配賦資料「経済安全保障の推進に向けて　令
和3年11月19日」[1] 1頁の図

:: Ⅱ　日本政府の経済安全保障に関する取組み

　日本における、経済安全保障分野における近年の取組みとしては、輸出
入規制等の罰則等の強化や対内直接投資に係る無届事案への措置命令の導
入等を行った2017年の外国為替及び外国貿易法（昭和24年法律228号、
以下「外為法」という）の改正（同年10月施行）や、上場会社を対象とする
対内直接投資についての事前届出の閾値の引き下げ、役員の選任等の投資
実行後の行為について事前届出対象とすることなどを内容とする、2019
年11月に成立した外為法の改正（2020年5月施行）など、主として輸出

---

1) https://www.cas.go.jp/jp/seisaku/keizai_anzen_hosyo/dai1/shiryou3.pdf

管理や投資審査制度の強化を通じた機微な技術流出対策という形で行われてきたが、2020年前後からさらにその対象が拡大多様化し発展している[2]。

図表2－7－2　近年の経済安全保障関連政策等（概要）

年	月	近年の経済安全保障関連政策等（概要）
2018	12	IT調達に係る国の物品等又は役務の調達方針及び調達手続きに関する申合せ（関係省庁申合せ）
2019	8	外為法の事前届出対象業種にソフトウェア・ITサービス、半導体関連業等を追加
	11	改正外為法（上場企業投資への閾値を10%→1%等）成立
2020	4	国家安全保障局（NSS）に経済班設置
	6	改正外為法完全適用 外為法の事前届出対象業種に感染症に対する医薬品・医療機器関連業種を追加
	12	自民党新国際秩序創造戦略本部提言「『経済安全保障戦略策定』に向けて」
2021	6	重要土地等調査法成立
	10	外為法の事前届出対象業種にレアアース等の重要鉱物資源関係業種を追加
	12	競争的研究資金に関するガイドラインを改訂（外国資金の受入状況の開示）
2022	5	推進法成立／外為法上のみなし輸出規定の明確化
	8	推進法のサプライチェーン強靱化、官民技術協力部分の施行／ 内閣府に経済安全保障推進室を設置
	9	重要土地等調査法施行／推進法基本指針閣議決定
	10	自民党経済安全保障推進本部提言「わが国が目指すべき経済安全保障の全体像について～新たな国家安全保障戦略策定に向けて～」
	11	推進法のサプライチェーン強靱化部分に係る支援対象物資・取組方針案の公表

---

2) これら拡大・多様化の要因は複合的なものであり、また個々の施策ごとの趣旨・目的や規制内容は異なってはいる。あえて一言でいうと、推進法の1条の目的規定にある、「国際情勢の複雑化、社会経済構造の変化等」ということになろうが、より具体的には、以下のような理由が挙げられるのではないかと思われる。

- 情報通信をはじめとする分野での急速な技術革新により、軍事技術と民間技術の境界が曖昧になった結果、民間技術の軍事転用により安全保障に影響が生じるリスクが高まっているところ、米中の戦略的競争や中国の軍民融合政策等の政策もあいまって、先端技術などの機微技術の管理が一層重要重要となってきたこと
- 先端技術を新たに開発・実用化することが、各国の優位性を確保する観点から重要であることが認識されたこと
- DX化や情報通信技術の進展を通じて、重要インフラ、企業情報や個人情報を守るサイバーセキュリティ対策の重要性が飛躍的に高まったこと
- 新型コロナウイルス感染症の拡大やロシアによるウクライナへの侵攻により、重要物資のサプライチェーンの脆弱性が顕在化し、効率的かつ強靱なサプライチェーンの構築に取組む必要性が高まったこと

まず、2020年4月、内閣官房に設置されている国家安全保障局（国家安全保障会議の事務局であり、国家安全保障に関する外交・防衛政策の基本方針や重要事項の企画・立案および総合調整の機能を有する）に経済分野を専門とする経済班が設置された。

　また、2020年12月には、与党自由民主党の政調会新国際秩序創造戦略本部（2021年10月に、経済安全保障対策本部に名称変更）の提言（以下「自民党提言」という）が公表され（12月16日）、「経済安全保障戦略」の策定と実施を求めるとともに、「経済安全保障」を「わが国の独立と生存及び繁栄を経済面から確保すること」と定義したうえで、「2022年の通常国会における「経済安全保障一括推進法（仮称）」の制定を目指す」ことなどの提言が行われた。

　その後、2021年6月18日、「政府の経済財政運営と改革の基本方針2021」、「成長戦略実行計画」、「統合イノベーション戦略2021」が閣議決定されたが、これらの方針としても、経済安全保障が政府の政策の柱の一つとして位置づけられるとともに、取り組むべき諸課題が明確化された。

　同月には、経済産業省の、産業構造審議会通商・貿易分科会安全保障貿易管理小委員会において、「みなし輸出」管理の運用明確化を盛り込んだ中間報告が発表されるとともに（6月10日公表）、一定の重要施設や国境離島の周辺区域の土地等を、「注視区域」として指定したうえで、政府が当該注視区域内にある土地等の利用状況についての調査を実施し、一定の場合に勧告・命令をすること等を可能とする、「重要施設周辺及び国境離島等における土地等の利用状況の調査及び利用の規制等に関する法律」（令和3年法律84号、以下「重要土地等調査法」という）が成立し、公布された（6月23日公布）。

　2021年10月の岸田内閣発足にあたっては、経済安全保障担当大臣が置かれ、岸田総理は、所信表明演説において、わが国の経済安全保障を推進するための法案の策定を表明した。

　同年11月には、内閣総理大臣を議長、関係閣僚をメンバーとする「第1回経済安全保障推進会議」[3]が開催され、多岐にわたる課題の中で立法措置を講ずることによりまず取り組むべき分野として、①重要物資や原材

料のサプライチェーンの強靭化、②基幹インフラ機能の安全性・信頼性の確保、③官民で重要技術を育成・支援する枠組み、④特許非公開化による機微な発明の流出防止の4分野が示された。

　その後2021年11月から、2022年2月までにかけて、学識経験者、産業界の代表者、経済安全保障施策に詳しい識者などにより構成される有識者会議[4]が計4度開催され、有識者会議を通じてまとめられた提言（2022年2月1日付「経済安全保障法制に関する提言」[5]。以下「有識者会議提言」という）をふまえた、「第2回経済安全保障推進会議」[6]において、岸田総理より上記4分野について、「必要な法整備を速やかに整えなければならない。」こととされ（議事要旨より）、その後2022年の通常国会における法案審議を経て、2022年5月に上記①〜④の分野を柱とする推進法が成立した（5月8日公布）[7]。

　また同じ5月には、「みなし輸出」管理の運用明確化に関連する省令・通達が施行・適用された。

　翌月6月には、2022年度の骨太方針（経済財政運営と改革の基本方針2022（6月7日閣議決定）[8]）において「新しい資本主義実現のための基礎的条件は国家の安全保障」としつつ、「エネルギーや食料を含めた経済安全保障の徹底は、国際環境の変化に応じた新しい資本主義の根幹」として引き続き経済安全保障が重要であることが謳われるとともに（20頁）、図表2-7-3の施策が政府方針として掲げられた。

　2022年8月1日には、推進法の骨格部分にあたる総則および組織規制、

3）https://www.cas.go.jp/jp/seisaku/keizai_anzen_hosyo/dai1/gijisidai.html
4）https://www.cas.go.jp/jp/seisaku/keizai_anzen_hosyohousei/index.html
5）https://www.cas.go.jp/jp/seisaku/keizai_anzen_hosyohousei/dai4/teigen.pdf
6）https://www.cas.go.jp/jp/seisaku/keizai_anzen_hosyohousei/dai2/gijisidai.html
7）なお、国家安全保障局は、国家安全保障会議設置法上、国家安全保障会議の事務を処理することとされているところ（12条）、従来、国家安全保障会議の審議事項としては、「国家安全保障に関する外交政策、防衛政策の基本方針並びにこれらの政策に関する重要事項」（2条1項11号）が掲げられていたが、推進法の制定の際、附則による改正により、「防衛政策及び経済政策の基本方針並びにこれらの政策に関する重要事項」として、「経済政策」が追加されている（附則10条）。
8）https://www5.cao.go.jp/keizai-shimon/kaigi/cabinet/2022/2022_basicpolicies_ja.pdf

支援措置である、①重要物資や原材料のサプライチェーンの強靱化、③官民で重要技術を育成・支援する枠組みが他の部分に先行して施行された。

　2022 年 9 月には、重要土地調査法等の基本方針が閣議決定されるとともに、法律の本体部分が施行され（9 月 16 日）、また、推進法の基本方針等が閣議決定された（9 月 30 日）。10 月には、自民党経済安全保障推進本部より、日本が目指す経済安全保障の全体像、具体的なアプローチとともに、「経済安全保障戦略（仮称）」の策定を念頭におきつつ、新たな国家安全保障戦略に反映すべき内容を示すものとして、「わが国が目指すべき経済安全保障の全体像について〜新たな国家安全保障戦略策定に向けて〜」との提言が行われ、公表された[9]。

図表 2−7−3　2022 年度の骨太方針における経済安全保障に関する主な施策

新国家安全保障戦略	・　経済安全保障を重要課題として位置付け
基幹産業が直面するリスク	・　リスクの総点検・評価 / 脆弱性を解消するための取組を定式化し継続・深化
推進法の着実な施行	・　半導体・重要鉱物・電池・医薬品等の重要物資について金融支援・助成などの必要な支援措置を整備することで安定供給を早急に確保 ・　基幹インフラの事前審査制度に関する相談窓口設置 ・　シンクタンクの立上げ / 経済安全保障重要技術育成プログラムの強化（5,000 億円の支援規模を目指す） ・　非公開特許制度の円滑な施行に向けた取組み
投資審査	・　地方支分部局も含めた情報収集・分析・モニタリング等の強化、指定業種の在り方について検討
ウクライナ侵略をふまえた同志国等との連携強化	・　新たな安全保障貿易管理の枠組みの検討も含めた先端技術を保有する民主主義国家による責任ある技術管理 ・　各種制裁の効果的な実施、経済的威圧への対応
重要土地	・　重要土地等調査法に基づく土地等利用状況調査等を着実に進める

9）https://jimin.jp-east-2.storage.api.nifcloud.com/pdf/news/policy/204403_1.pdf

セキュリティ・クリアランス	• 制度整備を含めた所要の措置を講ずるべく検討
次世代に不可欠な技術の開発・実装の担い手となる民間企業への支援	• 資本強化を含めた支援の在り方について検討
先端半導体	• 日米首脳での合意に基づく先端半導体基盤の拡充・人材育成 /2020 年代後半の次世代半導体の設計・製造基盤を確立
サイバーセキュリティ	• 官民連携や分析能力の強化について、技術開発の推進や制度整備を含めた所要の措置を講ずるべく検討
政府クラウド	• 情報の機密性等に応じたクラウド利用方針の策定 • 必要なクラウドの技術開発等を支援し政府調達に反映
推進体制強化・インテリジェンス能力強化	• 国家安全保障局を司令塔とした推進体制の強化 • 情報の収集・分析等に必要な体制を整備

∷ Ⅲ　経済安全保障確保のための各種施策の概要

　以下では、政府が取り組んでいる近年の各種施策のうち、企業活動に直接に影響がありうる施策を中心に具体的に概説する。その際、（一つの施策には、複合的な側面があり、必ずしも一つの要素で説明しきれない場合もあるが）10) 説明の便宜の観点から、各種施策を、政府の示す分類の方向性に従い、①わが国の自律性の確保、②優位性・不可欠性の獲得のいずれかに分けて説明することとしたい。なお、③基本的価値やルールに基づく国際秩序の下で、同志国との協力の拡大・深化については、たとえば、2021 年 11 月に設立に合意した「日米商務・産業パートナーシップ（JUCIP）」に基づく半導体、輸出管理、デジタル経済、貿易・投資の 4 分野での協力や 11)、経済版 2 ＋ 2（日米経済政策協議委員会）におけるサプライチェーン

---

10) たとえば、対内直接投資審査は、インフラ事業者への外国資本による投資に対する投資審査の文脈では、重要技術の流出防止を通じた②優位性の確保というよりは、②自律性の確保が問題となり、投資審査については、双方の目的を併せ持っているといえよう。

強靭化を含む経済安全保障の確保およびインド太平洋地域を含む国際社会におけるルールに基づく経済秩序の強化に関する協議等を通じた政府の取組みが挙げられるところであるが、本章のテーマが「法制度」であることをふまえ割愛する。

図表２−７−４　経済安全保障に関するこれまでの取組みの概要

自律性の向上	優位性・不可欠性の確保	国際秩序の維持・強化
	「みなし輸出」の対象を明確化	同志国等と経済安全保障課題の共通認識の醸成
基幹産業のリスク対応・脆弱性等の点検・把握	投資審査制度・執行体制の強化、指定業種の見直し	国際社会と連携した、通商・データ・技術標準等におけるルールの維持・強化・構築
	研究インテグリティ強化（外国資金受入状況の開示）	推進体制の強化
重要土地等調査法整備	留学生等の受入審査強化	国家安全保障局の経済班/内閣府の経済安全保障推進室の設置等の体制強化
	重要技術育成支援プログラム/シンクタンク機能強化	経済インテリジェンス（情報収集・分析・集約・共有等）強化
サプライチェーン強靭化	官民協力を通じた重要技術の育成	
基幹インフラ機能の安全性・信頼性の確保	特許非公開化による機微な発明の流出防止	

推進法により対応した4分野

出典：「経済安全保障上の主要課題」（内閣官房）（https://www.cas.go.jp/jp/seisaku/keizai_anzen_hosyo/dai1/shiryou3.pdf）を参考に筆者が作成

11）JUCIP の取組みに関連して、2022 年 11 月 30 日、米国商務省および日本の経済産業省の双方において、「日米の日本及び／又は米国の既存のデュアルユースに関する輸出管理に関する政策及び／又は執行がより透明性の高い形で、より効率的で、より実効性が高く、より集中的な形で行われるための方法（新興技術や基礎技術の特定と管理、日米の研究機関間の研究協力の円滑化のための方法を含む）」について、一般からの意見募集手続を開始されたことは、近年にない取組みであり、また、日米の今後の政策に影響を与える可能性もあることから、注目に値すべき動きといえる（米国商務省：https://public-inspection.federalregister.gov/2022-25915.pdf）（経済産業省：https://public-comment.e-gov.go.jp/servlet/PcmFileDownload?seqNo=0000244587）。

1 自律性の向上のための施策

　自律性の向上とは、わが国の国民生活および社会経済活動の維持に不可欠な基盤を強靱化することにより、いかなる状況の下でも他国に過度に依存することなく、国民生活と正常な経済運営というわが国の安全保障の目的を実現することである[12]。この方向性の施策としては、主に基盤となるインフラやサプライチェーンを保護・強靱化し、脆弱性を解消してくことに向けられた施策が想定されており[13]、推進法に基づくサプライチェーン強靱化、基幹インフラの事前審査などの施策が含まれる。

(1) サプライチェーン強靱化

　重要物資の供給途絶等を防ぎ、その安定的な供給を確保するため、政府による民間事業者に対する重要物資を確保するための取組みに対して、政府が指定する法人等を通じて助成金の交付、貸付け等の支援を行う制度（特定重要物資の安定供給確保制度）が、推進法の成立を経て導入された（推進法第2章）。

　グローバリゼーションの進展等に伴う産業構造の変化を背景として、サプライチェーンの多様化が進む一方、世界各国では重要な物資の他国依存が進んできたが、コロナ禍の下では、サプライチェーン上の課題が浮き彫りになった。特に一部の物資についてはサプライチェーン上の脆弱性が顕在化し、実際に国民の生命、国民生活や経済活動を脅かす事態に発展した事例もみられ、世界各国において供給リスクの高まりが強く認識された。

　こうした状況をふまえ、たとえば、米国やEUにおいて、重要な物資のサプライチェーンを強靱化する必要性が謳われるようになっており[14]、日本政府においても、関係省庁において、重要な物資の安定供給を確保するためのさまざまな措置が講じられてきた[15]。

　このような情勢をふまえ、①国民の生存に必要不可欠または広く国民の生活または経済活動が依拠、②外部に過度に依存または過度に依存するお

---

12) 自民党提言2(2)）。
13) 自民党提言4(1)①参照。

それがあり、③外部から行われる行為による供給途絶等の蓋然性があって、④本制度を通じて安定供給確保のための措置を講ずる必要がある物資について、政府が「特定重要物資」として指定し、その物資や原材料等について、民間事業者が供給確保のための計画を策定して、主務大臣の認定を受けた場合に、助成金の交付や、日本政策金融公庫による資金貸付け等による支援を受けることを可能とする制度が導入された。

本制度は、他の推進法に基づく制度に先行して、2022 年 8 月 1 日より施行された。また、推進法に基づいて政府が策定することが求められる基本指針（安定供給確保基本指針、推進法 6 条 1 項）も他の制度に先行して策定された（2022 年 9 月 30 日閣議決定）[16]。2022 年 11 月 7 日には、支援の対象となる特定重要物資を定める政令案が公表され[17]、政令案では抗菌性物質製剤、肥料、永久磁石、工作機械・産業用ロボット、航空機の部品、半導体（半導体素子および集積回路）、蓄電池、クラウドプログラム、可燃性

14）米国については、2021 年 2 月 24 日の大統領令（EO14017）（https://www.whitehouse.gov/briefing-room/presidential-actions/2021/02/24/executive-order-on-americas-supply-chains/）および、2022 年 2 月 28 日のサプライチェーンを強化するためのアクションプラン参照（https://www.whitehouse.gov/briefing-room/statements-releases/2022/02/24/the-biden-harris-plan-to-revitalize-american-manufacturing-and-secure-critical-supply-chains-in-2022/）。また、第 5 章で述べているとおり、半導体分野では、2021 年 1 月に成立した 2021 年度国防授権法や 2022 年 8 月の CHIPS and Science Act of 2022 による米国における半導体の研究開発および製造を支援するための投資計画や、補助金を含む優遇政策の枠組みおよびこれに対応する予算措置が講じられている。
欧州については欧州委員会の 2021 年に更新された産業戦略（2021 年 5 月 5 日）および添付された報告書（https://ec.europa.eu/commission/presscorner/detail/en/ip_22_1124）を参照。
15）有識者提言 6、7 頁参照。なお、日本政府の講じている措置としては、たとえば、特定高度情報通信技術活用システムの開発供給及び導入の促進に関する法律（いわゆる 5G 促進法）および国立研究開発法人新エネルギー・産業技術総合開発機構法の一部を改正する法律（2022 年 2 月 28 日公布、同年 3 月 1 日施行）に基づき、経済産業大臣が認定した特定の高性能な半導体の生産施設整備に対して、国立研究開発法人新エネルギー・産業技術総合開発機構（NEDO）に置かれた 6,170 億円の基金を活用して助成金を交付する事業が挙げられる。同制度に基づいて、2022 年 11 月 30 日現在、3 社の計画が経済産業省による支援対象としての認定を受けている（https://www.meti.go.jp/policy/mono_info_service/joho/laws/semiconductor/semiconductor_plan.html）。
16）特定重要物資の安定的な供給の確保に関する基本指針（https://www.cao.go.jp/keizai_anzen_hosho/doc/kihonshishin1.pdf）
17）https://public-comment.e-gov.go.jp/servlet/PcmFileDownload?seqNo=0000243677

天然ガス（LNG）、金属鉱産物、船舶の部品（船舶用機関、航海用具、推進器）の11種の物資が特定重要物資として掲げられている（推進法の法案審議においては、政府は、半導体、電池、レアアースを含む重要鉱物および医薬品をその候補として挙げていた[18]）。2023年以降、各物資を所管する官庁により物資ごとに定められる取組方針に従い、本格的な運用フェーズに移行することが見込まれる。

(2) 基幹インフラ機能の安全性・信頼性確保

　基幹インフラ事業者の重要設備について、外部から行われるインフラ役務の安定的な提供を妨害する行為の手段として使用されることを防止するため、その導入・維持管理等の外部委託について政府が事前に審査を行う制度が、推進法により導入された（推進法第3章）。

　近年、世界各国において変電所やパイプライン事業者などの基幹インフラを対象とするサイバー攻撃事案が多数発生していること、DXの著しい進展のために基幹インフラ事業の遂行はサイバー空間との関係なしには成り立たなくなっていること、および、サプライチェーンの複雑化等により通常の経済活動を通じて不正機能等が埋め込まれた製品を購入するリスクの高まっていることなどの理由から、日本の外部にある主体による基幹インフラに対する妨害行為を可及的に低減し、基幹インフラサービスの安定的な提供を確保すべく制度が導入された。

　もとよりこのような外部からの妨害行為に対しては、既存のインフラを規律する業法に基づく監督行政を通じて対応することも考えうるところである。しかしながら基幹インフラ事業を規律する既存の業法等には、役務の安定的提供義務または設備の技術基準適合義務といった規定はあるものの、外部から行われる妨害行為を未然に防止するための規定を備えておらず、設備の導入や維持管理等の委託といった通常の経済活動に起因するリ

18）衆議院内閣委員会11号令和4年3月23日小林国務大臣答弁、木村聡政府参考人答弁、骨太方針2022年22頁。なお、内閣官房経済安全保障法制準備室の令和4年7月25日付の有識者会議資料では、「半導体、蓄電池、医薬品、パラジウム、クラウド、肥料、船舶関係等」が国会審議において論点等となった対象物資として挙げられている。

スクに的確に対応することはできない状況となっていた。このため、これらのリスクに対応することが可能となるよう、新たな制度が設けられたものである[19]。

　なお、有識者会議提言では本制度の策定にあたっては、「外国製の設備の利用又は外国企業からの調達と自国製の設備の利用又は自国企業からの調達との間で同等の規制が及ぶものであり、内外無差別の制度」であるべきこととされ、また、具体的な制度の設計・運用に際しては、わが国が締結している国際約束に留意する必要があるとされた（有識者会議提言20頁）。このため、本制度は、基幹インフラ事業者に対し設備を供給する事業者や、当該設備の維持管理等を受託する事業者の国籍のみをもって差別的に取り扱うものではない、内外無差別の制度として策定されている（推進法90条、基本方針第2節(2)においても、国際約束等の誠実な履行が謳われている）。

　本制度により規制対象となる基幹インフラ事業者は、概要、以下の14の事業を営むもののうち、今後政令で定められる重要なインフラサービスを提供するものであって、今後主務大臣が省令で定める一定の基準に該当するものとして指定する事業者が規制の対象となる（推進法50条1項）。

> 電気、ガス、石油、水道、鉄道、貨物自動車運送、外航貨物運送、航空、空港、電気通信、基幹放送、郵便、金融、クレジットカード

　今後省令で定められる一定の基準としては、①利用者の数や国内市場におけるシェア等の基幹インフラ事業を行う者としての事業規模、②地理的事情や事業の内容の特殊性を含む基幹インフラ事業を行う者としての代替可能性などを考慮した上で定められることが想定されている[20]。

　規制対象となるインフラ事業者は、事業の用に供される重要な一定の設

---

19) 以上につき有識者会議提言18頁、19頁を参照。
20) 有識者会議提言では、基準の設定にあたっては、①利用者の数や国内市場におけるシェア等の基幹インフラ事業を行う者としての事業規模、②地理的事情や事業の内容の特殊性を含む基幹インフラ事業を行う者としての代替可能性を考慮要素として挙げている（同23頁）。

備、機器、装置またはプログラム（特定重要設備）の「導入」を行う場合
や、他の事業者に対して設備、機器、装置またはプログラムの「維持管
理・操作」を委託する場合には、原則として、あらかじめ計画書を提出し
て、主務大臣による審査を受ける必要がある（推進法 52 条 1 項）。また、
かかる審査が行われている法定の期間内（原則 30 日（短縮化）4 ヵ月後まで
延長可）においては、事業者は、「導入」や「維持管理・操作」の委託を
行うことは禁止される（同条 3 項・4 項）。

　政府は、届けられた導入等計画書を審査し、役務の安定的な提供に大き
な影響を及ぼす重要な設備の導入や当該設備の維持管理等に係る重要な委
託に関して、当該設備が、日本の外部から行われるインフラ役務の安定的
な提供を妨害する行為（特定妨害行為）の手段として使用されるおそれが
大きいかどうかを審査することとなる（推進法 52 条 4 項・6 項）。「特定妨
害行為」の具体的な内容としては、政府は、推進法の法案審議においてサ
イバー攻撃や、物理的な方法による妨害行為であるとしつつ、サイバー攻
撃以外の妨害行為の例として以下のような場合を例示している[21]。

◇　外国政府などが特定重要設備の供給者からその設備の脆弱性に関する情
　報の提供を受けて、その脆弱性を利用してウイルスに感染させる。
◇　外国政府などの指示を受けて、特定重要設備の供給者がその設備にあら
　かじめ不正プログラムを埋め込んで、そのプログラムによって設備を停
　止させる。
◇　重要維持管理などの委託を受けた者が外国政府などの指示を受けて、そ
　の委託を受けた重要維持管理などの業務を放棄することで設備の機能を
　失わせる。

　本制度は、2022 年の推進法公布日（2022 年 5 月）から、それぞれ、1 年
以内で政令で定める日（〜 2023 年 5 月）までに基本指針に関する規定が、
1 年 6 ヵ月以内で政令で定める日まで（〜 2023 年 11 月）に対象となる事
業・事業者・設備等の指定等に関する規定が、1 年 9 ヵ月後（〜 2024 年 2

21）衆議院内閣委員会 12 号令和 4 年 3 月 25 日小林国務大臣答弁。

月）までに審査制度が施行されることが予定されている（推進法附則1条2号・3号・4号）[22]。

(3) 重要土地等調査法に基づく重要な土地の調査・管理

　一定の重要施設や国境離島の周辺区域の土地等を、「注視区域」として指定した上で、政府が当該注視区域内にある土地等の利用状況についての調査を実施し、一定の場合に勧告・命令をすること等を可能とする、重要土地調査法が、2021年6月に成立公布（6月23日公布）され、同年9月20日より全面施行されている。

　重要施設周辺や国境離島における土地の所有・利用をめぐっては、安全保障上の懸念が従来より指摘されてきたところ、政府は、「国家安全保障戦略」（2013年12月17日閣議決定）において、「国家安全保障の観点から国境離島、防衛施設周辺等における土地所有の状況把握に努め、土地利用等の在り方について検討する」との方針を示し、「海洋基本計画」（2020年5月15日閣議決定）においても、国境離島について、同様の方針を示した。

　これらをふまえ、防衛省は、2013年から、約650の防衛施設の隣接地について調査を実施し、また、内閣府総合海洋政策推進事務局は、2017年から、国境離島の領海基線近傍の土地について、それぞれ所有状況等の調査を実施した。もっとも、これらの調査は登記記録をベースにしており、またいずれの調査も制度の裏付けがないものであったことから、所有・利用の実態は、必ずしも明らかにはならなかった。

　他方、たとえば、米国では、外国人等による米国企業や事業への投資審査を行うCFIUS（対米外国投資委員会）の機能が強化され、2020年2月から、軍事施設近くの不動産等の機微な不動産の取得をCFIUSによる審査の対象とするなど[23]、諸外国では、安全保障をめぐる国際情勢が厳しくな

---

22) なお、規制対象となるインフラ事業者として指定された事業者については、指定されたインフラ事業に関するものである限り導入等計画書の届出について6ヵ月の経過規定が設けられている（推進法53条1項）。

るなか、自国内の土地の所有・利用への関心が高まり、不動産取得への管理を強化する動きが活発化した[23]。

　こうした内外の動向をふまえて、2020年の骨太方針（経済財政運営と改革の基本方針2020（2020年7月17日閣議決定））において、「安全保障等の観点から、関係者による情報収集など土地所有の状況把握等に努め、土地利用・管理等のあり方について検討し、所要の措置を講ずる」こととされた。その後、2020年10月に内閣官房に学識経験者等を委員とする「国土利用の実態把握等に関する有識者会議」が設置され、その後3度にわたる有識者会議が開催され、2020年12月24日付けで提言（「国土利用の実態把握等のための新たな法制度の在り方について提言」[24]）が取りまとめられた。

　この提言では、「政策対応の目的は、安全保障の観点からの土地の不適切な利用の是正又は未然防止であり、土地の所有者の国籍のみをもって差別的な取扱いをすることは適切でな」く、また、「専ら外国資本等のみを対象とする制度を設ければ、内国民待遇を規定した、サービス取引に関する国際ルールであるGATS（General Agreement on Trade in Services）のルールにも抵触する」ことを理由として、立法措置を講ずる場合には、外国人等による土地の所有のみを規制対象とするものではなく、内外無差別の制度とすることが提言された[25][26]。

　その後、国会審議を経て、概要以下を内容とする、重要土地等調査法が成立した[27]。

23）非居住者による本邦にある不動産もしくはこれに関する権利の取得は、外為法により、過去には許可制が取られていたが、昭和55年の外為法の改正により、許可制が廃止され、その後順次の自由化を経て現在では外為法上特段の制限はなく、居住の用に供するためのもの等一定の場合を除き、資本取引として事後報告の対象とされている（外為法20条10号、55条の3第1項12号、外国為替令18条の5、外国為替の取引等の報告に関する省令5条2項10号）。

24）以上につき、国土利用の実態把握等に関する有識者会議提言1⑴、重要施設の施設機能及び国境離島等の離島機能を阻害する土地等の利用の防止に関する基本方針（2022年9月16日閣議決定）（https://www.cao.go.jp/tochi-chosa/doc/kihonhoshin.pdf）第1参照。

25）https://www.cas.go.jp/jp/seisaku/kokudoriyou_jittai/pdf/021224teigen.pdf

- 重要施設（防衛関連施設（在日米軍施設を含む。）、海上保安庁の施設、生活関連施設（政令において、原子力関連施設、公共の用に供する空港を指定））や国境離島の周辺区域で、重要施設や離島の機能を阻害する行為の用に供されることを特に防止する必要がある土地等を、「注視区域」として指定
- 政府が注視区域内にある土地等の利用状況についての調査を実施し、当該土地等を重要施設や離島の機能を阻害する行為の用に供している場合等に、それらの行為に供しないことを勧告・命令をすることを可能とする。
- 特に重要性が高い区域（特に重要性が高い重要施設の周辺区域や国境離島等）を「特別注視区域」として個別に指定し、同区域内の土地等について所有権等の移転等をする契約を締結する場合に事前届出義務を求める。

　重要施設や離島の機能を阻害する行為としては、重要土地等調査法の規定（4条）に基づいて定められた、「重要施設の施設機能及び国境離島等の離島機能を阻害する土地等の利用の防止に関する基本方針（2022年9月16日閣議決定）[28]」において該当する行為が例示された。また、プライバシーに配慮したものと思われるが、日常生活・事業活動として一般的な行為として、通常、該当するとは考えられない行為もあわせて列挙された（第4-2(1)(2)）。

【機能阻害行為に該当する行為】[29]
◇　自衛隊等の航空機の離着陸の妨げとなる工作物の設置
◇　自衛隊等のレーダーの運用の妨げとなる工作物の設置
◇　施設機能に支障を来すレーザー光等の光の照射

---

26) なお、重要施設の施設機能及び国境離島等の離島機能を阻害する土地等の利用の防止に関する基本方針（2022年9月16日閣議決定）においても、本法の適用に関し、「土地等の所有者の国籍のみをもって、法に基づく措置を差別的に適用することはしない。」「WTO協定等の国際約束にのっとり、法に基づく措置を実施する。」として、あらためて内外無差別の制度として運用を行うことが謳われている（第1-2(3)）。
27) 制度概要については、内閣府「重要土地調査法の概要」（https://www.cao.go.jp/tochi-chosa/index.html）およびFAQ（よくある質問）（https://www.cao.go.jp/tochi-chosa/faq.html）もあわせて参照されたい。
28) https://www.cao.go.jp/tochi-chosa/doc/kihonhoshin.pdf

◇　施設に物理的被害をもたらす物の投射装置を用いた物の投射
◇　施設に対する妨害電波の発射
◇　流出することにより係留施設の利用阻害につながる土砂の集積
◇　領海基線の近傍の土地で行う低潮線の保全に支障を及ぼすおそれのある形質変更

【機能阻害行為に該当するとは考えられない行為】
◇　施設の敷地内を見ることが可能な住宅への居住
◇　施設周辺の住宅の庭地における住宅と同程度の高さの倉庫等の設置
◇　施設周辺の私有地における集会の開催
◇　施設周辺の商業ビル壁面に収まる範囲の看板の設置
◇　国境離島等の海浜で行う漁ろう 等

　重要土地等調査法は、その一部（土地等利用状況審議会に関する部分等）が 2022 年 6 月 1 日にまず施行され、同年 9 月 20 日にはその他の部分も施行されているが、注視区域・特別注視区域については、2022 年 11 月 30 日現在指定はなされていない。今後、政府が、重要土地等調査法に基づいて設置される土地等利用状況審議会の意見を聞いた上で具体的な区域を決定することが想定されている（同法 5 条 2 項、12 条 2 項）（重要土地等調査法に基づき内閣府に設置された（同法 14 条 1 項）、土地等利用状況審議会の第 2 回（2022 年 10 月 11 日開催）の資料において、注視区域および特別注視区域については、多数の指定が見込まれることをふまえ、準備が整ったものから順次指定していく方針であるとの内閣府の方針が示されるとともに、具体的な初回の指定の候補区域として、無人の国境離島を中心に、15 自治体（5 都道県、10 市町）58 箇所（特別注視区域 29 箇所、注視区域 29 箇所）が挙げられている[30]）。かかる区域指定の後、注視区域内・特別注視区域内にある土地等の利用状況の調査や、特別注視区域内における土地等の取引についての届

29）基本指針では、これらは例示であり、この類型に該当しない行為であっても、機能阻害行為として、勧告・命令の対象となること、および、例示する類型に形式的に該当しても、個々の事案の態様、状況等によっては、勧告および命令の対象とならないこともあることが述べられている。

30）https://www.cao.go.jp/tochi-chosa/shingikai/doc/shiryou2.pdf

出の受付等が開始されることとなる。

2 優位性・不可欠性の向上のための施策

　優位性・不可欠性の向上あるいは、戦略的不可欠性とは、国際社会全体の産業構造の中で、わが国の存在が国際社会にとって不可欠であるような分野を戦略的に拡大していくことにより、わが国の長期的・持続的な繁栄および国家安全保障を確保することであり（自民党提言2⑵）、この観点の施策としては、主にわが国が優位性を有する技術を守ることや、育てる方向性の施策が含まれる。たとえば、対内直接投資審査や安全保障貿易管理を通じた技術流出の防止、研究インテグリティの確保、機微な発明の特許非公開化、官民技術連携を通じた技術の育成などが含まれうる[31]。

(1) 安全保障貿易管理の強化

ア　みなし輸出管理対象の明確化

　外為法は、「国際的な平和及び安全の維持」[32] [33]の観点から、武器や軍事転用可能な一定の貨物の輸出や居住者による一定の機微な技術の提供について、経済産業大臣の許可の対象としており（外為法25条1項、48条1項）、日本政府（経済産業省）は、これらの許可等を通じて機微技術の管理（安全保障貿易管理）を行っている。これらの管理は、先進国を中心とした原子力、武器、ミサイル、汎用品関連の貨物や技術の拡散を防ぐための国

31）同じ方向性の取組みとして「留学生の受入審査強化」がある。出入国管理において、2021年4月より、留学生らの入国審査基準を厳格化し軍事関連企業のつながりなどを確認するよう運用が厳格化された（2021年7月官房長官記者会見）。また、「外国人材の受入れ・共生に関する関係閣僚会議」（2022年6月14日開催）においても、「機微技術流出防止の重要性が高まっており、関係機関と連携し、留学生・外国人研究者等の受入れの審査強化に取り組む。」こととされた（外国人材の受入れ・共生のための総合的対応策（令和4年度改訂）《施策番号195》）。

32）外為法25条1から4項ならびに48条1項および2項に基づく安全保障貿易管理の目的は「国際的な平和及び安全の維持」であり、「国際的な平和及び安全の維持」とは「国際的な紛争の発生もしくはその拡大を助長するような取引、または世界的な安全保障に重大な影響をもたらす取引等を規制することによって、我が国を含む国際社会の平和及び安全が脅威にさらされることがないようにすること」を意味しているとされている（風木淳＝大川信太郎編著『詳解　外為法　貿易管理編』（商事法務、2021）296頁）。

際的な枠組み（国際輸出管理レジーム）をふまえて行われているものである。

　上記のとおり、管理対象となっているのは、貨物の輸出と機微な技術の提供であるが、このうち、機微な技術の提供については、外為法に基づき、国境を越える機微技術の提供に加えて、国内における機微技術提供であっても、「特定国の非居住者に提供することを目的とする取引」である場合には、当該非居住者が帰国する等により、提供された機微技術が最終的に当該特定国に渡る蓋然性が高いことを理由に、技術の「輸出」とみなして外為法の許可の対象としている（外為法25条1項、「みなし輸出」管理）。

　従前、かかる「みなし輸出」管理においては、「特定国の非居住者に提供することを目的とする取引」を限定的に解釈運用してきており、居住者が直接非居住者に機微技術を提供する場合に許可申請を求めることとしてきた。しかし、国際的に人を介した機微技術流出懸念が増大するなか、特定国の影響下にある居住者（国籍を問わない）が、機微技術流出に関与するリスクが顕在化している現状に十分対応できていなかった。

　たとえば、①入国後6ヵ月以上経過している外国人や、②本邦内の事務所に勤務する外国人は居住者として扱われるため、従前の「みなし輸出」

33）外為法における貿易管理には「国際的な平和及び安全の維持」の観点から実施される安全保障貿易管理とそれ以外の観点から実施される貿易管理が存在する。現行の安全保障貿易管理以外の貿易管理においては、①国際収支の均衡を維持するため、②外国貿易および国民経済の健全な発展のため、③わが国が締結した条約その他の国際約束を誠実に履行するため、④国際平和のための国際的な努力にわが国として寄与するため、または⑤わが国の平和および安全の維持のため特に必要があるとして行われた閣議決定を実施するため、のいずれかの要件に該当する場合には、輸出規制が、③④⑤のためには輸入規制をそれぞれ行うことが可能である（外為法48条3項、52条）。ロシアによるウクライナ侵攻に際し、日本政府は外為法に基づき、ロシアの軍事関連団体に対する輸出や、ロシアへの国際的な合意に基づく規制品目、半導体、コンピュータなどの汎用品、石油精製用の装置、先端的な物品、産業基盤強化に資する物品、奢侈品、化学兵器等関連物品等についての輸出禁止措置（承認を取得する義務を課す措置）を輸出貿易管理令等の改正を通じて実施している。これは国連安保理による決議等に基づいて通常行われてきた「国際的な平和及び安全の維持」を目的とするものではなく、「国際平和のための国際的な努力に我が国として寄与する」ことを目的とするものとして行われている。

の管理の運用においては、当該居住者として扱われ外国人から別の非居住者に機微技術の提供が行われる際に、「みなし輸出」として経済産業省への輸出許可申請が行われることとなる。

　しかし、当該外国人が外国政府や外国の法人の著しい影響下にあり、自覚しているか否かに関わらず、外国による技術窃取の取組みに加担している場合などは、当該申請が適切になされないことが懸念された。また、外国人材の獲得を国家主導で推進する動きがみられる現状をふまえると、こうした懸念は必ずしも国籍に関係するものではなく、邦人であっても、外国政府等の強い影響下にある場合には、同様に適切な輸出許可申請がなされないことが懸念された[34]。

　上記のような懸念をふまえて、経済産業省は、「特定国の非居住者に提供することを目的とする取引」の概念を明確化し、国籍に関わらず現在居住者として扱われている者（例：入国後6ヵ月経過するに至ったもの、国内事務所に勤務する者）への技術の提供が、非居住者へ技術を提供することと事実上同一と考えられる場合には、当該居住者に対する技術の提供は「特定国の非居住者に提供することを目的とする取引」であることとした。すなわち、居住者への技術の提供であっても、当該居住者が、非居住者へ技術情報を提供する取引と事実上同一と考えられるほどに当該非居住者から強い影響を受けている状態と考えられる以下の類型（「特定類型」）に該当する場合には、「みなし輸出」管理の対象であることが明確化された。

---

① 類型：外国政府や外国法人等との間で雇用契約等の契約を締結し、当該外国政府や外国法人等の指揮命令に服するまたはそれらに善管注意義務を負う者
② 類型：外国政府等から多額の金銭その他の重大な利益を得ているまたは得ることを約している者
③ 類型：本邦における行動に関し外国政府等の指示または依頼を受ける者

---

34) 以上につき、2021年6月10日経済産業省産業構造審議会通商・貿易分科会安全保障貿易管理小委員会中間報告（https://www.meti.go.jp/shingikai/sankoshin/tsusho_boeki/anzen_hosho/pdf/20210610_1.pdf）9頁参照。

かかるみなし輸出管理の明確化は、経済産業省に設置される、産業構造審議会通商・貿易分科会安全保障貿易管理委員会が 2021 年 6 月に取りまとめた産業構造審議会通商・貿易分科会安全保障貿易管理小委員会中間報告において、見直しが提言されたのち、「外国為替及び外国貿易法第 25 条第 1 項及び外国為替令第 17 条第 2 項の規定に基づき許可を要する技術を提供する取引又は行為について」（平成 4 年 12 月 21 日付 4 貿局第 492 号）の改正を通じて実施され[35]、2022 年 5 月 1 日より適用された。なお、この「みなし輸出」管理の明確化は、2020 年 7 月に閣議決定された「統合イノベーション戦略 2020」に位置付けられた留学生・研究者等の受入れ審査強化、政府資金申請時の外国資金受入状況等の情報開示の要件化（後記(5)）などの取組みとあいまって、わが国の技術的優越性の確保・維持、研究開発成果の大量破壊兵器等への転用防止、研究の健全性・公正性（「研究インテグリティ」）の自律的な確保といった科学技術情報の流出対策につながる施策としても位置づけられる。

イ　リスト規制貨物・技術の輸出等に係る輸出者等遵守基準の強化
　外為法に基づき、不正な輸出等を未然に防止するため、業として輸出・技術提供を行うものが遵守すべき基本的な事項が省令で定められている（外為法 55 条の 10、輸出者等遵守基準を定める省令（平成 22 年 4 月 1 日施行））。昨今の安全保障環境下において、機微な貨物等の管理が一層求められていることや、機微な貨物の流出事案が発生する中、一層の体制整備を通じて、不正輸出等の未然防止を図ることが重要であることを理由として、リスト規制貨物・技術の輸出等を行うに当たって遵守すべき基準について、輸出等にあたって用途確認だけでなく需要者の確認を行うことなどを内容とする省令の改正が行われ、2022 年 5 月 1 日より施行された[36]。

35）https://www.meti.go.jp/policy/anpo/law_document/tutatu/211118tsutatsu2.pdf
36）以上につき、経済産業省安全保障貿易管理課安全保障貿易検査官室 2022 年 3 月付「輸出者等遵守基準等の改正について」（https://www.meti.go.jp/policy/anpo/compliance_programs_pdf/r403yusyutsusyakaisei_set.pdf）を参照。

(2) 外国投資家による対日投資審査制度の強化等

外為法は、対外的取引自由を原則としつつ、対外取引に対する必要最小限の管理調整を行う観点から、外国投資家（非居住者、外国会社等）が国の安全、公の秩序の維持、公衆の安全の保護、わが国経済の円滑な運営の観点から指定される武器、原子力、航空機、宇宙、受託開発ソフトウェア、情報処理サービスといった一定の業種（以下「指定業種」という）を営む企業に対して対内直接投資等（上場会社の一定の閾値以上の割合の株式取得や非上場会社の株式取得など）を行う場合には、事前届出を求めることとしている。財務省および事業所管省庁は、外国投資家により届け出られた事前届出に係る対内直接投資等について、国の安全等の観点から審査を行い、国の安全等に影響を及ぼすおそれがあると判断された場合等については、当該外国投資家に対し、変更・中止の勧告および命令といった是正措置を講ずることができる。

ア 2020年の外為法改正

国の安全等の観点から行われる政府による対内直接投資審査の枠組みはわが国だけでなく、諸外国においても従来から存在していたが、国の安全に影響を及ぼす投資に適切に対応する観点から近年累次の法改正等が行われ、対応が強化されている。米国では、2018年8月に成立（2020年2月より完全施行した）した「外国投資リスク審査現代化法（FIRRMA）」によって米国への対内直接投資を審査する、対米外国投資委員会の権限が大幅に強化された（第5章参照）。また、欧州連合では、加盟各国に対し、投資審査に際して考慮すべき重要技術やインフラの対象などについて一定の指針を示すとともに、加盟国間の投資審査に関する情報効果の枠組みを付与する、欧州議会・理事会規則（Regulation（EU）2019/452）[37]（以下「EU対内直接投資審査規則」という）が2019年4月に発効した（2020年10月11日より適用）。さらには、欧州連合加盟国のドイツ、フランスおよびイタリアでも、EU対内直投資審査規則の発効と前後して、法令改正や新法によ

---

37) https://eur-lex.europa.eu/eli/reg/2019/452/oj

る審査対象業種の拡大や閾値の引き下げを行うことにより対内直接投資に関する投資管理強化が行われている。このように、米国や欧州の対内直接投資管理が強化されるなかで、日本も規制のループホールとならないように適切に対応を行う必要があるという要請があった。一方で、2020年までに対内直接投資残高を35兆円までに拡大するという政府目標[38]をふまえ、日本経済の健全な発展につながる対内直接投資の一層の促進を図るという要請もあり、これらの2つの要請のバランスを図ることを目指して、概要、以下のような改正が行われ（外国為替及び外国貿易法の一部を改正する法律（令和元年11月29日法律60号）2019年11月22日成立、同月29日公布）[39]、関係政省令等の改正とあわせて、2020年5月8日より施行された。

① 取得時事前届出免除制度の導入
・問題のない投資の一層の促進という観点から、外国投資家自らまたはその密接関係者が役員に就任しない、重要事業の譲渡・廃止を株主総会に自ら提案しない、国の安全等に係る非公開の技術関連情報にアクセスしないなどの一定の基準を遵守する場合について、事前届出を免除する。
・一方で、国の安全等の確保の観点から事前届出の免除を受けた外国投資家による基準の遵守を確保するため、投資実行後の事後報告を求め、基準違反がある場合は勧告や命令により是正できる規定の整備を行う。

② 事前届出の対象行為の見直し
・上場会社の株式取得については、2020年の改正以前は、指定業種を営

---

38) 日本再興戦略（2013年6月14日閣議決定）。なお、対日直接投資残高は、2020年12月末時点（確報値）で39.7兆円となり、上記政府目標は達成されているが、政府は、2021年6月の「対日直接投資促進戦略」において、2030年における対日直接投資残高を80兆円へ倍増させるという目標を掲げている（2021年6月対日直接投資推進会議決定）（http://www.invest-japan.go.jp/committee/chuchoki.pdf）。

39) 改正の詳細については、財務省の令和2年4月24日付「外国為替及び外国貿易法の関連政省令・告示改正について」（https://www.mof.go.jp/policy/international_policy/gaitame_kawase/press_release/kanrenshiryou01_20200424.pdf）および、桜田雄紀「外国為替及び外国貿易法の一部改正並びに関係政省令等の改正の概要」NBL1171号（2020）4頁などを参照されたい。

む上場会社の発行済株式総数または議決権の 10％以上を取得した場合
に届出を求めていたが、10％を 1％に引き下げ。
・外国投資家が自らまたはその関係者を選任する議案に同意する行為、お
よび指定業種に関する事業の譲渡等を株主総会に提案する場合に当該議
案に同意する行為を対内直接投資等の類型に追加

③　国内外の行政機関との情報連携の強化
・国の安全等に係る対内直接投資等とそうでないものを峻別し、確実かつ
迅速な審査を実現するため、審査省庁の審査能力の向上を図る必要があ
ること、および、米 FIRRMA や EU 対内直接投資審査規則においても
情報交換のための規定が設けられており、日本においても国内外の機関
との情報交換を円滑に行えるようにする必要があることから、規定を整
備[40]。

　イ　指定業種の見直し
　2020 年の外為法改正の前後から、指定業種については、告示の改正に
よる業種の追加を通じて、累次の見直しが行われている。また、上記のと
おり、骨太方針 2022 年においても、指定業種のあり方について検討する
こととされており、今後も随時の見直しが行われる可能性がある。

図表 2−7−5　指定業種と見直しの内容

指定業種	告示改正	内容
サイバー・セキュリティ業種	2019 年 8 月	・　サイバー・セキュリティの確保の重要性が高まっていることなどをふまえ、安全保障上重要な技術の流出や、わが国の防衛生産・技術基盤の棄損など、わが国の安全保障に重大な影響を及ぼす事態を生じることを適切に防止する観点から、集積回路製造業やソフトウェア開発業等を指定業種に追加

40）今村英章＝桜田雄紀編著『詳解　外為法　対内直接投資等・特定取得編』（商事法務、2021）46 頁、47 頁。

感染症に対する医薬品に係る製造業及び高度管理医療機器に係る製造業	2020 年 6 月	• 新型コロナウイルス感染症の蔓延をふまえ、感染症に対する医薬品（医薬品中間物を含む）の製造業および高度管理医療機器（附属品・部分品を含む）に係る製造業を指定業種およびコア業種に追加（コア業種：概要、外国投資家（非居住者、外国会社等）による対内直接投資等または特定取得に関し事前届出が必要となる業種（指定業種）のうち、国の安全を損なう等のおそれが大きいものとして株式取得等に関する事前届出免除を原則として利用できない業種を意味する）
レアアース等の重要鉱物資源に係る業種	2021 年 10 月	• レアアース等の重要鉱物資源の安定供給を確保し、サプライチェーンの脆弱性の克服等を図ることは、経済安全保証上重要な課題であることをふまえ、これらの重要鉱物資源の調査能力等の適切な維持・確保等を図る観点からレアアース等の重要鉱物資源 34 鉱種に係る金属鉱業、金属鉱業の目的で使用する機器等の製造業、修理業、ソフトウエア業・鉱物の成分分析業、重要鉱物資源の調査を行う船舶の円滑な活動を可能とすべく、特定離島（沖ノ鳥島、南鳥島）の港湾施設等の整備等を行う建設業等を指定業種およびコア業種に追加

(3) 先端的な重要技術の開発支援制度の創設

　先端的な重要技術の研究開発を促進し、その成果を適切に活用することを目的として、資金支援や、官民伴走支援のための協議会の設置、調査研究業務のシンクタンクへの委託等の措置を可能とする制度が、推進法により導入された（推進法第 4 章）。

　市場経済のメカニズムのみに委ねていては投資が不十分となりがちな先端技術について、その研究開発とその成果の適切な活用は、中・長期的に日本が国際社会において確固たる地位を確保し続ける上で不可欠な要素である一方、日本において、先端技術の研究開発を効果的に推進するための官民協力については、政府機関が多様な主体に対して円滑な情報共有を行う際の保全措置などの法的枠組みは存在しない状況であった。このためこれまでの、研究開発基本指針の策定や経済安全保障重要技術育成プログラムなどによる資金支援等に加え、研究開発に関係省庁等が伴走支援として、有用な情報を安心して相互に情報共有・意見交換できる枠組みが必要

であるとの認識のもと、官民による伴走支援を可能とする協議会を設置し、情報管理の枠組みなどの法的枠組みが設けられたものである[41]。

　官民協議会の設置を通じて、国の伴走支援の対象となりうるものは、将来の国民生活および経済活動の維持にとって重要なものとなりうる「先端的な技術」であって、かつ、以下の3つの類型のうちいずれか、または複数に該当する必要がある（「特定重要技術」、法61条、特定重要技術の研究開発の促進及びその成果の適切な活用に関する基本指針（2022年9月30日閣議決定）（以下「研究開発指針」という）[42] 第1章第3節(1)）。

> ① 当該技術が外部に不当に利用された場合において、国家および国民の安全を損なう事態を生ずるおそれがあるもの（技術の適正な管理が必要）
> ② 当該技術の研究開発に用いられる情報が外部に不当に利用された場合において、国家および国民の安全を損なう事態を生ずるおそれがあるもの（研究開発に関する情報の適正な管理や、守秘義務の求めが必要）
> ③ 当該技術を用いた物資または役務を外部に依存することで外部から行われる行為によってこれらを安定的に利用できなくなった場合において、国家および国民の安全を損なう事態を生ずるおそれがあるもの（日本の自律性、優位性・不可欠性を確保・維持する必要）

　ただ、いかなる技術がこれに該当するのかについては、法律や政省令において個別に指定されているわけではない。研究開発指針では、デジタル化等による技術開発の加速化や、突如として新たな重要技術が誕生する不連続の技術革新の可能性をふまえると、あらかじめ具体の技術を個別に指定することは適切ではないとしつつ、上記の要件を満たす重要技術が含まれうる技術領域を幅広く対象として検討を行い、今後、技術の絞り込みや、その育成・活用方針の検討に資するための調査研究を実施することとしている（研究開発指針第1章第3節(2)）[43]。

　本制度の対象となる場合、研究者は官民協議会を通じて、必要な情報の

---

41) 以上につき、有識者会議提言32頁、33頁を参照。
42) https://www.cao.go.jp/keizai_anzen_hosho/doc/kihonshishin3.pdf

提供、資金の確保、人材の養成および資質の向上その他の支援を受けることができる。具体的には政府は以下のような措置を講じるよう努めることとされている（法61条、研究開発指針第1章第2節）。

必要な情報の提供	• 関係行政機関が自らが有する専門的知見や研究開発成果など、研究開発に有用な情報を提供
資金の確保	• 指定基金（経済安全保障重要技術育成プログラム）を活用した研究開発等の強力な支援
人材の養成・資質の向上	• 協議会、指定基金、調査研究等を通じた関連の人材の養成と資質の向上
その他	• 研究開発の成果の適切な活用に資する取組みを行う

　研究開発指針では、「指定基金」による支援対象は、経済安全保障推進会議および統合イノベーション戦略推進会議が決定する「研究開発ビジョン」において、その都度示される技術が想定されており（研究開発指針第1章第3節(3)）、経済安全保障重要技術育成プログラム研究開発ビジョン（第一次）（2022年9月16日経済安全保障推進会議・統合イノベーション戦略推進会議決定）[44]では、以下の領域が示されている。

【先端的な重要技術】	AI技術、量子技術、ロボット工学、先端センサー技術、先端エネルギー技術
【場としての領域】	海洋領域、宇宙・航空領域、領域横断・サイバー空間領域、バイオ領域

　本制度は、サプライチェーンの強靱化制度（上記1(1)）とあわせて、推

---

43) その上で、宇宙、海洋、量子、AI、バイオ等の20の技術領域を参考となる技術領域として挙げた上で、最新の国内外の科学技術や経済安全保障をめぐる研究開発および政策の動向、経済社会情勢等をふまえ、柔軟に調査研究を実施することとしている（研究開発指針第1章第3節(2)）。

44) https://www.cas.go.jp/jp/seisaku/keizai_anzen_hosyo/dai3/shiryou1.pdf

進法に基づく他の制度に先行して、2022年8月1日より施行されており、今後、本格的な運用フェーズに移行することになる。なお、政府は、推進法の規定に基づき、必要な調査研究を委託することが想定される新たなシンクタンクは、科学技術・イノベーション基本計画に基づき2023年度の立ち上げを目指している[45]。

(4) 特許出願の非公開化制度の創設

公にすることで国家および国民の安全を損なう事態を生ずるおそれが大きい機微な発明が記載されている特許出願の出願公開の手続を留保し、必要な情報保全措置を講じることで特許公開を通じた機微な技術情報の流出を防止する制度が、推進法により導入された（推進法第4章）。

日本の現行の特許制度では、出願された発明は、一定期間後に一律に公開されることとなっているが、特許出願の明細等に、公になれば日本の安全保障を損なうおそれが大きい発明が記載されていても、一律かつ自動的に公開されてしまう制度となっている。これに対し、諸外国の多くは、特許制度の例外措置として機微な発明の特許出願について出願を非公開とするとともに、流出防止措置を講じ、もって、当該発明が外部からの脅威に利用されることを未然に防ぐ制度を有している。このような背景から、日本においても、諸外国の制度のように、特許出願のうち、日本の安全保障上極めて機微な発明であって公にするべきではないものについて、そうした状況が解消するまでの間、出願公開の手続を留保することにより、機微な発明の流出を防ぐための措置を講ずるとともに、審査の対象となる発明について日本への第一国出願義務を定める規定が設けられている[46]。

特許庁による一次審査および、内閣総理大臣（実務的には内閣府の担当部門）による二次審査の二段階の審査の結果、特許出願に係る明細書、特許請求の範囲または図面を公にすることにより外部から行われる行為によって国家および国民の安全を損なう事態を生ずるおそれが大きい発明が記載

---

45) 統合イノベーション戦略2022（2022年6月3日閣議決定）23頁参照。
46) 以上につき、有識者会議提言43頁、44頁参照。

され、かつ、そのおそれの程度および保全指定した場合に産業の発達に及ぼす影響その他の事情を考慮し、当該発明の情報を保全することが適当と認めたときに、非公開の決定（保全指定）が行われることになる。

　具体的に非公開決定の対象となる発明は、①核兵器の開発につながる技術および武器のみに用いられるシングルユース技術のうちわが国の安全保障上極めて機微な発明、ならびに、②武器以外にも用いられるいわゆるデュアルユース技術の発明については、今後政令で定められる技術分野に該当する発明のうち、たとえば、国費による委託事業の成果である技術や防衛等の用途で開発された技術に関するもの、あるいは出願人が了承しているケースなどが見込まれる[47]。なお、非公開決定の対象となるのは、あくまでも出願した場合であり、該当する発明を出願せずに営業秘密として秘匿したまま活用することもでき、この場合には、非公開決定の対象とはなり得ない。

図表２−７−６　非公開対象となる発明のイメージ

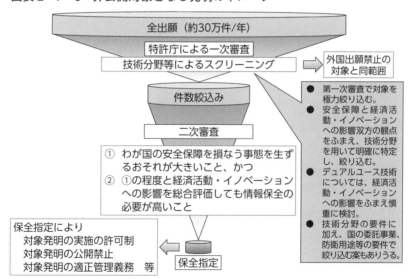

保全指定がなされた場合には、出願人には、以下の制限が生じる。

① 特許出願の放棄・取下げの禁止（法72条1項）

② 変更出願の制限（同条2項）

③ 対象発明の実施の許可制（法73条1項）

④ 対象発明の公開禁止（法74条1項）

⑤ 対象発明の適正管理義務（法75条1項）

⑥ 対象発明の共有の承認制（法76条1項）

本制度は、2022年の推進法公布日（2022年5月）から、それぞれ、1年以内で政令で定める日（〜2023年5月）までに基本指針に関する規定が、2年以内で政令で定める日まで（〜2024年5月）に制度が施行されることが予定されている（推進法附則1条2号・5号）。

(5) 研究インテグリティの確保

研究インテグリティとは、研究の国際化やオープン化に伴う新たなリスクに対して新たに確保が求められる、研究の健全性・公正性を意味している[48]。

政府は、大学等の研究者の所属機関と連携しながら、研究者による適切な情報開示を促すため、2021年12月17日に「競争的資金の適正な執行に関する指針」を改訂し[49]、政府資金が投入される研究を対象に透明性と説明責任を求めるとともに、虚偽申告等が判明した際の資金配分決定を取り消すなどの措置を設けるなどの取組みを行っている。

米国では、従前より連邦政府が公的資金で研究開発支援を行う場合には、資金を受け取る研究者に対し、潜在的に利益相反が生じうる外国政府等からの研究資金受け入れ等についての開示を求めてきた。もっとも2019年以降、人材登用プログラムである、中国の千人計画への参加につ

47）推進法の法案審議における衆議院・内閣委員会附帯決議10号、参議院・内閣委員会附帯決議12号、有識者会議提言47頁、48頁。

48）文部科学省のウェブサイトの説明（https://www.mext.go.jp/a_menu/kagaku/integrity/index.html）。

49）https://www8.cao.go.jp/cstp/kokusaiteki/integrity/shishin.pdf

いて虚偽の陳述を行った米国の教授が起訴される事案など、研究者が起訴される事例が相次ぎ発生しており、これを受けて米国の学術界を中心に、研究インテグリティに関する議論が活発化してきた[50]。

日本政府においても、研究活動の国際化、オープン化に伴い、開放性、透明性といった研究環境の基盤となる価値が損なわれる懸念や研究者が意図せず利益相反・責務相反に陥る危険性があることをふまえ、2021 年 4 月 27 日の統合イノベーション戦略推進会議（第 9 回）において、①研究者自身による必要な情報の適切な報告・申告、②大学・研究機関等のリスクマネジメント強化、③研究資金の配分機関による資金申請時の確認の 3 点を柱とする、「研究活動の国際化、オープン化に伴う新たなリスクに対する研究インテグリティの確保に係る対応方針」を決定した。

これを受けて、政府（内閣府、文部科学省）は①②への対応として、研究者・所属機関向けのチェックリストのひな型を公表し[51]、③への対応として、2021 年 12 月 17 日に「競争的資金の適正な執行に関する指針」の改訂を行い、競争的研究資金の執行に際しての、研究者による、国外からの研究資金の受入れ状況を含め研究活動の透明性確保のために必要な情報の提出を求める措置が具体的に規定されることになった[52]。

> ▶ 国外を含む外部からの支援（国外を含む、現在の他の競争的研究費その他の研究費の応募・受入状況）や兼業等（外国の人材登用プログラムへの参加、雇用契約のない名誉教授等を含む）の情報の提出を求める。
> ▶ 虚偽の申告に対しては、研究課題の不採択、採択取消しまたは減額配分とすることがある旨公表、不採択・採択取消し、減額配分、応募制限とすることがある。

---

50) 香山弘文「集中連載／経済安全保障の国際的背景と日本政府の取り組み」時評 2022 年 4 月号 97 頁参照。

51) https://www.mext.go.jp/content/20211217-mxt_kagkoku-000019002_1.pdf（研究者向け）、https://www.mext.go.jp/content/20211217-mxt_kagkoku-000019002_2.pdf（大学・研究機関向け）

52) https://www8.cao.go.jp/cstp/kokusaiteki/integrity/shishin.pdf

:: Ⅳ　将来の課題・今後の展望

　これまで概観してきたとおり、日本政府は、近年、経済安全保障に関するさまざまな取組みを行ってきた。この流れは、第5章で述べた米の輸出規制や投資審査の強化を通じた機微な技術の流出のための取組みや、サプライチェーンの強靭化などの経済安全保障上の取組みや欧州を含めた世界的な制度動向と軌を一にするものであるといえる。今後、推進法の全面施行に向け、基幹インフラ審査に関する制度や、特許出願の非公開化に関する制度など各制度の政省令の詳細が明らかになることにより、企業としても具体的な対応を求められることになるが、それだけではなく、米中間の戦略的競争や、地政学的な緊張が高まるなか、米欧中の制度動向をみながら、今後の政府による新たな取組みも注視していく必要があるだろう。とりわけ、2022年末までに改訂が行われるべく、政府において議論が進められている、国家安全保障戦略については、経済安全保障に関する戦略が記載されることが見込まれることから、この戦略の内容については、中長期的な日本の経済安全保障に関する政策の方向性を示すものとして、注目していく必要があるだろう。推進法の法案審議においても、政府は、喫緊の政策課題として対応しなければならない4項目をまず洗い出した上で法案として国会に提出した旨の説明をしており、今後も他の施策を講じていくことを示唆している（衆議院内閣委員会第11号令和4年3月23日小林国務大臣答弁、なお、推進法の附則において、施行後3年を目途とする見直し規定が置かれており（附則4条）、法律の施行状況をみながら3年以内に追加的な検討が行われることも想定される）。

　たとえば、上記Ⅱで紹介した、政府の2022年の骨太方針（2022年6月7日閣議決定「経済財政運営と改革の基本方針2022」）においても、以下の2点に関しては、制度整備を含めた所要の措置を講ずるべく検討を進める旨を明示的に言及している（23頁）[53]。

① 　重要情報を取り扱う者への資格付与
② 　サイバーセキュリティの確保に向けた官民連携や分析能力の強化

このうち、①はいわゆる民間人に対する機密情報にアクセスするための資格制度（セキュリティクリアランス）であり、機微な情報を取り扱う国際共同研究への日本の民間研究者の参加が促進されることも期待される。特に推進法の審議においては、衆議院および参議院の双方において、「国際共同研究の円滑な推進も念頭に、我が国の技術的優位性を確保、維持するため、情報を取り扱う者の適性について、民間人も含め認証を行う制度の構築を検討した上で、法制上の措置を含め、必要な措置を講ずること」との附帯決議がなされており、今後制度化を含めた検討が進んでいくことが見込まれているところである[54]。また、②のサイバーセキュリティへのリスクへの対応についても、地政学的な緊張が高まるなか重要度がますます高まっており、現に米や欧でも規制や運用強化の流れにあり[55]、基幹インフラの事前審査だけでない今後の施策の動向にも着目していく必要がある。

　また、同じく骨太方針 2022 年では、ロシアによるウクライナ侵略をふまえた、新たな安全保障貿易管理の枠組みの検討も含めた先端技術を保有する民主主義国家による責任ある技術管理や、各種制裁の効果的な実施、経済的威圧への対応が骨太方針において言及されているところ、こうした先端技術管理、経済的威圧への対応および制裁の執行等における同志国間の協調的な取組み[56]や、たとえば、米のイエレン財務長官が提唱する信

---

53) 令和 4 年 7 月 25 日付の有識者会議資料、内閣官房経済安全保障法制準備室「経済安全保障推進法の審議・今後の課題等について」においても今後の課題の一つとして「セキュリティ・クリアランス」と、「サイバーセキュリティリスクへの対応」をあげている（https://www.cas.go.jp/jp/seisaku/keizai_anzen_hosyohousei/r4_dai1/siryou3.pdf）。

54) 報道によれば、高市早苗経済安全保障担当大臣も令和 4 年 8 月 10 日の就任記者会見等を通じて、推進法の改正案に盛り込む考えを示唆している（https://jp.reuters.com/article/econ-security-minister-idJPKBN2PG18E、https://www.nikkei.com/article/DGXZQOUA281A90Y2A820C2000000/）。

55) 2021 年 5 月 21 日付米大統領令（EO14028）（https://www.whitehouse.gov/briefing-room/presidential-actions/2021/05/12/executive-order-on-improving-the-nations-cybersecurity/）、欧州委員会の 2022 年 9 月 15 日付けで提案した Cyber Resilience Act（https://digital-strategy.ec.europa.eu/en/library/cyber-resilience-act）など参照。

56) こうした取組みとして、たとえば、REPO タスクフォース（Russian Elites, Proxies, and Oligarchs Task Force）による G7、EU、豪などによる制裁の執行強化に向けた取組みが挙げられる（https://ec.europa.eu/commission/presscorner/detail/en/STATEMENT_22_1850）。

頼できる同盟国にサプライチェーンを構築する「フレンド・ショアリング」構想[57]などに象徴される、同志国間内で重要物資等を融通する仕組等を通じた同志国間の協力強化に伴う、制度の創設、ファインチューニングや、運用の強化の動向についても注視していく必要があると考える[58]。

　これらの日本政府の取組みは、日々刻刻と変わっていっている。このため、影響を受ける企業においては、注意深く制度の動向に関する情報を収集するとともに、その趣旨に沿った適切な対応を行うことが求められることになるが、本章の説明がその一助になれば幸いである。

---

57) https://home.treasury.gov/news/press-releases/jy0880
58) 日本は、従来より、国際輸出管理レジームに準拠して輸出管理を実施してきたが、かかる国際レジームに基づく管理は、全会一致方式で管理対象を決定することから柔軟性や機動性に欠け、特に軍民融合が進みエマージング技術が台頭する中、国際レジームのみでは解決できない課題が顕在化しているとの問題意識により、既存の輸出管理の枠組みを重視しながらも、既存の国際レジームを補完する、少数の技術保有国による機微技術管理の新たな枠組みの必要性が従来より提唱されている（産業構造審議会　通商・貿易分科会安全保障貿易管理小委員会 2019 年 10 月 8 日付中間報告 16 頁、および同小委員会 6 月 10 日付中間報告 8 頁）。今後、法令の改正を通じて、既存の国際輸出管理レジーム管理に追加する形で、少数国間の枠組みの合意に至れば、先端技術を中心とする輸出管理対象品目の追加等が予想されるところである。これに関連して、2022 年 10 月の対中国の先端半導体・製造装置等の輸出規制強化（第 5 章参照）について、米国が、日本やオランダに対して、協調を呼びかけているとの報道があるが、最終的に日本が米国の規制強化にいかなる形で追随し、あるいは協調するか否かは、その規制強化の影響もさることながら、今後の日本の輸出管理の少数国間連携を含む国際連携の方向性を把握する観点からも非常に重要な試金石になるものであり、注視していく必要があろう。

第3部

通商規制と企業戦略

▶**第8章**

人権、環境および経済安全保障をめぐる
通商規制の発展と企業戦略

▶▶▶▶▶▶▶▶

　本章では、本書のまとめとして、第1章から第7章で整理した内容をふまえ、近時の人権、環境および経済安全保障をめぐる通商ルール形成の全体動向およびそれが日本企業の戦略に与える示唆について論じる。

　本章のキーメッセージは以下のとおりである。

　企業の国際競争力の維持ないし強化に向けて、多国間、有志国間または各国単独での取組み、非政府アクターの参加等によってさまざまなフォーラムで多層的かつ複雑に発展する人権、環境および経済安全保障に関する通商ルールに対応できる企業体制を構築する必要がある。

⑴　人権、環境および経済安全保障に関する通商規制への対応は経営課題として取り込む必要がある

⑵　国際的な通商ルール形成の動向に関する情報をタイムリーに収集および分析する企業体制を強化する必要がある

⑶　自社のサプライチェーンおよびインベストメントチェーンを正確かつ詳細に把握する必要性が高まっている

⑷　各国の通商規制への対処については、各企業が自らのビジネスやサプライチェーンをふまえて戦略的に判断する必要がある

⑸　通商規制に係る法務機能の充実が図られる必要がある

1　人権、環境および経済安全保障をめぐる通商ルールの発展

⑴　発展の背景と今後の見通し

　第1章〜第7章を通じて、近年、欧米を中心として、人権問題、環境問題および経済安全保障の問題が語られ、通商政策の大きな進展がみられることが明らかになった。

この進展の基礎には、国際社会における普遍的な価値の高まり、中国等の新興国の発展という国際経済社会の構造変化を理由とする経済的な要因、さらには国際システムやその根底をなすルールおよび価値観をめぐる競争ないし対立といった多様な要因が、複合的に絡み合って存在する。たとえば、人権侵害に対処するための通商政策（第1章参照）および気候変動問題に対処するための通商政策（第2章参照）の進展の背景には、人権および環境保護という普遍的価値の尊重を徹底すべきとの機運拡大とともに、人権侵害や不十分な環境対策により安価に生産された産品との公正な競争を確保すべきとの問題意識がある。また、米国の経済安全保障や人権侵害に関する通商政策（第5章参照）は、中国の経済的および技術的な競争力の向上や、人権問題を引き起こす政治体制が、米国の安全保障および国際秩序にとっての脅威であるとの認識の下で推進されている[1]。

　このように、人権、環境および経済安全保障に関する通商政策の基礎には、短期間での解消が見込まれない構造的要因が存在し、今後も同様の通商政策が継続および発展する可能性が高い。

(2)　アップデートを迫られる WTO ルール

　このような人権、環境および経済安全保障に関する通商政策ないし通商ルールの形成のアプローチを、本書では、複数国間アプローチと単独アプローチとに分類した。

　このうち、複数国間アプローチの代表的なものは、国際貿易の基礎をなす WTO ルールである。一方で、各国は、特に近時、単独アプローチにより、人権、環境および経済安全保障の問題に対処するとの政策目的達成のために貿易を制限している。かかる状況は、WTO ルールの下での国際貿易秩序に関して以下の問題を提起している。

　第一に、自由貿易の推進と、人権や環境といった普遍的価値の実現のための貿易制限の必要性を、どのようにバランシングさせるかの問題であ

---

1)　佐橋亮『米中対立──アメリカの戦略転換と分断される世界』（中央公論新社、2021）17 頁以下、243 頁以下等。

る。この点は、たとえば、強制労働産品であることや、不十分な環境対策の下で生産された産品であることを理由として輸入規制を課してよいか、または表現の自由の抑圧に対する懸念を理由として監視機器について輸出規制を課してよいかといった形で問題提起がなされている。

　第二に、貿易制限的措置の理由となる安全保障概念の広がりである。伝統的には、安全保障は、他国による軍事的な侵攻ないしそのおそれへの対処を中心的な課題としてきた。しかし、近時においては、米国の経済安全保障法制（第5章参照）において顕著に見て取れるように、技術的ないし経済的な優位性、デジタル空間の安全性、さらには人権や民主主義といったイデオロギーの優位性までもが安全保障概念の中に取り込まれ[2]、その広い安全保障概念に基づいて、貿易制限的措置が講じられている。

　現在のWTOルールは、このような自由貿易と普遍的価値とのバランシングや、広がりを見せる安全保障概念に十分に対応できているとは言いがたい。すなわち、WTOルールは、各国が人権・環境といった普遍的な価値に基づく政策を追求する権利を認め、自由貿易との調和を図りうる仕組みを含んでいるものの[3]、その条件や限界は、現在のルールおよび先例上、必ずしも明らかではない（第1章・第3章参照）。また、WTOルールは安全保障例外[4]を定めているものの、この例外は基本的に、軍事的な衝突ないしそのおそれがある場面に重点を置いている（第1章参照）。したがって、かかる安全保障例外は、たとえば、デジタル空間の安全の確保を理由とした措置のような、広がりをみせる安全保障概念に基づく措置に十分に対応できていない[5]。

　このように、WTOルールは、新しい課題に効果的に対応するためのア

---

2) Joel Slawotsky, "The Fusion of Ideology, Technology and Economic Power: Implications of the Emerging New United States National Security Conceptualization", (2021), pp. 7-10.

3) GATT 20 条、GATS 14 条等。

4) GATT 21 条および GATS 14 条の 2 。

5) Slawotsky・前掲注 2) は、確かに現代においては、たとえば最先端の技術はそれが軍事用途に利用された場合に安全保障上の危険を引き起こすため、安全保障概念を軍事衝突の場面のみに限定することは適切でないとする一方で、無限定に安全保障概念が広がることは、貿易および投資に対して深刻な悪影響を及ぼすと指摘する（53 〜 54 頁）。

ップデートが求められている一方で、現状においてかかるアップデートが期待できるかは必ずしも定かではない。すなわち、従来より、全加盟国のコンセンサスを必要とする新しいWTOルールの成立に向けた交渉の停滞が指摘されてきたが、特に人権問題や環境問題に関しては、価値観や経済発展状況を異にする国家間でコンセンサスが成立することは、少なくとも短期的には難しいように思われる[6]。さらに近時は、上級委問題[7]に見られるように、WTO紛争解決手続を通じた規範の形成機能が批判される傾向にあり、既存の文言の解釈を通じたWTOルールのアップデートに慎重な姿勢がWTOに窺える。

(3) 多層的なフォーラムでのルール形成の継続的かつ複雑な発展

上記のとおり、WTOルールのアップデートが停滞するなかで、本書で取り上げたような人権、環境および経済安全保障の問題に対処するために、各国による単独アプローチとしての貿易制限的措置が、各国の価値観や政策目的に従って独自に広がっていることは否めない。

他方で、かかる単独主義は、現在進行しているルール形成の一側面にとどまる。むしろ本書の分析は、WTO以外の多層的なフォーラムにおいて、特に価値や問題意識を共有する有志国間での複数国間アプローチにより、WTOルールもふまえながら、基本的なルールや原則の策定ないし共有が進められる可能性を示唆する。人権や経済安全保障上の懸念に基づき米国が単独アプローチで対中の通商措置を講じていたところ、他国にもその懸念の認識が共有され、有志国の共通の通商課題となっているものもある。

具体的には、まず、人権や環境に関する通商ルールが、二国間または多数国間の貿易協定（FTA）を通じて発展している（第2章参照）。

---

6) そもそも、たとえば労働の分野については、1996年のシンガポール閣僚宣言において、これを国際労働機関に委ね、WTOでは扱わないとされた（第1章参照）。
7) 米国が、加盟国の交渉を経ずに、上級委が協定解釈を通じて新たな法創造を行っている等の不満を理由に、新たな上級委員会委員の選任を拒否することで、WTO紛争解決機関である上級委員会の機能不全が生じている問題。

また、近時は、人権、環境および経済安全保障に関して、以下の例のとおり、将来の通商ルール形成も見据えた有志国間の政策対話が積極的に行われていることも注目に値する。

- 　人権問題に関する通商政策：2021年12月に米国主催で開催された民主主義サミットにおいて、「輸出管理・人権イニシアティブ（Export Controls and Human Rights Initiative）」が立ち上げられた。同イニシアティブの下では、監視、サイバー攻撃等に用いられうる技術の人権侵害を理由とする輸出制限について、有志国での共通の政策および運用が目指されている（第1章参照）。

- 　気候変動に関する通商政策：G7やOECDといったフォーラムにおいて、WTOルールとも整合的な炭素国境調整措置の導入に関する議論が行われている（第3章参照）[8]。加えて、米EU、日米および米英では、中国を含む他の国からの安価で炭素集約的な鉄鋼・アルミの流入を制限することを念頭に、「グリーン鉄鋼」のアレンジメントも議論されている。

- 　経済安全保障：米国とEUとの間でのTrade and Technology Councilにおいて、新興技術に関する輸出管理や、半導体、クリーンエネルギー、医薬品および重要原材料のサプライチェーンの強靱性および供給の安全の促進が議論されることとなっている[9]。また、米国、日本、インドなどが14ヵ国が参加するインド太平洋経済枠組み（IPEF）では、サプライチェーンの強靱化が議論される4つの分野の一つとされている（第3章・第5章参照）[10]。

　さらに、これらの通商政策に関する有志国間でのフォーラムだけではな

---

8) 2021年10月22日付け「G7貿易大臣コミュニケ」、OECD, "Climate Policy Leadership in an Interconnected World: What Role for Border Carbon Adjustments?", (2020).

9) "EU-US Trade and Technology Council Inaugural Joint Statement"、(29 September 2021) ⟨https://ec.europa.eu/commission/presscorner/detail/en/STATEMENT_21_4951⟩。

10) Office of the United States Trade Representative, "United States and Indo-Pacific Economic Framework Partners Announce Negotiation Objectives" (September 9, 2022)) ⟨https://ustr.gov/about-us/policy-offices/press-office/press-releases/2022/september/united-states-and-indo-pacific-economic-framework-partners-announce-negotiation-objectives⟩

く、たとえば環境問題に関する通商政策の基礎に、国連気候変動枠組条約締約国会議（COP）において合意された「パリ協定」があるように、直接には通商政策を扱わないフォーラムにおける議論も、通商ルールの形成に影響を及ぼしうる（第4章参照）[11]。加えて、国家間のみならず、民間企業、投資家、金融機関、NGO等の非政府アクターが策定する国際的なルールないし原則も、政府間でのルールないし原則の共有または収斂を促すものとなりうる[12]。

　このように、今後の人権、環境および経済安全保障に関する通商ルールは、多国間、有志国間または単独のいずれのアプローチによっても、またときには非政府アクターも参加する形で、さまざまなフォーラムで多層的に、また複雑に発展することになると考えられる。

　そして、仮に範囲の限定された国家間による取組みであったとしても、それらの国家間で政策の方向性に一定の収斂がみられ、ルールないし原則が明確化および共有され、さらに政策目的の達成のために必要な範囲を超えて自由な貿易が制限されないことの確保は、企業活動にとって間違いなく利益であるといえる。また、ルール形成の多層的なフォーラムの成立は、産業界がルール形成に参画する余地を広げることも意味する。そうであるとすれば、企業としては、そのような世界において国際競争力を維持ないし強化するために、かかる多層的なフォーラムにおける議論およびルールの形成を正確に把握し、これを支持し、さらに自社にとって有益なルールの形成に向けた働きかけを行うことができる体制を整える必要があるといえる。

---

11) このようなフォーラムにおいては、貿易問題では必ずしも立場が一致しない国家間でも大きな目標が広く共有されうることも重要である。

12) たとえば、2014年に制定されたEUの非財務情報開示指令は、企業がかかる指令の下で環境、人権等に関する非財務情報開示を行うに当たり、非政府団体であるGlobal Reporting Initiative（GRI）が策定した報告フレームワークに依拠しうることを規定した（Directive 2014/95/EU, preamble（9））。

2 企業に求められる具体的な対応および体制構築

　以上の分析に基づき、以下では、企業に求められる具体的な対応および体制構築について検討する。

(1) 人権、環境および経済安全保障に関する通商規制への対応の経営課題への取り込み

　まず、本書で扱った通商規制への対応は、経営陣によって経営課題としても捉えられる必要がある。すなわち、以下で述べるとおり、これらの規制への対応の検討に当たっては、企業としてどの程度の規制執行リスクを織り込むか、相反しうる各国規制が存在する場合にどのようにバランスをとるかといった企業としてのリスク判断が求められる。また、自社や業界に有利な国際ルールの形成に向けた活動を国際フォーラムにおいて効果的に行うためには、企業の経営陣による積極的な参加があることが望ましい。

　さらに、これらの通商規制のビジネスに対する影響の大きさを考えれば、個々の各国規制の背後にある人権、環境および経済安全保障に関する国際的な問題関心や大きな方向性を正確に理解することが、企業の中長期的な経営戦略を定める上で不可欠になると考えられる。特に、人権や環境の問題への企業の取組みが、投資家、消費者、取引相手、NGO等のステークホルダーからますます厳しく精査されていくことが予想されるなかで、上記の国際的な潮流を正確に理解した上で経営戦略が定められ、経営陣のコミットメントの下にかかる経営戦略が実施されていることが、今後ますます企業の国際競争力を左右することになるであろう。

　したがって、今後、経営陣としては、人権、環境、経済安全保障等に関する国際的な規制動向やその背後にある大きな政策の方向性について、国内外の専門家との意見交換等によって自らに適切にインプットし、これらの政策の進展への対処にコミットすることが重要になる。

⑵ 国際的な通商ルール形成の動向に関する情報をタイムリーに収集および分析する企業体制の強化

　上記1で述べたとおり、人権、環境、経済安全保障等に関するルール形成が多層的かつ急速に進展する状況において、日本企業が国際競争力を維持ないし拡充するためには、これらの政策の進展をタイムリーに把握し、分析する体制を整えることが不可欠になる。

　特に、本書で取り上げたとおり、人権や経済安全保障に関する規制を矢継ぎ早に展開している米国の政策と、域外に対しても効果を及ぼし、また、その後の世界のスタンダードともなりうるいわゆる「ブリュッセル・エフェクト」を持つEUの政策は、日本企業に大きな影響を及ぼしうるものであり、注意する必要がある。また、中国の政策も、ときには米欧の政策に対抗し、ときには米欧の政策とは異なり独自に、またときには米欧と歩調を合わせて策定され、日本企業へ大きな影響を及ぼしうるものとして注視する必要がある。

　さらに、これらのうち、特に日本と基本的な価値観を共有する米国およびEUの政策の分析は、それぞれの事情を反映した幾分かのバリエーションの余地を残しつつも、上記1⑶のとおり各国間の連携による政策の共通化や収斂が起こりうることを考慮すれば、両者の政策との国際比較によって今後の日本の政策の予測も可能となるという意義も有する。

　たとえば、日本においては、2022年の通常国会において、重要物資の安定的な供給の確保、基幹インフラ役務の安定的な提供の確保、先端的な重要技術の開発支援、および特許出願の非公開を4本の柱とする経済安全保障推進法が成立した（第7章参照）。この経済安全保障推進法を、米国の経済安全保障法制と比べた場合には、重要インフラに対する安全保障やサプライチェーン・リスクへの対処（第5章参照）といった課題に対処しようとするものである点において共通している。一方で、細かい措置の内容は米国の類似の規制と異なる部分があることに加え、技術をめぐる競争という観点からの措置は、先端的な重要技術の開発支援および特許出願の非公開にとどまり、たとえば、安全保障上の懸念がある企業に対する投資禁止措置の導入や、安全保障上重要な戦略物資および技術の輸出管理の拡大

は[13]、含まれていない。また、欧州で議論されている第三国による経済的威圧に対処するための措置（第6章参照）も含まれていない。このように、日本企業としては、今回の経済安全保障推進法への対応に加えて、上記のような米欧においてすでに導入ないし議論されている経済安全保障上の措置との「差分」および日本が置かれた経済安全保障の状況にも着目し、将来、米欧と同様の政策または日本の状況を考慮して修正された政策が実施される可能性をふまえた対策を、あらかじめ講じることが有益であると考えられる。

　かかる各国間政策比較の重要性は、近時のロシアによるウクライナ侵攻に対する各国の制裁にも当てはまる。たとえば、米欧で発動されているが日本で発動されていない制裁措置を整理し、さらに日本が置かれた経済安全保障の状況を考慮することが、今後日本で発動されうる制裁措置の内容をあらかじめ把握することの一助となりうる。

　さらに、特に人権および環境に関するルールに関しては、まずは法的拘束力のない規範（いわゆる「ソフトロー」）が国際フォーラムで醸成され、これが時間をかけて各国の法的拘束力のある規制（いわゆる「ハードロー」）の中に組み込まれていくことも多い。たとえば、人権デューデリジェンスの実践の基礎となるビジネスと人権に関する法規範については、国連における「ビジネスと人権に関する指導原則」等のソフトローがまず発展し、これらを基礎として各国におけるビジネスと人権に関する法規制の成立が進むという展開がみられた（第2章参照）。かかる観点からは、国際社会におけるソフトローの形成を把握することも、のちのハードロー化を見据えた対応を早期に行うために重要となる。

　以上のとおり、企業には、自社に影響を及ぼす各国規制の内容を広く横

13）米国は、技術覇権をめぐる中国との競争の文脈で、輸出規制の対象を拡大している（第5章参照）。これに対し、日本はこれまで、国際輸出管理レジームに原則として準拠する形で輸出管理を実施してきたが、今後の安全保障上重要な戦略物資や技術についての機動的な輸出管理の実施のあり方についての議論が進められている（産業構造審議会 通商・貿易分科会「安全保障貿易管理小委員会中間報告」（2021年6月10日）〈https://www.meti.go.jp/shingikai/sankoshin/tsusho_boeki/anzen_hosho/pdf/20210610_1.pdf〉参照）。

断的に把握し、またそのような規制に対して先手を打つために、規制が成立する前の議論段階から、さらには、将来ハードロー化しうるソフトローがさまざまな国際フォーラムで議論されている段階から、それらの動向を収集・分析する体制の強化が求められる。

このような情報の収集は、公開情報をベースとして相当程度行いうるものである一方で、情報の正確な分析や、規制成立前の議論動向の理解のためには、成立した法律や議論されている法案の文言のみならず、その背景や文脈に関する資料も含め、関連する情報を専門的知見に基づいて広範に分析する必要がある。また、企業にとって重要な問題を深く理解する上では、外国の政府関係者、専門家等とのネットワークが効果的な場合もある。したがって、複雑かつ急速に、また多様な形で発展する各国規制や国際ルールを適切に理解するためには、自社の関係部門の強化や人材の育成を進めつつも、外部の専門家を効果的に活用することもまた求められると思われる。

(3) 自社のサプライチェーンおよびインベストメントチェーンの正確かつ詳細な把握

本書で扱った人権、環境および経済安全保障に関する規制の大きな特徴は、自社のサプライチェーンおよびインベストメントチェーンを、正確かつ詳細に把握することを求める点にある。

すなわち、人権問題に関する通商規制に関しては、たとえば、米国の輸入規制（第1章参照）は、米国に輸入される製品の一部にでも強制労働によって生産された部品や原材料が含まれる場合に、この輸入を禁止する。また、気候変動関連規制に関しては、たとえば、EUで導入が議論されている炭素国境調整措置やバッテリー規則（第3章参照）は、EU市場において販売または輸入される産品の生産工程全体での二酸化炭素排出量を問題とする。さらに、米国の対中経済安全保障法制は、中国企業5社の通信・映像監視関連の機器・サービスを政府調達から排除するのみならず、かかる排除対象機器・サービスを使用する企業と米国政府が契約することも原則として禁止している（第5章参照）。

このようなサプライチェーン全体の問題の把握を企業に求める傾向は、今後も加速する可能性があり、具体的には、たとえば、生物多様性の問題に関しても、同様の傾向が指摘されている[14]。

　さらに、たとえば米国の経済制裁は、SDN リスト掲載者のみならず、SDN リスト掲載者によって直接的・間接的に株式を 50％以上保有されている者も制裁対象者としている（第 5 章参照）。したがって、このような規制に対応するために、企業は、直接の取引相手のみならず、そのような取引相手の資本関係（インベストメントチェーン）についても把握することが求められることになる。

　以上のとおり、自社のサプライチェーンおよびインベストメントチェーンの正確な把握は、上記(2)の各国規制の内容や動向の把握と車の両輪の関係に立つものであり、両者を正確に理解することではじめて、企業は、各国の規制によって自社が直面しているリスクについて正確な判断を下すことができる。したがって、企業にとっては、自らのサプライチェーンまたはインベストメントチェーン上の人権、環境および経済安全保障上の問題について、正確かつ詳細に調査し、政府からの求めに応じてデータ等を提出できる体制を構築する必要性が高まっているといえる。一方で、かかるサプライチェーンおよびインベストメントチェーンの把握を可能とするためには、各企業が利用可能なデータベースの構築や開示義務の充実が望ましいとも思われ、この点については今後さらなる考察が必要となる。

(4)　自らのビジネスやサプライチェーンをふまえた上での各国通商規制への戦略的な対処

　上記(2)および(3)のとおり、個々の企業に適用される各国規制の内容やその規制が当該企業に与える影響の有無または程度は、各社のサプライチェーンやインベストメントチェーンによって異なりうるため、それらの規

---

14)「田瀬和夫氏『日本企業の人権に対する姿勢、今のままでは国際的に取り残される可能性も 』」（D-Com、2022 年 3 月 24 日 ）〈https://project.nikkeibp.co.jp/decom/atcl/102700007/031600022/?P=2〉。

制についての望ましい対応も企業ごとに異なりうる。

　また、規制の執行リスクをどこまで織り込むかという判断も、各社によって異なりうる。すなわち、規制が、法文上は適用範囲が広範なものとなっており、それを完全に遵守しようとすれば、ビジネス上大きな支障が生じるような場合であっても、実際の執行事例を分析すると、執行範囲は事実上限定されているということがある。このような場合に、どの程度保守的に規制を遵守するかについては各社によって異なる判断がありうるものであり、当該規制を発動する国のビジネス上の重要性や他社との競争状況を考慮して、現実的な執行リスクが低い範囲内で取引を継続するという戦略的判断も下されうる。

　さらに、たとえば、米国の対中規制を遵守しようとすれば中国からの対抗措置[15]の対象となりうるというように、各国規制間の板挟みになる状況への対応についても、いずれの規制の遵守に重点を置くかは、自社のサプライチェーン・インベストメントチェーン、自社にとっての重要な技術の開発拠点または物資の調達先、自社にとっての販売市場の重要性等をふまえて、各社ごとに判断されるべきものと考えられる。

　このように、各国の規制に関する情報の収集および分析、さらにはかかる規制への対応の検討については、日本政府の情報発信等は有益であるものの、各社や各業界の自助努力の上で、最終的には各社が戦略的に判断することが重要となり、それを可能とする体制の整備が求められる。

　その上で、企業が、人権、環境および経済安全保障を根拠とする規制が次々と導入されることが見込まれる状況下において自社の利益が不当に損なわれないように、規制の内容や運用を常にそのまま受け入れるのではなく、ときには相手国政府や規制当局に対してその是正を求める姿勢を持つことも重要になる。

　たとえば、規制の内容が不明確である場合や規制相互の矛盾抵触がある場合、さらには規制の設計に不備があるために企業に無用な遵守コストが

15）たとえば、中国の信頼できない企業リスト、外国の法律および措置の不当な域外適用を阻止する弁法および反外国制裁法の対象となりうる。

生じる場合には、相手国政府に対して規制内容の明確化、規制間の整合性の確保、規制目的に対する規制手段の合理性の確保等に向けた働きかけを行うべきであろう。同様に、規制の運用が不透明または恣意的である場合、運用側の能力やリソース不足により遅延する場合等には、規制当局に運用の改善を促していくべきと考えられる。

このような場面においては、自社のみでの対応に加えて、業界団体や日本政府との連携が効果的となりうる。かかる観点からは、企業や産業界の政策インプット機能の強化もまた重要となろう。

(5) 通商規制に係る法務機能の充実

上記(2)ないし(4)のための体制整備の核となりうるのは、通商規制に係る法務機能の充実である。

すなわち、人権、環境、経済安全保障等の近時の重要課題に関する各国政策は、多くの場合、最終的には具体的な規制として成立するところ、かかる規制への対応は、従来の法務部門またはコンプライアンス部門の役割に属するものとなる。しかし、本書でみたとおり、これらの課題に関する規制は、複雑、急速かつ多様に発展しており、限られたリソースのなかでこれらの規制の進展を正確に理解することは容易ではない。また、これらの規制の内容および運用を理解するためには、関連する国際ルールの内容の理解が不可欠となる[16]。加えて、通商規制の現実的なリスクは、規制の文言のみでは判断できず、かかるリスクを正確に把握するためには、政策的な背景や当局の執行状況などの規制の運用に関する相場観を理解する必要がある。

さらに、上記の課題に関する各国の規制については、当然ながら、これ

---

16) たとえば、米国の強制労働産品に対する輸入規制における「強制労働」の有無の判断は、国際労働機関の強制労働の指標を基礎としてなされている（CBP, "Forced Labor"〈https://www.cbp.gov/trade/forced-labor〉）。また、ビジネスと人権に関する各国規制への対応として人権デューデリジェンスを実践するためには、国連の「ビジネスと人権に関する指導原則」等のビジネスと人権に関する国際規範や、関連する国際人権法を理解することが求められる（第2章参照）。

らの遵守というコンプライアンス的観点が求められる一方で、本書でこれまで分析したとおり、審議中のまたは成立した法規制が、必ずしもWTOルール等の国際ルールに整合的なものであるとは限らない。したがって、法務部門には、自社のビジネスに影響のある各国規制を議会等における検討段階で早期に把握した上で、その外部的な評価基準である国際ルールとの整合性を分析し、不整合の疑いがあるものについては、法規制の内容が固まる前に、日本政府、業界団体等を通じて問題提起をしていくことが、自社の国際競争力確保の観点から重要になってくると思われる。

　加えて、上記(2)のとおり、本書で扱った政策については、ソフトローの形成が、将来のハードローの成立において大きな機能を果たしうる。このことをふまえれば、法的拘束力はなくとも国際規範として認められているソフトロー(たとえば国連の「ビジネスと人権に関する指導原則」)の内容を把握してハードロー化に先んじて対応したり、自社のビジネスに影響のあるソフトローが国際フォーラムで議論されている段階でかかる議論に参加して自社に有利な内容のルールの成立を目指したりすることも、「法務」の機能として重要となる。

　以上を要すれば、本書の分析は、ⅰ法務部門が理解すべき「法」の範囲が国内法を超えて外国法および国際法まで、さらにはハードローを超えてソフトローまで広がっており、かつ、ⅱこれらを受動的に遵守するのみならず、国際法を用いて不合理な各国法を是正したり、ソフトローの形成段階からそれが自社のビジネスに有利なものとなるよう働きかけたりといったように、ルールを能動的に活用ないし形成することまでもが今後の「法務」として求められていることを示唆しているといえよう。企業にとっては、既存のハードローを既定のものとしてその文言を完全に遵守することを超えて、複雑かつときには相反する規制への現実的な対処方法の助言、ハードロー化を先取りするソフトローのうち企業として取り組むべき事項のインプット、ルールを戦略的に活用または形成する方策の助言等を経営陣に行う法務体制を構築することが、今後の国際競争力の鍵を握ることになる。

▶**第9章**

［座談会］人権・環境・経済安全保障
と企業戦略

▶▶▶▶▶▶▶▶

〔座談会出席者〕

佐橋　亮（東京大学准教授）

田瀬和夫（SDG パートナーズ有限会社 CEO）

夫馬賢治（株式会社ニューラル CEO）

中島和穂（弁護士）

藤井康次郎（弁護士）

平家正博（弁護士）

根本　拓（弁護士）

> 本座談会は 2022 年 7 月 27 日に収録され、NBL1227（2022.10.1）号・
> 1228（2022.10.15）号に収録されたものを再収録したものである。

∷ I　はじめに

藤井　前半（I〜Ⅲ）の司会を務めさせていただきます西村あさひ法律事務所の弁護士の藤井と申します。本日のテーマでもある通商分野の案件を多く手がけております。本日は、皆様お集まりいただきまして、ありがとうございます。本座談会は「国際通商政策の最前線」という題目で、人権、環境、そして米国、欧州における経済安全保障に関する規制について解説を行った連載（NBL 1192 号（2021）〜 1218 号（2022））の、締めくくりとして開催をさせていただければと思います。

　人権と環境と経済安全保障に関しては、今、急ピッチで、企業の経済活動に直接影響を与える形でルール形成が進んできており、加えてこれらのテーマは、国際的な政治、外交、また社会課題といった大きな潮流の中で

ルール形成が進んでいるという特徴があるかと思っております。その意味では、法律の専門家がこうした論点について議論するだけではなく、経営の視点や、NGOを含む市民社会の見方、そして政治、外交といった大局的な観点も交えてディスカッションしていくことが非常に重要だと考えております。本日は、そうした目線から、人権や、ESG・環境、そして外交、地政学の分析といった最前線で活躍されている有識者の方々をお招きしております。

　それでは皆様自己紹介をお願いいたします。

田瀬　SDGパートナーズCEOの田瀬と申します。外務省や国連での執務経験を経て、2017年からSDGパートナーズ社を設立しております。

　当社ではサステナビリティ全般、SDGsを経営の中核に取り入れる支援を行っていまして、その中できわめて重要な人権問題についても、デロイトトーマツコンサルティング社に在籍していた際より取組みを続けております。その意味では、2011年のビジネスと人権に関する指導原則以来、特にここ10〜11年、ビジネスと人権分野が企業にとって取り組まざるを得ない大きな経営課題になってきたということで、課題はたくさんありますが、ある意味でうれしく思っています。本日はこういった観点から情報をインプットできれば幸いです。

夫馬　株式会社ニューラルCEOの夫馬と申します。2013年に当社を立ち上げ、それ以降ESGのアドバイザリーやコンサルティングを行い、現在は信州大学の特任教授も務めております。また、厚生労働省、農林水産省、環境省にて委員も務めており、NGOの理事としても活動しておりますので、アカデミック、企業、政府、また当社のクライアントには金融機関もありますので、そういった多角的な観点から、ルール形成や変化していく潮流を観測できていると思います。今日もその立場からお話しできればと思います。

佐橋　東京大学東洋文化研究所の佐橋と申します。国際政治学、安全保障研究、米国研究などを専門にしておりまして、その観点から、米中関係の問題や経済安全保障、また時には人権に関わる規制動向などを調べております。特に経済安全保障に関しては、経済安全保障推進法や土地等利用状

況審議会などの仕事にも携わらせていただいております。

中島　西村あさひ法律事務所の弁護士の中島と申します。私はもともとコーポレートと言われている M&A、企業の買収、合併の案件を担当しておりましたが、イラン核合意が成立した 2016 年ころより、日本企業のイランへの進出を手伝っていく中で、米国からの経済制裁に対応することが増え、米中の対立に関心を持つようになりました。その後、米中の経済制裁や輸出規制、経済安全保障や、さらには最近でいうとロシアの制裁の関係を担当させていただいています。

　日常的には、法律的な視点で狭く考えがちなことがございますので、皆様とお話しできることを楽しみにしております。

平家　西村あさひ法律事務所の弁護士の平家と申します。私の場合は、2016 ～ 2018 年まで経済産業省の通商機構部に出向しておりまして、そこでの経験を生かして、現在は WTO の国際経済紛争の対応、ルール交渉の支援等について、日本政府や民間企業へのアドバイスを行う仕事をしております。

　日々新たな動きが出てきていますが、やはりわれわれは、法律、もしくは法案という形で学ぶことが多く、その背景事情は、なかなかわからないことが多いと思いますので、本日は有識者の皆様のご意見も聞きながら、理解を深めていければと思っています。

根本　西村あさひ法律事務所の弁護士の根本でございます。私は、国際通商法、国際通商政策を専門の一つとする弁護士として活動しておりますが、昨年までは国際機関である OECD の貿易農業局で貿易政策の分析も行ってまいりました。最近は、国際通商規制に関連する人権問題や、経済安全保障の問題についても目を向けており、私も大きな文脈の中でこの規制の発展について考えていきたいと思っております。

:: Ⅱ　人権に関する通商規制

1　欧米の規制動向

藤井　まずは人権に関する通商規制やルール形成、それが企業に与える影

響についてディスカッションしていきたいと思っております。

　非常に目を引くのが、米国で成立したウイグル強制労働防止法です。本年6月からは、新疆ウイグル自治区産の産品が組み込まれた製品など、中国のウイグル族などへの強制労働に関する産品の米国への輸入が原則として禁止される、といったことが具体的に実施され始めています。

　このように、サプライチェーン上の人権侵害に対処するための各国規制は、近時ますます強化されているように思われます。まずは欧米の規制の動向やその特徴について整理したいと思います。

根本　今、藤井さんがおっしゃった規制動向については大きな特徴が2つあると思っています。1つ目として、時系列的に見たときに、この5～6年の間に、サプライチェーン上の人権侵害に対処するための規制が欧米を中心に急速に発展しているということです。2つ目として、輸出規制、輸入規制といった典型的な通商規制や、経済制裁、人権デューデリジェンス規制といった物品やサービスの国際取引に影響を与える措置を、各国が、必ずしも国際的な枠組みによらずに単独で導入してきている点が指摘できます。

　もう少し規制類型ごとに見ていくと、詳細はNBLの連載で説明しておりますが（第1回（1192号39頁）、第2回（1194号57頁）、第8回（1206号85頁）、第10回（1210号77頁））、輸入規制については、米国では強制労働により生産された産品の輸入の禁止という形で規制が進展しています。これは実は1930年頃から導入されてきたものですけれども、ここ5～6年で規制の執行が活発化されていて、昨年12月にはウイグル強制労働防止法が成立しました。

　一方で、EUにおいても、この強制労働を理由とする輸入規制の議論が進展していて、フォン・デア・ライエン欧州委員会委員長は、このような輸入規制を欧州委員会として今後提案することにコミットしています。実際に本年9月に法案が出るとも言われているので、この点についても着目する必要があるかと思います（注：2022年9月14日に強制労働により生産された産品のEU域内への輸入を禁止する法案が欧州委員会により提案された）。

また、輸出規制については、米国は輸出管理規則の枠組みの中で、輸出許可の審査において輸出先での人権侵害のおそれを考慮したり、人権侵害に関与した事業者をエンティティリストに載せて輸出を規制したりしています。欧州では、サイバー監視技術というものに着目して、これが人権侵害に用いられうるということを根拠に輸出規制が強化されました。

　経済制裁については、米国も欧州も人権侵害を理由とした経済制裁を進めていますし、また、EUにおいては人権デューデリジェンス規制が進んでいて、本年2月にコーポレートサステナビリティ・デューデリジェンス指令案（CSDD、Corporate Sustainability Due Diligence Directive）という、一定の規模以上の企業に対して人権、環境に関するデューデリジェンスを義務付ける法案が発表されました。

　2021年にNBLで「国際通商政策の最前線」の連載を開始した際に、人権や環境の保護に関する通商政策の発展は今後も加速していくことが予想されることを指摘しましたが（連載第1回（NBL1192号39頁）、本書第1部第1章I等）、ここ1年だけを見てもかなり規制が進んでいて、まさに連載開始時に述べたとおり、こういった規制の進展が国際的な潮流になっているという感触を持っております。

2　欧米の規制動向の背景

藤井　欧米における人権侵害に対処するためのその他の規制、そして政策について、着目すべきトレンド、動向、注意すべき点などを田瀬さんからコメントいただけると幸いです。

田瀬　根本さんのご指摘は示唆深いです。

　まず、米国と欧州の動きは、目指す方向は一緒なのですけれども、文脈が少し違うのだろうなと思います。やはり米国の場合は、人権侵害に関する通商規制の発展において、対中国、ないしは地政学上の安全保障政策的な意味合いがすごく大きいのですよね。佐橋さんが詳しい分野かと思いますが、新疆ウイグルの話は、たとえば米国がアフガニスタンからなぜ撤退したのか、といった話題と密接に関わってくるのではないでしょうか。そういう意味で、今の中国、ロシアとの関係において米国がどう振る舞うか

が今後の規制の進展を見通す上での大きなファクターになっていると思うのです。

　一方で今まさにご指摘いただいたデューディリジェンス指令案が本年2月23日に公表されていますけれども、この指令案も含めて、欧州のすべてのコーポレートサステナビリティやサプライチェーン・デューデリジェンスに関するルールは、もっと大きなところから、演繹的に由来しているように見えています。

　ご存じかとも思いますが、そもそもグローバル・コンパクトにしろ責任投資原則（PRI、Principles for Responsible Investment）にしろ、ジョン・ラギー氏の関与の下で、気候変動枠組条約と生物多様性条約に関して、国のみならずビジネスの側でも対応するため、1999年、2006年にそれぞれ提唱されたという背景があります。このことからもわかるように、気候変動、生物多様性と人権は国際的には同じフレームワークで動いており、その中でも欧州においては、特に開示とデューデリジェンスのところを規制していこうとしています。欧州においてはもう一つ、サステナビリティ報告指令（CSTRD、Corporate Sustainability Reporting Directive）について昨年4月に案が出ていますけれども、このコーポレートサステナビリティ報告指令案とデューディリジェンス指令案は、そうした大きなサステナビリティに関する流れの中で出てきたものであると思っています。

　さらに、欧州におけるCSDDにおいては、EU域外企業であっても、EU域内で1.5億ユーロ超の売上規模を持つ会社等は規制の対象となるので、日本の大手の会社はほとんどターゲットになりますよね。そうなると、こうしたルールが全世界にあっという間に広がっていくことになると思います。

　ビジネスと人権に関する指導原則が採択されたのが2011年ですから、10年経ってようやくこうやって企業の現場に規制が入るようになってきました。すべての国連におけるルール形成は大体そうだと思っていますが、やはりルール形成から10年ほど経つと、実際に現場を縛る傾向にあると考えています。

根本　今、田瀬さんのお話を聞き、似たような規制であっても背景はさま

ざまであり、それを理解することが非常に重要だと感じました。

　先ほど申し上げた輸出入規制や経済制裁、デューデリジェンス規制といった規制の背景として、一つは、田瀬さんがまさにおっしゃった「民主主義国家・自由主義国家 対 権威主義国家」といった世界の秩序のあり方をめぐる争いがあり、その文脈において人権に関する規制が進展していると考えます。米中の対立が代表的な事例です。

　一方で、欧州のほうを見ていると、その背景には対中国という要素もあるかとは思いますが、それとともに、欧州の価値観、つまり普遍的な価値としての人権、もしくは環境、生物多様性といったものを、自分の領域だけではなくて、自分が関与するサプライチェーンないしバリューチェーン全体に広げていくことを目指しているように感じます。

　また、これも田瀬さんがおっしゃったことですけれども、国際的に共有された目標も規制進展を支えています。国連のビジネスと人権に関する指導原則もそうですし、SDGs の達成や、ESG に関する意識の向上という観点も政策の背景にあり、だからこそ、このような政策が、市民社会や投資家からも後押しされていることにつながっているのではないでしょうか。

　さらにもう一つ、「レベル・プレイング・フィールド」（公正な競争の確保）と言われるものですけれども、たとえば強制労働等を利用した安価な製品が輸入されると、クリーンに作られる自国の製品が競争上負けてしまうので、規制を入れることで公正な競争を確保しようという狙いがあります。米国の人権侵害に関する輸入規制は目的としてこのレベル・プレイング・フィールドを明確に打ち出していますし、EU でも規制導入の根拠としてよく指摘されています。

　ポイントは、こういった要因が複合的で中長期的であるがゆえに、この流れが簡単には止まらないということです。一つの要因が少し弱くなったとしても、規制を前に進めるエンジンが他にもいくつもあるので、人権問題に関する国際的な通商規制の進展という潮流は今後も止まらないと考えています。

田瀬　同感です。

佐橋　規制の背景について、確かに欧州のほうが伝統的に、政府も、社会

も、また国際組織、地域統合の組織としてのEUも、地政学よりも人権侵害そのものを重視してきたのは間違いがないと思います。ただ、最新の世論調査レベルで見ると、実は欧州と米国で中国の問題の所在を問うアンケートを取っても、そこまで目立った違いが出ているわけではありません。そしてまた欧州諸国でも、地政学的な課題としての中国問題に対し、理解が進んでおり、それは最近のNATOによる新しい戦略概念の採択にも見られているところだとは思います。

　ただ、その上で米国の特徴をさらに付言して解説しますと、やはり昨今のウイグル強制労働防止法のように、輸入管理をかなり多用し、時には経済制裁も利用するといった特徴がはっきりしていると思います。それを支えているのは、やはり連邦議会と世論の強い理解だと思いますし、このような変化が生じたのは、おそらく過去5年ほどではないかと思います。一部の調査ジャーナリズム、調査報道の成果もかなりあって、ウイグルにおける人権侵害の状況がつまびらかになることによって議会が動き、そして政府も対応していくという流れがあったと思います。

　ただ、そうした流れの一方で、最近のエンティティリストなど輸出管理を使った規制に見られる人権規制の動向などは、人権をある意味名目にして、他国のハイテク産業を規制している部分があることも、見逃してはいけないのではないかと思います。たとえば監視技術や、それ以外のさまざまな先端技術の活用に対する米国側の動きというのは、やはりそういった技術がウイグル族等に対する人権侵害に使われていることだけを懸念しているというよりは、米国自身の科学技術における競争力を意識して行われているのではないでしょうか。他にもバイオテクノロジー等の技術に関しては、同様の側面があるのではないかとは思います。

　そして最後に、米国のもう一つの特徴というのは、やはりルール形成を出口として意識しているために、国際連携を強く図ろうとしています。根本さんのお話のように、それぞれの主体が人権に関する規制を進めてきたのは間違いないのですが、やはり最近の米国は多国間連携を非常に重視しており、それも、連携しやすい国との多国間連携を目指しています。これは別に人権に関わるところだけではなくて、すべてにおいて共通していま

すが、人権に関するトピックでは、たとえば昨年 12 月に発表されたオーストラリアなどと一緒に行う「輸出管理・人権イニシアティブ」に見られるように、やはりミニラテラルと呼ばれる少数国で核となる動きをつくって、それを国際的に波及させていこうとするところが、民主党政権らしいという見方もできますが、米国的な特徴だと考えています。

田瀬　佐橋さんも言及してくださったように、欧州においても地政学的な中国ファクター、ロシアファクターがあるわけですけれども、それに加えて、人権問題が、他のグローバルイシューとの関わりにおいて重要になってきたことがルール形成の背景にあるように思います。

　欧州におけるルール形成では NGO が果たす役割がとても大きいと思っているのですが、たとえばですけれども、食料問題、全世界的なフードシステムショックを考えた場合の小麦、大豆、パームオイル等のサプライチェーンに現在大きくハイライトが当たっている傾向があります。一方で、パームオイルの調達に関しては、これは以前から人権に関する大きなイシューであり、フードショックという観点からも再度、人権問題が浮き上がっているような風潮があるように思います。

　もう一つ、脱炭素についてです。米国の輸入規制の対象となっている新疆ウイグル自治区産の太陽光パネルの話題以外にも、インドや中国で、再生可能エネルギーのクレジット、脱炭素のクレジットを発行するのに、森林を切り開いて、子供を使って太陽光パネルを設置しているような実情があり、脱炭素の動きと、人権問題にリンクが生じてきています。これも米国や欧州においてルール形成が進んでいる一つの要因で、こうした問題に市民社会がきちんと着目している証拠でもあると感じています。

藤井　最後の部分は、本座談会でテーマにしているような、環境問題、人権侵害の両問題にリンクもあるという大変示唆深いご指摘かと思います。

3　日本の動向

藤井　今まで欧米の動向として議論してきた規制の多くは、日本においてはまだ導入されていないように思われますが、日本における今後の規制動向や、そのインパクトについても議論いただけますでしょうか。

田瀬　人権デューデリジェンスやビジネスと人権に関する規範形成という意味では、ご案内のとおり、2020年10月にビジネスと人権に関する国別行動計画がようやくできましたね。

　私が外務省に所属していた際にも執務をしていた人権人道課（執務当時は人権難民課）が音頭を取って各省庁の調整を行い、国別行動計画を発表したのですが、NGOからは、規定ぶりが緩やかであることについて厳しい評価をされているように思います。一方で政府が重い腰を上げて、企業に対して警鐘を鳴らしているという意味では大いに意味があるとは考えています。日本企業は米国、欧州の動向を注視していますので、特に国連グローバル・コンパクトにおける分科会では、国別行動計画に基づいて何かをやるというよりは、欧州・米国基準で対応しなければいけない、という機運が出てきたことも事実です。そこで昨年、法務省からも「ビジネスと人権に関する調査研究」報告書が公表され、私も監修させていただきましたが、これをベースに全国の法務局等でセミナーをするようにもなりました。

　また、経済産業省が3月からサプライチェーンにおける人権尊重のためのガイドライン検討会を立ち上げて、近々ガイドラインの素案が公表されると聞いています（注：日本政府は、2022年9月13日に「責任あるサプライチェーン等における人権尊重のためのガイドライン」を策定した）。これはサプライチェーンに関する人権デューデリジェンスのガイドラインということで、私が目次を見た感じでは、OECDのガイドラインや企業人権ベンチマーク（CHRB、Corporate Human Rights Benchmark）等の内容を踏襲したものになり、日本独自の新しいガイドラインというものではないと考えています。ただ、企業はおそらく内容をきちんと遵守するのではないでしょうか。気候関連財務情報開示タスクフォース（TCFD、Task force on Climate-related Financial Disclosures）についてもここ2年で企業間でアラインしているようですし、同様の流れになるように思います。

　ただ、ここから先、これが政府の規制や法律になり得るかという問題があるように思います。そもそもどの省庁が音頭を取るのか、たとえば経産省がイニシアチブをとった場合に、他の省庁と経団連がこれに対してきち

んと反応できるのか、という点も問題になると思います。

　私は規制や法律という形を取り、それに対しきちんと反応すべきだと思います。レッセフェール（laissez-faire、フランス語で「なすに任せよ」の意）ではなくて、ここは欧米ないしは世界基準で、規制やデューデリジェンスについての何らかの義務化をすることが、日本経済の競争力の観点からも非常に重要ではないでしょうか。一方で、特に政治サイドにおいて、こういったものを理解できて、立法できるようなアクターがなかなかいないように思われることを少し残念にも思っています。

根本　日本において、人権デューデリジェンスに関する規制化が進むのかどうかについては、私も着目しています。今回の経産省のガイドラインが第一歩で、それに対して市民社会だけでなく、企業の理解がどれだけ得られるのかという点をよく見ていく必要があると思っております。

　もう一つ同じ観点からいうと、通商規制について、日本は人権侵害に関する輸入規制、輸出規制、経済制裁を今は導入しておらず、これがこの先どこまで進むのか気になっています。輸出管理については、人権侵害を理由とする輸出管理の検討を今後進めていくべきだということが、たとえば、すでに2021年6月の産業構造審議会通商・貿易分科会の「安全保障貿易管理小委員会中間報告」で言及されています。輸入管理については、日本も一員であるG7において、サプライチェーン上の強制労働の問題への対処を進めることにコミットしています。

　こういった点をふまえて、今後、サプライチェーン上の人権侵害に対処するための輸出管理や輸入規制といった措置が導入されるのか、また、その制度設計やタイムラインといった点に注目しています。

藤井　佐橋さんのおっしゃったミニラテラリズムの観点というものがありましたが、国内での取組みをきちんとしないと、先進的なルールに取り組む国の仲間に入れない、という可能性も出てくるかと思います。日本が空白地帯になるということが問題視される可能性があるかもしれません。

　また他方、米国や欧州でそうした規制化が進んでいくとすると、相互承認のような協力枠組みも重要かと思っています。たとえば、人権に関する適切な規制を導入している国において当該規制を遵守していると認められ

る企業であれば、他国においても当該国の人権関連規制を遵守していると扱ってもらえる仕組みを作ることも大事になってくると考えます。規制化すると企業にコストがかかるというのは正当な問題意識ですけれども、他方、規制化することで、自分たちの製品等が国際的に普及しやすくなるメリットがあれば、議論は進みやすくなるのではないかと思うのです。

田瀬　おっしゃるとおりです。中長期的に見たら、規制化には悪いことは何もないと思うのですが、やはり短期的なことばかりに目が行きがちです。中長期的な競争力という意味からも、普遍的価値の面でも、規制化は大いにあり得ることだと感じます。

藤井　日本の規制状況や取組みが欧米の規制上どう評価されるか、米国やヨーロッパにおける規制の実施においてどう斟酌されるのかが私の専門分野から見ると大変関心があって、田瀬さんのおっしゃるように、まさに消費者や投資家の目線とどこかでアラインしていくのかもしれない問題かと思っております。

佐橋　その関係で付言しておくと、来年、日本がG7ホスト国なので、G7にどのように人権問題を組み込むのかというのは、非常に大きな議論になっていくと思うのです。この観点からもやはり日本は、国内におけるルール形成をまず他国に遜色ないものにして、食料、エネルギーだけでなく、人権をもう一つの柱にすべく議論を推進していく必要があるのではないでしょうか。

4　今後の国内外の動向における注目点

藤井　人権に関する通商規制の議論の最後に、今後の国内外の動向における注目点を教えてください。

田瀬　日本国内の人権の問題で、通商にも大きく関わりそうな話として、技能実習生や外国人労働者の問題があると思います。もともと技能実習法（外国人の技能実習の適正な実施及び技能実習生の保護に関する法律）は国際協力の法律であり、日本で技能を学び、母国に帰ったときにそれを国の発展に役立てていただきたいという趣旨で、同法3条2項で技能実習制度を労働力の需給調整のために使ってはならないと規定されています。それが

今、実態として反故になっていて、毎年多くの失踪者が出ています。

　そういう状況の中で、日本企業がサプライチェーンのデューデリジェンスを行う上で、国内における外国人労働者、なかんずく技能実習生問題というのは避けて通れない話になっており、出入国管理、そもそも外国人との共存という哲学的なところも含めて、もう少し充実した議論が必要ではないかと危機感を覚えています。

根本　私からは3つほどございまして、1点目は国際的なルールの収れんの可能性です。佐橋さんがおっしゃったとおり、米国は2021年12月の民主主義サミットで「輸出管理・人権イニシアティブ」を立ち上げて、有志国間で人権侵害に関する輸出管理の内容や運用を共通化させようという試みがなされています。また、G7でもサプライチェーン上の強制労働に関する取組みについて議論が進展しているのも先ほど述べたとおりです。このようなさまざまな有志国間でのフォーラムでの議論を通じて、各国が単独で導入してきた規制が、一定程度有志国間で収れんする可能性があると考えています。

　一方で、2点目として、国際社会における各国の状況の違いが、制度の形成に影響する可能性もあると思っております。たとえば日本だと、地政学的に中国とかなり近接しており、また経済的な繋がりも強いことが、日本の規制の発展に影響しうると考えています。国際的なフォーラムでの規制の収れんに向けた動きと、各国の状況の違いをふまえた各国でのルール形成のいずれも見ていかなければいけないように思います。

　3点目に、WTOルールによる規律の可能性です。貿易に関する国際ルールであるWTOルールは、輸出入制限を基本的に禁止しつつ、一定の正当化理由がある場合にそれを許容するというルールになっていて、人権侵害へ対処するための輸出入規制もWTOルール上許容されうると考えています（詳細は連載第2回（NBL 1194号62頁）、本書第1部第1章Ⅴ参照）。一方で、政策目的の達成のために必要な限度を超えた措置や、同じ状況にある国を恣意的に差別するような措置は、WTOルール上許されません。このような観点から、人権侵害に対処するための規制だからといってフリーパスになるのではなく、同様の状況にある国のうち特定の国をあえて

狙い撃ちするような恣意的な措置についてはWTOルールを使って規制していくことが求められます。日本政府はこれまで、ルールに則った国際秩序の尊重を重視してきていますので、そのような恣意的な規制に対してはWTOルールに基づいた是正のための働きかけをしていくことも考えられるのではないかと思います。

:: Ⅲ　気候変動に関する通商規制

1　国際的な議論動向

藤井　それでは、次のテーマの環境・気候変動に移りたいと思います。

　まず、国際的な議論の動向についてですが、環境に関する規制、その中でも特に気候変動に関する規制が、近時話題になっております。

平家　各国の規制が進んでいる背景については、大きく2つ重要なポイントがあると思っています。各国は気候変動対策に取り組む国際的な義務を負っているというのが1つ目のポイント、ただ、それをどう実現するのかは各国に委ねられているというのが2つ目のポイントです。

　1つ目の国際的な義務ですが、これは連載でも解説したとおり（第3回（NBL 1196号72頁）、本書第1部第3章Ⅱ等参照）、パリ協定が2016年に締結され、各国が温室効果ガスの削減目標を自主的に作成した上で報告をすることが規定され、各国が自分で定めた目標を達成していく必要があります。

　どういう目標を設定するかは、国により違いますが、基本的には、2050年ころにはカーボンニュートラルを実現する目標を設定し、それに応じて、2030年の中期的な目標として、たとえば1990年比で○％削減する、という削減方針を定めています。このように、長期的な2050年目標と中期的な2030年目標をそれぞれ掲げ、これを実現するためにアクションを起こす必要に迫られているというのが1つ目のポイントです。

　2つ目のポイントは、パリ協定は、国内措置の実施を各国に義務付けているにとどまり、それをどう実施するのかは、それぞれの国に委ねられている点です。この手法としては、たとえば燃費規制のようないわゆる規制

的手法と言われるものや、炭素価格を徴収する経済的手法、もしくは「これは環境にいい製品です」と認証を通じて消費者の購入行動に働きかける手法などがあります。このとおり、どの制度を採用するのかは、それぞれの国が置かれている状況や、これまでの経緯に沿って決めていくことになることになります。

　そして、この問題を考える上では、気候変動の問題はなかなか1ヵ国では対応できないという性質であるがゆえに、特にカーボンリーケージと言われる問題が重要です。たとえば自国で規制を強化しても他国の規制が緩いとその他国の産品が輸入されてしまう、または規制の厳しい自国の企業が他国に移転してしまうことも起こり得ます。よって気候変動の規制を強化しようとすると、どうしても他国の製品に対しても規制を及ぼしていく必要性が生じます。ただ、どういう規制を設けるかは各国に委ねられているので、構造上、どうしても貿易紛争が生じてしまうというのが、国際通商法の観点から見たときの気候変動の問題だと考えています。

夫馬　今、各国の規制の観点から平家さんにご解説をいただきました。ルール形成という広い観点からは、先ほど田瀬さんがおっしゃられたように、環境も人権も連動して規制整備が進んでいますが、構造転換の大きなポイントとして、政府がルール形成の主体ではなくなってきていることが挙げられます。

　今回の「環境」というテーマについて、気候変動および自然資本について言及されることが多いですが、このうちのほとんどの問題の発起人は政府でも、NGOでもなくなってきていまして、最近はやはり投資家や企業がイグナイター、つまり議論に火をつけるきっかけになっています。政府はあくまでもこれをアクセレレート（加速させる）立場になってきており、たとえばEUの規制には、細かいサブスタンスのある規制ではなく開示ルールにとどめる規制があります。開示のルールが決まれば自ずと市場ベースで、政策目標はある程度達成できるだろうという考え方があり、やはりルール形成の主体が、いわゆるハードローの世界からソフトローに移ってきていることが大きな特徴だと思っています。

　少し極端な言い方をすると、サステナビリティにまつわる大きな世界で

は、「ウェストファリア」的なルール形成はほぼ崩壊しています。ウェストファリア体制と呼ばれる国際秩序では、政府が権力を持ってルールも決め、それを国際公法の場で国家間を調整していましたが、今では政府がルール形成の発起人ではなくなってきているので、中世のようにあらゆるところからルール形成の芽が出てきて、各ステークホルダー、アクターのパワーゲームが生じていることが特徴的です。

　そのため実際に法規制に携わっている法律家や企業法務の目線では、目まぐるしく規制が制定されているように感じると思います。なぜかというと、ソフトローの世界は、今お話ししたように、それぞれが大きな目標を持ち、それらが統合されていくので、カーボンニュートラルや、自然資本の回復・増加（ネイチャーポジティブ）について、次々とあらゆるプレイヤーが仕掛人になって議論を行うことで、さまざまなソフトローが誕生してくるのです。そして、それらは頻繁に生起していきますので、一つの環境規制に関しても、以前のようなコンプライアンス問題と同様に考えてしまうともはやカオスになり、「どこまでやれば終わるのか」という感覚をいろんな方が覚えているように見受けています。

　先ほど議論された人権についてもそうですが、環境についても、もはやコンプライアンスのレベルではなくて、「すべからく人権や環境が尊重されている社会」という究極のゴールに向けてあらゆるプレイヤーが仕掛けにきている現状にあります。そうするとそれに対抗し、立ち向かっていくためには、いわゆる法規制対応というような対処方法ではなくて、どうしてこのルールはできているのか、このルールが大きなゴールに向かおうとするとどのような枠組みになるのか、またルールがアクセレレートする動きが今後出てくるかについてウォッチしておかないと、確実に動きに追いつけなくなります。先ほどの議論でもあったように、規制の背景、規制の目的、ゴールを正しく理解することが非常に重要になってきているように思います。

　また、最近は特にEU、米国、日本において、政府が環境規制をアクセレレートする側面が強くなってまいりました。これは、このイシューが安全保障化しているというのが端的な要因かと思います。環境問題は、エネ

ルギー安全保障や食料安全保障に密接に結びついていますので、この問題を一種、市場の原理に放置しておこうとする動きがみられた国ですら、問題が安全保障化してきた瞬間に、政府が規制を強化しようとしています。NATO という場においてすら、気候変動問題が扱われたことにこの特徴が表れているかと思います。ですので、政府が後追いをする形で安全保障化した問題をキャッチし、今までにない勢いで規制を進めているということがポイントだと感じます。

　もう一点、私が着目をしているのがインド太平洋経済枠組み（IPEF）ですね。インド太平洋経済枠組みにおいて、政府はあくまでルールをアクセレレートする立場なので、おそらく条約をつくることはなく、ソフトローを広げていくことになると考えています。彼らが今、外交交渉、政治交渉として東南アジアにも出向いていき、この枠組みをつくっていこうとする動きはもはやルール形成・普及の面でもかつてとは違う、「ウェストファリア」的ではない次元に突入しているなと感じています。

平家　大変示唆に富むご意見をご教示いただきました。夫馬さんがおっしゃったとおり、国が直接規制するだけでは気候変動への対応は不可能に近いので、どれだけ民間の資金や技術や活動というのをうまく使っていくのかがポイントなのではないかと考えています。実際、各国の政策も、市場の動き、もしくは民間企業のイニシアチブをどう支援していくのかという点にフォーカスする側面が多くあるように思います。その意味で、新たに規制が出てきた際、当該規制をどう遵守するかとの目線だけだと本質がわかりづらく、市場や民間企業の動きから規制を理解していくことも重要であるということは、まさにおっしゃるとおりだと思いました。

藤井　環境に関する問題は産業政策的も側面が強いということは従来から認識されており、従来は国がアクセレレートする大きなドライバーにもなっていました。産業政策については積極的な国とそうでない国と分かれておりますけれども、近時、安全保障の問題になると、かなりの国が国家の権力を使ってきちんと規制していく傾向にあります。したがって、環境問題についても、産業政策だけではなくて、安全保障化しているのではないかというご示唆は、今後の国の規制の動向やルール形成のあり方を考えて

いく上で非常に重要なポイントであると感じました。

佐橋　米国において、気候変動問題の安全保障化という問題自体が民主党系の中で強く意識されているのは事実ですし、今、ホワイトハウスにいるスタッフについても、同様の問題意識を持っている傾向にあります。バイデン政権も、大枠としてはグリーン、気候変動を非常に重視しているのは間違いがありません。ただ、直近では、その勢いはかなり落ちており、気候安全保障という問題意識を前面に打ち出すには至っていないと考えます。一方で気候変動が安全保障環境に及ぼす影響については今後も注視されていくと思います。

　もう一つ、夫馬さんがおっしゃったような、ソフトローが中心となるルール形成が今後非常に重要になってきて、そして、これは言ってみれば中世のような世界だという捉え方は非常に納得がいくし、実際そのとおりだと思います。すなわち国際秩序を捉える見方は、やっぱり更新されていかなくてはいけないということですよね。

　この点については全く同感ですが、一つだけ付け加えると、インド太平洋経済枠組みに関しては、同様の流れのものになる可能性はあるけれども、現状としては、バイデン政権が有効なルール形成の手だてを打てない中で、米国政府主導で苦し紛れに、来年のAPEC（アジア太平洋経済協力、Asia Pacific Economic Cooperation）までに何か対応しようと思って出てきたものです。多少ソフトローとしてルールにつながる内容に結実するかもしれませんが、夫馬さんや平家さんがおっしゃったような、きちんとしたルール形成とは質が違うものではないかと感じています。

2　EU の規制動向

藤井　環境について国際的な動向を説明いただいたところで、続いてEUの規制動向について、ディスカッションすべきポイントなどがあればお願いしたいと思っています。

平家　先ほどの議論の中で出てきたポイントも含まれるのですが、EUの規制動向を理解する上で、「欧州グリーンディール」は重要だと思います。これは、フォン・デア・ライエン欧州委員会委員長が、主導して打ち出し

た政策であり、2050年にカーボンニュートラルを実現するという目標を定めるとともに、その実現に向けて成長戦略、産業政策を打ち出してきているものです。具体的には、エネルギー部門脱炭素化、サーキュラーエコノミー移行、農業政策の変更、生物多様性といった非常に多岐にわたる分野をカバーしており、経済システム全体として、よりグリーンなものに替えていく、そのために、さまざまな補助をしたり、規制を設けたりしていくという野心的で、かつカバーする範囲が非常に広いものとなっているのが特徴です。

夫馬　おっしゃるとおり、2019年12月にフォン・デア・ライエンが欧州委員会委員長に就任した際に、すぐ欧州グリーンディールを打ち出してきたので、これはもともと彼女が用意していた施策なのだろうと予想がつきますが、官（パブリック）と民（プライベート）の関係を考えると少し複雑な施策でもあります。つまりパブリックがプライベートに影響を与えるという側面も、このグリーンディールはもちろんあり、たとえば投資家の情報開示のルール化が進むことで今まで開示をしなかった投資家からすると、開示の必要が生じることにより意思決定にも変化が出てくるという事例があると思います。

　一方で、プライベートがパブリックに働きかけて、そもそも今回の政策や法規制ができてきているという面もあります。端的な例でいうと、ガスと原発をめぐるタクソノミーが挙げられます。政府は、国内の世論や国内産業という観点、そして足元のエネルギー危機に対処するために、ガスと原発については、非常に狭き門ですが、規制を緩めようとしました。一方で、これに反発しているのが投資家で、その中でも中長期的な目線で見ている投資家は、政府の動きを短絡的と批判し、彼らのマネーという巨大なパワーを使ってでもEUの政策を変えていこうとする動きすら出てきています。

　ですので、プライベートセクターにより主体的に大きく動かされてきているという面が、このグリーンディールについては大いにあると見ています。

藤井　欧州グリーンディールについては、WTO法を始めとする国際ルー

ルとの整合性という観点から議論されることも多いと感じています。

平家　夫馬さんのほうから、とても面白い観点として、官（パブリック）から民（プライベート）と、民から官、2つの流れがあるということでしたが、おそらく国際通商法の観点からも、その官から民の流れでどういう規制が入れられているのか、という点が重要かと思います。

　この欧州グリーンディールに基づいて出てきた規制にはさまざまなものがありますが、有名なのが、Fit for 55と呼ばれる温室効果ガス削減を目指した政策パッケージです。その内容を見てみますと、EUが炭素価格を徴収する経済的手法を気候変動対策の柱の一つに位置付けていることを受けて、EUの既存の排出量取引制度（EU-ETS）を強化し、それに対応する形で、負担を増すEU域内品とのバランスを取るために、輸入品に関しても炭素価格を徴収するという炭素国境調整メカニズム、いわゆるCBAM（Carbon Border Adjustment Mechanism）を導入するところが一つ大きな特徴です。

　他にも、環境親和的な製品と環境親和的でない製品を区別した上で、環境親和的でない製品の販売流通を規制していくような制度を導入するような案が出ていることも特徴的です。たとえば使用時の温室効果ガスの排出量を問題とする乗用車燃費規制や、製造工程における温室効果ガスの排出量を問題とする自動車バッテリー規制、農産品が森林破壊によって開墾された土地で生産されているかどうかを問題とする森林デューデリジェンス規制などが挙げられます。このように、環境親和的な製品か、そうではないかという点で区別を設けていく流れが規制として出てきているように思います。

　加えて、環境親和的な技術開発や製品開発を促進するために、大幅な補助金の支援策が出てきていることも挙げられます。

藤井　今後、EUの規制動向がより普遍化していくのか、それとも国際社会からバックラッシュがあるのかを考える上で、国際ルールとの整合性が重要な観点になると思います。連載では、そうしたEUの規制について、WTOルールとの整合性で疑問点も挙げられていることを取り上げました（連載第3回（NBL 1196号72頁）、第4回（NBL 1198号81頁）、本書第1部

第3章Ⅳ）が、そのあたりのエッセンスを説明していただけますか。

平家　いくつかの要素に分けられると思いますが、1つ目は、域内品と輸入品に、それぞれ違う制度や規制を設けたときに、それは内外差別になるのかが問題になり得ます。

　先ほど述べた炭素国境調整メカニズムが、この良い例ですが、EU域内品にはEU排出量取引制度（ETS）で負担を課す一方で、炭素国境調整メカニズムは輸入品に対しても同じような負担を課すという制度になっています。そこでは、その輸入品が生産国でどのくらい気候変動対策のためのコストを払っているのかを考慮した上で、EUのものと差分があるときに、その差分を負担させる制度になっているのですが、EUの制度と他国の制度とが違うときに、輸入品が負担している気候変動対策のコストを算定することが技術的に非常に難しいと言われています。これがおざなりになってしまうと、結局EU域内品を優遇することになるのではないかということで、この内外差別が、一つのポイントだと思っています。

　2つ目として、域内品と輸入品を同じルールに基づいて規律すればいいのではないか、という問いが出てくることが予想されますが、この場合も、内外差別の問題が生じる可能性があります。ルールは平等でも、そのルールを守ろうとしたときに、置かれている状況がそれぞれの国によって違うため、一部の生産国が不利になる、もしくは輸入品全部が不利になるようなケースが出てくる可能性があり、ここもまさにWTO法上問題となり得る点です。

藤井　EUの規制の目的は、人類的な課題に対して対処していくところにあり、その重要性は普遍的に共有されうるものではあります。一方で、その規制の設計や執行の仕方によって、競争条件が域内企業に有利に働いていることが疑われると、目的が重要であることをふまえながらも、そうした規制のあり方について疑問視されていく可能性もあります。そうした微妙なバランスの中で、今、EUの大きな環境政策、規制化が進みつつあるという認識でおります。

夫馬　特に日本企業における影響という文脈からすると、先ほども話にあがったコーポレートサステナビリティ報告指令案においては、欧州に拠点

がある企業は報告義務が課されますので、日本の大企業など直接的に影響を受けることになります。一方、間接的なものについては、EUのサステナブルファイナンスアクションプラン（2018年に欧州委員会が採択した行動計画で、金融とサステナビリティの結びつきを強めるための包括的戦略を定めたもの）が日本企業に少なからず影響を与えるといえます。かかるアクションプランに基づく法規制の直接の名宛人は銀行、投資家、保険会社ではありますが、彼らに対して投融資および保険の提供先の情報を提供させるということも規制に含まれているので、間接的に影響を受ける企業はさらに多くなると考えられます。したがって、リーガルとしては、企業に直接影響する開示規制だけではなくて、ファイナンス側の指令も見ておく必要があるように思います。

3　米国の規制動向

藤井　続いて、米国の規制動向について議論を進めます。こちらは先ほど佐橋さんから、米国における気候変動対策は、バイデン政権発足当初と現在では少し温度感に違いが出てきているというご指摘もありました。

夫馬　米国における気候変動の話題で、今、非常に重視されているのは、「ローカルサプライチェーン」という単語です。現在、バッテリーや太陽光発電パネル、さらには風力発電のタービンですら米国企業のシェアが芳しくない状況において、米中対立が念頭に置かれながら、国内のサプライチェーンを強化しようという風潮が米国にあります。ローカルサプライチェーンは、まだ法規制になる前の政策目標、もしくは州政府ごとの発表というレベルにとどまっていますが、日本企業にとっては、これから米国国内での製造、サービス提供が今まで以上に求められる可能性が高いと思います。このように気候変動問題がより安全保障化していくことが、どの地域で事業を行うのかについての企業の判断に影響を与えうることも指摘しておきたいと思います。

平家　バイデン政権が成立したときに、気候変動を優先課題だと位置付けた上でパリ協定へ復帰したり、2050年のカーボンニュートラルを宣言したりしたこともあり、政権発足当初は、今後さまざまな規制が導入されて

いくような印象がありました。しかし実際には、自動車燃費規制といった個々の措置が講じられてはいる一方、包括的な気候変動対策を定めた法案について議会の議論が膠着して成立のめどがたっていないことに鑑みると、米国全体としては、やはり規制に対し足踏みするような雰囲気があるのかとも考えています。(注:本座談会の終了後の2022年8月16日、ビルド・バック・ベター法案を縮小した「インフレ削減法」が成立した。同法は、電気自動車の税額控除等を内容とするが、税制控除の対象車両を北米で最終組み立てが行われたものに限っていることがWTO協定に違反するとの指摘もある。また、バイデン大統領は2022年7月20日、気候変動による異常気象対策や洋上風力発電の普及等の取組みを大統領令により実行していくとの行動指針を発表した。)

佐橋　夫馬さんがおっしゃったように、気候変動対策、環境問題対策だけではない文脈が規制に入ってきていることに注視すべきであると思います。それは日本企業にとっても大きな意味がありますし、平家さんがおっしゃったように、やはりバイデン政権は議会対策に相当苦慮しています。その結果、いつものように大統領令などを使って手を打とうとしているけれども、肝心の法案というものが、この気候変動問題に限らず全般的にかなり通りづらい状況は今ですらあって、中間選挙後を見通すとかなり状況は厳しいのかなと思います。

4　日本の規制動向

藤井　それでは、足元の日本の状況について何かコメントありますでしょうか。

夫馬　気候変動問題は、今までは環境省の所管であったように見えていましたが、すべての省庁にまで範囲が広がっていることが大きな話題かと思います。たとえば私は、農林水産省の審議会の委員を務めるなど農業にもタッチしておりますが、農林水産分野の中でも食料安全保障×気候変動が問題となる文脈では、どこからリンやカリウムを獲得するのか、今まで捨ててきた廃棄物をどう有効活用するかという観点で外務省や国交省が関係するといったように、省庁横断の話が広がってきています。

このように、日本の政策動向や法律を見ていく上で、もはや経産省と環境省だけが環境問題に関わるということがなくなったのは、大きな転換です。あらゆる省庁から環境に関する規制がどんどん制定されるので、そうすると、ウォッチしておかなければいけないものも、おのずと増えてきているように感じています。

平家　企業の視点でのポイントを付け加えると、日本政府は、環境問題に関する規制を、成長戦略として位置付けていこうとする方針を掲げているように思っています。そのために、たとえば予算措置、税制措置、あとは支援という形でさまざまなメニューをそろえてきているので、今後、企業がビジネスを行う上で、このような法制度をうまく活用するという観点から、日本政府がどういう形の政策を出してきているのかを、細かくウォッチしておくことが重要なのではないかと思います。

5　今後の動向における注目点や国際的な連携の可能性

藤井　それでは、環境問題に関連した国際的なルール形成や連携といった論点について、コメントをいただければと思います。

平家　国際的な環境問題を見たときに、動きを3つに区別して考えていくといいのではないかと思っています。

　1つ目が単独アプローチで、それぞれの国が独自にやろうとしていることは何なのか、ということです。各国が単独で定めるルールには法的にも政治的にも、いろいろな制約があると思っており、特に法的な文脈では、先ほどお話ししたように、WTO法との関係で何ができるのかということが、他の国ではどのような措置が講じられるのかということと表裏の関係になってくるように思います。2つ目は、多国間でこの問題にアタックしていこうという動きもあります。多くの国が参加するフォーラムやWTOで議論をしていく、もしくは国際標準化機構（ISO、International Organization for Standardization）や国際都市間協力（IUC、International Urban Cooperation）等のフォーラムで国際標準をつくる流れです。3つ目は、佐橋さんからも少し話がありましたが、価値を共有する有志国や少数のスモールグループで、ルール、指針、考え方、方向性等を決めていこうというトレンドもあ

ります。そういう意味では非常に多層的な動き、すなわちいろいろなフォーラムでルールや指針を形づくるような動きがあるのではないかと思いました。

　あとは夫馬さんがおっしゃったとおり、官だけではなくて民間が主導するものも含めて、さまざまなレベル、アクターの中でルールがつくられていくところに特徴があるのではないかと思っております。

夫馬　官が独占していたルール形成権が、ある意味開放されている状況ですので、企業の皆様におかれても恐れずルール形成に参加していただきたい、というのが正直な気持ちです。

　もう一つ、ロビー活動の透明性という新たな規範についても注意が必要です。たとえば気候変動問題について、ある企業が、政府や業界団体に対してどのようなロビー活動をしているのか——たとえば、反気候変動なのか、それとも親気候変動なのか——ということを投資家側がチェックしたいというニーズは非常に高まってきています。政府へのロビー活動、場合によってはGR（Government Relations）と呼ばれる分野ですが、国際規範に反する動きは外部からチェックされ、非常に動きづらい状況になっていくということを理解した上で、どのようなGR戦略を作るかについて、今まで以上に難易度や重要性が上がっていると感じます。

平家　最近の特徴として面白いと思ったのが、本年6月のG7でドイツが気候クラブをつくることを共同声明で発表したことで、これはまさに、少数国間で気候変動問題に対するルールをつくっていくという取組みです。日本も来年、G7のホスト国になるときに、この気候クラブの提案にどう関与していくのかというところは非常に興味深いポイントだと思っております。

:: Ⅳ　経済安全保障法制

1　米国の経済安保法制・対中規制

根本　ここから私が進行役を務め、経済安全保障法制についての議論に移ります。

経済安全保障の概念自体は定まってはいませんが、暫定的に、「広く経済的手段を用いて国家の安全を確保したり、国家の外交的な目的を達成したりするための措置」を広く含めて経済安全保障法制として議論したいと思います。まず、アメリカの経済安全保障法制の最新動向の整理をお願いします。

中島　アメリカの経済安全保障法制は、包括的な1つの法律があるというわけではなく、多数の法律を組み合わせていることが特徴です。また、この分野を専門とする複数の米国法律事務所と協働したことがありますが、経済安全保障法制の整理の仕方について米国の法曹界でも共通認識があるというわけではないようですので、私なりの理解・整理を説明させていただきます。

　まず、法令を制定する背景としてどのような安全保障や外交政策上の理由があるかを考えることが重要です。

　1つ目の理由は、米中の技術競争です。たとえば、AI、通信技術、量子コンピュータ等における技術上の優位性をアメリカが確保するための規制が含まれます。

　2つ目の理由は、重要物資の確保です。半導体をはじめとした重要物資を自国で確保できるか、自国の中で産業として確立できるか、という観点が重要です。先端技術ではないものであっても、国内経済の自律性を確保する上で必要な物資をどう確保していくかという視点が求められます。

　3つ目の理由は、国内の重要インフラ運営や機微情報の確保です。発電所等のインフラを機能するように守る、また、企業の情報やアメリカ国民の個人情報が漏えいすることを防ごうというものです。サイバーセキュリティの観点も含まれます。

　4つ目の理由は、前半の議論にもあった「人権」という価値観です。最初の3つは、技術、物資、情報など、経済的に重要なものを守ることに主眼を置いていましたが、この4つ目は民主的国家の基盤をなす価値観自体を守るというものです。

　これらの安全保障や外交政策上の懸念をふまえた法制の定め方は、以下のような種類があります。

まず、インセンティブを付けるタイプです。取引を止めさせるというよりは、政府が補助金を出すことによって、技術開発の体制を整えたり、工場を誘致したりすることへのインセンティブを与える方向性です。

　次に、規制するタイプです。これは取引を止めさせる、制限するという性質で、かなり多くの種類が存在し、アメリカは多数の法律を駆使する形で規制を発動しています。

　この規制するタイプの具体的な例を簡単に申し上げますと、まず一つ目は、輸入や輸出の制限で、物もしくは技術が国境を越えて入ってくることを止める、逆に出ていくことを止めるというものがあります。

　2つ目の例は投資規制です。たとえば、中国企業が、米国内で重要なインフラを持っている、または重要な技術情報を持っている米国企業に対して投資をすると、米国企業に影響力を行使して、技術の持ち出しやインフラを停止させるリスクが考えられます。輸出規制の補完の意味合いも含め、投資行為の規制が行われています。

　3つ目の例は、狭義の制裁ともいえますが、特定の国や団体に関する輸出入、投資などの取引を規制するというものであり、特定の国や団体・個人を狙い撃ちするという意味で最も攻撃的な経済安全保障ともいえるものです。

　4つ目の例は、米国政府調達や米国国内取引の規制です。米国政府は、特定の中国企業の通信機器を調達できず、またそのような通信機器を使う企業から役務等を調達することが規制されています。政府調達とは関係しない米国の民間の取引についても、特に情報通信関係の分野の取引であって安全保障に関わるような取引は、政府が介入して取引を止めさせることができます。

　このように、まず安全保障や外交政策上の理由がまず先にあって、それに関して規制や法制を駆使して対応しているところが特徴的であると思っております。

佐橋　今、中島さんがおっしゃったように、たとえば技術流出の懸念、サプライチェーンの寸断リスク、さらには人権や政治体制をめぐる問題意識が、アメリカの中国に対するやや厳し過ぎるとも思えるほどの経済対立、

または経済的な規制の背景にあるのは間違いありません。なにより大きな背景になっているのは、やはり米中の技術覇権をめぐる争いでしょう。

　アメリカではここ5年ほどで、先端的な技術開発分野において、中国側に後塵を拝し始めているのではないか、と懸念が盛り上がってきたわけです。そういった懸念が、トランプ政権期以降に経済規制の強化や新しい立法につながってきました。

　なぜ技術覇権が重要かといえば、国家としての成長力に直結し、さらに軍民融合の懸念もあるからです。すなわち中国人民解放軍の装備や活動に、そういった技術が活用されるという懸念があります。

　輸出管理や輸入規制、経済制裁に加えて、最近は資本の流れもかなり注目されています。資本の流れに対して、アメリカへの対内直接投資だけではなくて、アメリカから出ていく対外直接投資にも注目しなくてはいけないとする議論が盛り上がっているのです。また、産業政策的な手法もかなり強まっているというのが最近の特徴ではないかと思います。

根本　企業にとっては、そのような広範な経済安全保障法制を完全に遵守するのは大変だとも思われますが、どのように対応するべきでしょうか。

中島　たしかに、アメリカの経済安全保障法制の傾向として、2019～2020年ころのHuawei等の中国企業に対する輸出規制や、直近でのウイグル強制労働防止法等をはじめとし、広い範囲に規制を及ぼすものが多いです。輸出規制では、米国からの輸出のみならず、米国から日本に輸出された品目を中国に輸出するという再輸出も規制していますし、ウイグル強制労働防止法では、少しでも強制労働品が含まれていれば規制対象となりうるなど、規制の範囲がかなり広い規定が多く含まれています。また、規制の文言が抽象的に定められており、規制の範囲がよくわからないものもあります。

　この扱いは非常に難しいですが、実際の運用を見ると米国当局の執行の範囲には非常に濃淡があって、謙抑的、限定的に執行されているようなケースも見受けられます。法律に違反してよいというわけではないですけれども、法律の文言からはわからない部分については、過去の執行事例や米国政府が公表している執行方針を見て考える必要があるようにも思いま

す。

　そういうトレンドをふまえた上で、企業として取引するのかしないかを判断していく必要があります。法律上の文言に該当してしまうように読めるとしても、執行の現実的可能性があるか否かに加えて、法的に防御できる理屈があるか、仮に執行された場合のリスクはどの程度あるのかを考えて対応することが重要です。規制文言を保守的にすべて守ろうとすると、何もビジネスができなくなり、企業としての競争力を失ってしまうおそれがあります。日本企業はどちらかというと真面目に文言を100％遵守する方向に傾きがちですが、現実的なラインを検討する必要があると考えています。

佐橋　中国を念頭に置いた経済規制の中で、輸出管理に関しては、かなり濃淡のある対応をしているのだろうと思います。実際、代表的な規制対象である Huawei や SMIC を見ても、輸出許可が出ているケースが多くあるということはアメリカ政府自身が発表しています。ですので、輸出管理というものは、実態を見なければよくわからないものであり、外形的なルールだけでなく、その執行状況について情報収集することがきわめて重要です。

　他方で、技術流出への懸念や人権に対する配慮については厳しくチェックされると考えておいたほうがよいでしょう。人権 DD については、たとえばウイグル強制労働防止法で例外的な扱いを受けることが難しい。技術流出に関しては民間企業の研究室もそうですし、大学等の高等研究機関についても厳しい取組みを強いられています。たしかに司法省はチャイナ・イニシアティブを取り止めましたが、それは差別的との批判への対応であって、機微技術管理の取組みが必要とされている状況に変化はありません。

　要するに、経済規制はさまざまな領域で行われていますが、輸出管理だけをみて緩く執行されているような印象を持ったり、もしくは今後米中間で首脳会談等が開かれて米中の接触が増えてくると、規制や米中対立そのものを緩く捉えたりするような雰囲気が生まれるかもしれません。それは見間違いとなる可能性が高い。輸出管理とそれ以外の分野では分けて理解

しておいたほうがよいし、輸出管理についても情報収集がとにかく重要であると思います。

根本 今後規制や執行はどのように進展していくでしょうか。

佐橋 現時点（2022年7月下旬）で、アメリカと中国の接触ないし対話が勢いを持ち始めていることは事実です。アメリカ政府が国内のインフレに対応しようとしており、中国も第20回党大会をひかえて、アメリカとの対話実績を強調したいという状況のため、米中首脳会談の実施まで噂されています。

こういった中で、対中、または米中の報復関税が多少緩和される可能性はありますが、きわめて限定的なものになるだろうと思います（8月のペロシ下院議長の訪台によって米中関係は緊張したが、中国における党大会、米中間選挙後に米中首脳会談が行われる見通しが報道されている）。それがアメリカの経済規制全体に及ぼす影響は限られているし、米中両国が過去数年に制度化してきたさまざまな経済安全保障の取組みを緩和させることにもおそらくならないと考えています。

もう一つ、政治的な面で、いわゆる対中競争法案について触れておきます。かつてはUSICA（米国イノベーション・競争法案）、COMPETES（米国競争法案）と言われた対中競争法案が1年の議論を費やして、ついに成立する見通しです（CHIPS・科学法として7月末に成立）。半導体産業への補助金や科学技術予算の増加は実現するでしょうが、法案の内容すべてが実現するとはみられていません。

なぜこのような展開を経験しているのかと言えば、民主党と共和党の党派対立が指摘できます。よく対中政策は超党派的理解があると言われてきましたけれども、実際には、そのアプローチをめぐって共和党と民主党の考えは大きく違うことははっきりしているし、そもそも中国政策を超えたところに党派対立が及んできていることもあり、今後も中国を念頭に置いた国内立法は厳しい状況が続くと思います。中間選挙において、少なくとも下院で民主党が多数派を形成することは厳しく、2024年大統領選挙の候補者選びが直後から本格化すると国内政治の混乱は激しくなってきます。その状況は2024年11月まで変わらない。ですから、対中経済規制な

いし対立の構図は変わらないけれども、実行力がかなり乏しい状況が続くことは理解しておいたほうがよいのではないでしょうか。

中島 佐橋さんのおっしゃるとおりと思います。私が追加で申し上げるとすると、2年前から昨年までは、バイデン大統領の就任前後ということもあり、バイデン政権の対中政策がトランプ政権から大きく変わるのか否かが多くの企業の関心事項でしたが、2022年になると、3〜5年続くような中長期のプロジェクトにおいて契約条件や取引リスクを考える際、バイデンの次の大統領はどうなるのか、また、トランプ大統領のような予測しづらい人が就任すればどうしようか、といった話になることもあります。米中の緊張関係が続きますが、米国の国内政治が混迷を深めると、対中規制が予測しづらくなります。予測可能性が低いことは企業にとって一番のリスクですので、そのような中長期プロジェクトでは判断が難しくなってきているように思います。

2 欧州の経済安全保障法制

根本 一方で、欧州の経済安全保障政策はどのような状況にあるのでしょうか。

平家 欧州については、EUレベルと、加盟国レベルの状況を見る必要があります。特にEUレベルでいうと、経済安全保障に関する包括的な1つの政策があるわけでないですが、3つほど大きな着目点があるように思います。

1つ目が、日米とも同じですが、投資規制や輸出規制を強化していこうとする動きです。たとえば投資規制については、基本的には各加盟国レベルで審査するものの、新たに導入された外国直接投資審査規則は、EUレベルで情報交換したり、コメントし合ったりする枠組みを設けており、もともとは加盟国レベルでやっていたものを、EU全体としても対応していこうとする流れがあります。

2つ目は、経済的な圧力を使って政治的目的を達成しようとする経済的な威圧への対応です。たとえば、2021年には、第三国による経済的威圧に関する規則案として、対話での解決が困難な場合に、一定の対抗措置を

講ずることを認める規則案が公表されています。また、経済的な威圧に対しては、WTO の紛争解決手続を用いて解決していくことが想定されていましたが、今、その WTO の紛争解決手続が上級委員会問題をはじめとし、一部機能不全に陥っていることが指摘されています。これを解決するために、暫定上訴アレンジメント（MPIA、Multi-party Interim Appeal Arbitration）と言われるアレンジメントを導入して、WTO の司法解決機能を強化していくとともに、上級委員会が機能しないことをよいことに違反された措置を是正しないような国に対しては対抗措置を講じていくという、いわゆる WTO の司法機能を補完する制度も提案されています。

　3つ目が、範囲の広い話にはなりますが、外国補助金に対する対応策の強化です。外国政府が自国産業に補助金を交付することで、結果として EU 産業が被害を受けてしまい、それが経済安全保障も含めて EU の産業基盤が害されるとの問題意識があります。これを受けて、外国政府の補助金に対して対抗策を打つための規則案が 2021 年に出されていますが、これは、一定の外国補助金を受けている企業について、欧州が関与する M&A や政府調達については事前に審査する、もしくは欧州委員会が職権で調査して、場合によっては資産の売却等を求めることができる内容になっています。

3　米欧日の経済安全保障法制の特色や、今後の国際的なコーディネーションの可能性

根本　日本でも 2022 年 5 月に経済安全保障推進法が成立するなど、経済安全保障法制が強化されています。一方で、各国ごとに経済安全保障問題へのアプローチがかなり違うようにも見えますが、今後、経済安全保障法制の国際的なコーディネーションが進んでいくのか、それとも各国独自に進んでいくのかについてはいかがでしょうか。

中島　もちろん各国が、自国の安全保障、外交政策をふまえて法制度をつくると思いますけれども、たとえば機微技術に関しては、EU・アメリカ・日本の間で、どういうものが機微・先端的な技術に該当するのかということが議論されていくと思います。また、人権問題への取組みもやはり

EU・アメリカ・日本の間で議論した上で規制していく流れになるとは思います。

　また、サプライチェーンを例にとっても、自国ですべての物を作れるわけではありませんので、たとえば半導体であれば台湾とアメリカが協働するなど、価値観を共有する国々で規制の大枠について合意しつつ対応を進めていく、もしくは規制だけでなくインセンティブを付けるような動きも増えるのではないでしょうか。

　一方で、実際の法律を個別に見ていくと、各国で違いが出てくるように思います。アメリカの場合は、中国の企業を堂々と名指しして規制し、ウイグル族の強制労働に関わる産品について明示的に輸入を制限するといったように、攻めの安全保障の性質が色濃く出てきています。一方で日本の場合は、さまざまな考慮があるのだと思いますけれども、経済安全保障推進法についての国会の審議の中でも、日本政府は、ブラックリストの作成を考えていないと説明を行っており、仮に中国を規制のターゲットとして考えていても、中国のみに限定したような形では規制していないなど、違いがあるように思います。

佐橋　経済安全保障について、たしかに各国ごとに制度は違いますが、コーディネーション自体は増えているのだろうと思います。たとえばアメリカと EU の間では TTC（貿易技術評議会、Trade and Technology Council）がありますし、日米の間には経済版２プラス２もあれば、未知数な部分も多いですがインド太平洋経済枠組み（IPEF）もあります。こういった中で、それぞれの場で違う形で議論は進むわけですけれども、アメリカと同盟国、パートナーのあいだで制度の調整がみられていくでしょう。その中には、サプライチェーンの強靱化についての議論も当然入っており、人権や先端技術に関する規制の話も入っています。

　おそらく伝統的安全保障課題としてだけ中国を捉えるというのは、今の状況にそぐわないものになっています。各国政府は中国の問題を考えるときに、どのように同盟国と経済安全保障面の協議をするのか、というマインドを持っており、コーディネーションが増えるのは必定だと思います。

　そういった中で、アメリカ政府が言っているようなフレンドショアリン

グ（friend-shoring）がどこまで実現していくのかは注目すべきポイントではないでしょうか。もちろんその道は平たんではないわけですし、グローバル化という考えが相当変質したものになることを意味しているわけですけれども、アメリカの中では、このグローバル化そのものの形が変わってまでも、サプライチェーンの再編を実現しなければならないという強硬論があります。

:: V　企業に求められる対応

根本　これまで人権、環境、経済安全保障に関する規制の進展について議論してきましたが、企業やその経営陣は何を意識してこれらの規制に対応すればよいのでしょうか。

田瀬　ここまで議論したとおり、各国の規制は共通した概念によって連動している、ということが一つ重要です。

　加えて、夫馬さんがおっしゃったとおり、もうウェストファリア的な規制はなくなってきていますよね。ルール形成のあり方そのものが変わっている中で、よく虫の目、鳥の目、魚の目といった表現をするように、ミクロな視点、マクロな視点、流れを読む視点、それらのすべての観点が必要になっています。地政学的なファクターにより、特に短期的な視点と中長期的な見立てが変わってくる場合が大いにあるので、これらの視点が両方欠かせなくなっています。

　企業がこういった考えを経営の中に組み込んでいくためのアドバイスをする際に、「きれいごとで勝つ」という表現が経営者の方に刺さるケースが多いです。これはいわゆるダブルマテリアリティの議論で、環境や社会に対する影響もプラス、財務的にもプラスにするアイデアは、相当考え込まないと出てこないものです。でも、そうしたアイデアによって、今までゼロサムであった経済を、私が「プラスサム」、夫馬さんが「ニュー資本主義」と表現するような方向に持っていかないといけない、そうでないと勝てない、生き残れない市場が今後到来すると思うのです。そこまで、経営としては時流を読み、理解していかなければいけないと思います。

夫馬　私からは、特にリーガルコミュニティの方々に向けた現在の課題とこれからの展望についてお話します。リーガルの世界でも、いわゆる法律の世界に関する目線だけでなく、よりリスクマネジメントの観点を持つべきとする考えがもともとあったところ、本日議論している人権、環境、経済安全保障の問題は、企業にとってリスクマネジメントの範疇に含めるべきだと考えられることも増え、3つのテーマとリーガルの方々の接点はとても多くなってきているのではないでしょうか。

　また、この3つに通底する1つのキーワードは、やはり「グローバルサプライチェーン」ではないかと考えております。現在の日本の最大の弱点は、自社の事業ですらグローバルサプライチェーンをほぼ把握できていないことかと考えており、本日の議論からも、日本企業には取引先、あるいは販売先の状況を把握する力すらない現状が現れているように思います。

　そうしていくと、リスクマネジメントに関わっている方々がどれほどまでにサプライチェーンの視点を持てるのか、そして、日本のルールだけではなくてグローバルの公法、またソフトローにまでどれほど理解を及ぼすことができるのか、ということがリスクマネジメントにとって重要な視点となっていますので、人材面は、これからまさに日本企業が強化していくべきポイントであるように思います。

佐橋　まず、世界の見方に多少の修正が必要です。現在の世界は政治対立や経済規制によって「窮屈」になっています。そうした「窮屈になる世界」がこれまでのグローバル化の時代と異なると認識しなければいけません。過去30年以上、経営環境の変化はグローバル化とともにあったわけですが、そのグローバル化というのは、脱国境的な動きを加速するために自由貿易の流れが強くなり、ヒト、モノ、カネ、さらに技術がどんどん外部に移転できる前提の下に行っていたわけです。このような流れは明らかに今、推進力を失いつつあります。

　その背景には、WTOの機能不全だけではなく、米中対立やロシア・ウクライナ戦争という政治的な問題、各国の国内政治の内向き化という問題があります。人権、環境への意識が先進国社会で高まり、定着したことも重要です。こういったさまざまな要因によって窮屈になった世界に、経営

環境が置かれているという認識を改めて持つ必要があると思います。

その上で必要なものは何かというと、すでにお話にも上がっていますが、1つ目は経営課題として人権、環境、経済安全保障についてきちんと考えることです。

2つ目が、情報収集能力を高めるということですね。情報収集能力については、もちろん一企業の努力には限界があるということで、政府や経済団体に対して自社への情報提供を求めていくべきだと思います。他方で、企業としてできることを積極的に実行に移さないと、もう間に合わない状況にあるとも思っています。把握すべき情報というのは、まずは各国の規制動向です。それらには濃淡があるし、字面どおりでもないということもふまえて、きちんと理解しておく必要があります。

さらに夫馬さんがおっしゃったように、政府以外のアクターが非常に大きな新しいアイデア、または動きをつくっていくこともふまえた、対象を広くとったインテリジェンスが必要です。経営環境が過去30年とまったく違うものになりつつあることに関し深い問題意識を持たないと、とてもじゃないけれども経営は成り立たなくなる。そういうことを理解しておくべきではないでしょうか。

最後に、これは企業経営者ないしは法務部門の方に申し上げておきたいのですけれども、アメリカの対中強硬アプローチにおいても反省というものがあります。過去4年、トランプ政権以来進んだ対中規制の中で、米中対立、地政学的要因を重視し過ぎてしまったために、中国系労働者・科学者・技術者たちに対する風当たりが強くなり、それが留学生ないしは国内にいるアジア系アメリカ人に対しても影響を与えてしまったことを反省する向きがバイデン政権内に非常に強くあるのです。最近は反差別の考えが形に移されています。

日本企業は、みなし輸出規制のように技術流出への懸念や経済安全保障に対応する必要があるのは当然ですが、差別につながらないための配慮という課題も認識すべきです。それは頭脳循環が大きい世界の中で、多様性を活力とした自社の競争力確保にもつながってきます。

藤井　私からは2つほど簡単にお話したいと思います。

1つは、われわれの連載でも取り上げましたが（NBL 1218号（2022）54頁以下、本書第3部第8章参照）、やはりこうした情勢の中で企業に求められることとしては、人権、環境、経済安全保障に関する通商規制の対応をきちんと経営課題として取り込むことだと思っております。これを経営課題とすれば、自ずと、適切かつタイムリーな情報収集や分析のあり方、サプライチェーンの多様なリスクの把握をふまえた戦略の策定が重要な課題となってきますし、これらを可能とするような社内体制をきちんとつくっていくことにつながるかと思います。

　もう1つ強調したいのは、人権や環境や経済安全保障という価値観がハイライトされているからといって、長年の通商ルールの知恵、つまり開かれて、差別のない自由な通商という価値観の重要さが失われたわけではありません。むしろそうした人権、環境、経済安全保障を重視する潮流の中で、自由貿易体制がどのようにアップデートされていくのかが問われているのであって、これら3つの課題がそのまま反自由貿易につながるものではないと考えています。

　人権、環境、経済安全保障を建前とすれば、恣意的もしくは過剰に自由貿易を制限できることにならないよう、日本の企業や政府は、これに対して、通商ルールに依拠しながら牽制をしていく必要があります。そういう意味では、国際ルール秩序の重要性が失われたわけではないのです。

　たとえば、直近の課題でいうと、通商ルールの番人ともいえるWTOの紛争解決機能の不全を放置すれば、日本企業等に対して深刻な、マイナスの影響を及ぼす部分があると思います。人権、環境、経済安全保障に関する目的を実現しながらも、きちんと世界の経済を成長させるためには、日本にとっても国際ルールが非常に重要になるので、その重要性を再認識して対応を進めるべきだと思っております。

中島　夫馬さんがおっしゃった、リスクマネジメントが経営課題であるという点について強く同意いたしますし、佐橋さんがおっしゃったように、企業の経営判断についても一本やりではない難しい判断が求められるようになってきていることも実感しております。実際、法律のリスクがあるので事業を全部止めてしまうとか、もしくはリスクがあるので、そのリスク

をほかの当事者に全部押しつけるような契約条件にしようとすると取引が成立し得ず、企業としての競争力を失うこともあります。法律のみならず、規制の文言はどうなっているか、執行リスクはどうなのか、さらに安全保障環境がどうなっているのかを考えた上で、バランスを取った経営判断をすることが必要になってきているのではないでしょうか。

　一方で、現在のロシア・ウクライナ間のような事態が中国で起きてしまうと、ビジネスがまったくできなくなるリスクはあるわけですが、だからといってリスクをすべて他者に押しつけることは非現実的です。実際、ロシア情勢については、あのような事象が起きる前にワシントン D.C. 等では予兆や情報が少しずつ出てきていたようですが、そのような情報がもし数ヵ月前にでも察知できていれば、制裁を受けない形でうまく対応できたのかもしれません。リスクを全部排除するわけではなく、情報を適切に収集した上で、経営判断をしていくことが重要だと思っています。

平家　私も、人権、環境、経済安全保障に関する問題を経営課題の中に入れていく、きちんと情報収集していくことが非常に大事であると改めて感じました。

　これに付け加えるとすると、情報収集をした上で政府、もしくはその他のアクターと対話をしていったり、ルールの形成に関与していったりする発想も非常に重要ではないかと思います。場合によっては自国の産業、もしくは自社に影響を与えるルール形成に主体的に携わることが検討されるべきですし、そうでなくても、周囲が何を考えているのかを知ることは、今後どう規制が動いていくのか、もしくはどのように周囲が活動していくのかを理解する上でも有益です。このようにプレイヤーとしてルール形成に関与する、あるいは政府と対話していく取組みが重要であることを付け加えたいと思います。

:: Ⅵ　おわりに

根本　皆さんのお話を伺っていて共通しているのは、変化を続ける世界の潮流を見極めるため、まずマクロな認識をしっかり持たなければいけない

ということではないでしょうか。「窮屈な世界」になってきていること、ルールメイクのプレイヤーが変わっていること、ハードローだけではなくソフトローも見ていかなければいけないことなどが意識される必要があるように思います。

　最後に、企業による情報収集の重要性について多くの指摘がありましたが、体制づくりも含めて、企業はこれを実際にどのように進めていけばよいのでしょうか。

田瀬　今後企業が時流を読み、取組みを進めていくためにはボードオーバーサイト（Board-Oversight）といいますけれども、取締役会に対して担当部署が具申できる能力、状況を理解できる能力が求められると思っています。サステナビリティ推進部など、人権、気候変動、経済安全保障を担当する部署では、きちんとその情報収集ができる能力と、取締役会に必要なことについて必要なタイミングで議題を上程できるケイパビリティを持った人材が求められますよね。やはり人材が今、圧倒的に足りていない現状にあると思います。

　法務ということに関してもまったく同じで、これまでの企業法務では捉え切れないスコープが広がっています。まず、その現状を理解できる人材と、それから、今の新しいルール形成の下で次に何が起こるかがわかる情報収集能力と分析能力を持った人材の育成が、ポイントになるのではないでしょうか。

夫馬　今、ローファームにおいてグローバルネットワークが重視されてきているように思っており、同じことが企業法務にも言えるのではないでしょうか。いわゆる企業法務のグローバル化が必要で、それにはさまざまな観点があると思います。たとえば大きな日本企業であれば、本当に日本人だけで法務を担えるのかという問題もあり、情報収集する拠点として日本だけではなくて、場合によっては海外の事業所、拠点をうまく使っていくことで、現地の生々しい情報をダイレクトに日本に届け、リスクマネジメントを行っていく。こういった法務部門ならびにリスクマネジメントのグローバル化が、今、喫緊の課題になってきているように感じます。

根本　情報収集ネットワークのグローバル化のために現地で拠点をつく

り、日本人に限られない人材を雇うことの必要性というのは、私もワシントン D.C. での現地コンサルティングファームでの執務経験を通じて痛感しました。

佐橋 自社で人材を育成することも当然大事ですが、法律事務所や業界団体をうまく情報源として使い、情報源を多角化することが非常に重要なのだろうと思います。

　また、こういったルール形成に関しても、情報交換は世界の多くの拠点で多発的に行われていて、そういった場に参加するためには条件があるわけですよね。参加費の支払いや、スポンサーシップになることも場合によっては求められます。大企業であっても予算削減により、ルール形成の場への参加機会が減っている傾向にあり、米英企業に比べると取組みが足りていないように見受けられますが、国際的な会議体や研究機関に積極的に絡んでいく、関与していく姿勢は今後より求められてくるのではないでしょうか。

藤井 法務機能と政府渉外機能、また、各拠点での情報収集については人材的にも、組織体としてもアップデートする必要があるように思います。このようなアップデートについては企業でも、われわれのような法律事務所でも意識的に取組みが必要ではないかと感じます。

中島 まず、簡単に始められることは、企業情報のデータベースにおいて経済安全保障の観点から情報を集めることです。例として、マネロン対策の観点も含めて取引先企業の資本関係を見ることもあるかと思いますが、この手段としては公表情報を集約して、キーワードを打ち込めばすぐ検索できるような簡単なシステムを使うこともあり得ますし、大きいプロジェクトにおいては個別に調査会社を起用して調べる方法もあるかと思います。単独企業では対応が難しいようであれば、政府や業界団体を活用して情報を取得していくことが求められます。まさにこの情報収集の多角化は、今後大事な要素となるのではないでしょうか。

根本 本日は人権、環境、経済安全保障に関する規制の国際的な動向やその背景、経営戦略への示唆などについて多角的に議論させて頂くことができました。どうもありがとうございました。

●索引

西村あさひ法律事務所　国際通商・投資プラクティスグループについて

西村あさひ法律事務所　国際通商・投資プラクティスグループは、日本政府、国際機関、国内外の企業、海外法律事務所等における通商法実務・経済安全保障実務の経験がある弁護士を多数擁し、国内外のクライアントのために積極的な活動を行っている。具体的には、WTO 協定及び経済連携協定に基づく紛争解決手続、投資協定仲裁、アンチダンピング等の貿易救済への対応を含む国際通商投資ルールに関する案件、輸出管理・経済制裁・投資規制・輸入規制等の国内外の通商規制対応、原産地や関税分類等の関税関連の案件、各国規制の調査及び国際協定整合性の分析とそれに基づく戦略策定の支援、経済連協定や人権・環境・経済安全保障の観点からの企業のサプライチェーン構築に関する助言等について、豊富な経験を有している。また、対外的な発信や公的な活動にも力を入れており、多数の執筆やセミナーの実績を有するとともに、政府や政府系機関における研究会等の委員も多く務める。

かかるチーム編成及び実績は国際的にも評価され、例えば、世界中の法律事務所及び弁護士を評価する著名な評価誌である Chambers において、日本の国際通商分野で最高位の Band 1 を長年獲得するとともに、近時、アジア太平洋地域という広域においても日本の法律事務所としてはじめて選出されている（Band 3）（Chambers Asia-Pacific 2023）。

執筆者一覧

中島和穂（なかじま・かずほ）　第 5 章、第 8 章、第 9 章担当
　西村あさひ法律事務所　パートナー
〔主な業務分野〕
　M&A ／企業組織再編、経済制裁、安全保障貿易管理、マネーローンダリング、国際取引全般

〔主な経歴等〕

Columbia University School of Law（LL.M.）（2009-2010）、ドバイ駐在事務所
代表（2016-2019）

〔主な著作等〕

「Japan」『The International Comparative Legal Guide: Sanctions 2023（Fourth
Edition）』（共著）（Global Legal Group Ltd.、2022）、「基幹インフラ役務の安
定的な提供の確保に関する制度の注目点」（共著）ビジネス法務 2022 年 9 月
号（2022）、「国際通商政策の最前線（下）［経済安全保障、企業に求められる対
応編］」（共著）NBL 1228 号（2022）　等々

淀川詔子（よどがわ・のりこ）　第 5 章担当

西村あさひ法律事務所　パートナー

〔主な業務分野〕

国際通商法（WTO 協定／経済連携協定）、安全保障貿易管理、関税関連法、
貿易救済措置（アンチダンピング等）

〔主な経歴等〕

外務省経済局経済連携課（課長補佐）（2007-2009）、世界貿易機関（WTO）
（2010-2011）、エネルギー憲章事務局（法務事務官として採用後、法務顧問代
理を経て法務顧問に昇進）（2011-2013）

〔主な著作等〕

「米国輸出管理規則の域外適用の有無についての検討方法」法と経済のジャー
ナル Asahi Judiciary（2022 年 2 月 16 日）、「Chambers Global Practice Guides
- International Trade 2022（Japan chapter）」（共著）（Chambers and Partners、
2021）　等々

藤井康次郎（ふじい・こうじろう）　第 3 章、第 4 章、第 8 章、第 9 章担当

西村あさひ法律事務所　パートナー

〔主な業務分野〕

国際通商法（WTO 協定／経済連携協定）、投資協定、独占禁止法／競争法、
国際争訟、企業危機管理、ロビイング業務等

〔主な経歴等〕

NYU School of Law（LL.M in Trade Regulation, Hauser Global Scholar）（2010-
2011）、Cleary Gottlieb Steen & Hamilton LLP（ワシントン D.C.）（2011-2012）、
経済産業省通商機構部（参事官補佐）（2012-2014）

〔主な著作等〕

『国際経済ルールの戦略的利用を学ぶ』（共著）（文眞堂、2022）、『ルール志向

の国際経済システム構築に向けて』（共著）（国際経済交流財団、2022）、「〔連載〕TPP と政府・企業法務」（共著）NBL（全 14 回。2015-2017）　等々

〔主な受賞歴〕

Chambers Global 2021 Band1（International Trade, Japan）、日本経済新聞社「2022 年に活躍した弁護士ランキング 国際通商・経済安保分野」総合 1 位

桜田雄紀（さくらだ・ゆうき）　第 7 章担当

　西村あさひ法律事務所　カウンセル

〔主な業務分野〕

　経済安全保障全般、経済制裁、安全保障貿易管理、外資規制・投資スクリーニング、クロスボーダー取引　等

〔主な経歴等〕

　School of Law, University of California, Los Angeles（LL.M.）（2015）、西村あさひ法律事務所シンガポール事務所（2015-2019）、財務省大臣官房企画官（国際局調査課外国為替室、投資企画審査室）（2019-2022）

〔主な著作等〕

　「経済安全保障推進法 Q&A 50 問」NBL 1226 号・1227 号（2022）、「重要土地等調査法　全面施行に伴う区域指定と外国事業者への影響」（共著）法と経済のジャーナル Asahi Judiciary（2022 年 12 月 28 日）、『詳解 外為法　対内直接投資等・特定取得編』（共編著）（商事法務、2021）　等々

石戸信平（いしど・しんぺい）　第 4 章担当

　西村あさひ法律事務所　パートナー

〔主な業務分野〕

　投資家対国家紛争（ISDS）、WTO ／経済連携協定（TPP、EPA、FTA）、アンチダンピング／貿易救済、政府調達、政府等ロビイング等

〔主な経歴等〕

　外務省国際法局経済条約課・社会条約官室 （課長補佐）（2012-2015）、University College London（LLM in International Law, Chevening Scholar）（2016）、Three Crowns LLP（ロンドン）（2016-2017）

〔主な著作等〕

　“The Comprehensive and Progressive Agreement for Trans-Pacific Partnership”（共著）in The Investment Treaty Arbitration Review（Law Business Research, 2022）、「国際仲裁と企業内弁護士の役割」（共著）『組織内弁護士の実務と研究』（日本評論社、2021）所収　等々

平家正博（へいけ・まさひろ）　第3章、第8章、第9章担当

西村あさひ法律事務所　パートナー

〔主な業務分野〕

国際通商法（WTO／経済連携協定）、アンチダンピング／貿易救済、関税関連法、経済安全保障、安全保障貿易管理、独占禁止法／競争法業務

〔主な経歴等〕

New York University School of Law（LL.M.）（2014-2015）、Cleary Gottlieb Steen & Hamilton LLP（ブラッセル）（2015-2016）、経済産業省通商機構部国際経済紛争対策室（参事官補佐）（2016-2018）

〔主な著作等〕

「連載／新技術と法の未来　第9回　越境する技術と法・国家の役割」（共著）ジュリスト1578号（2022）、「基幹インフラ役務の安定的な提供の確保に関する制度の注目点」（共著）ビジネス法務2022年9月号（2022）、「EUの炭素国境調整メカニズムについて」（共著）西村あさひ法律事務所ヨーロッパニューズレター2022年2月16日号（2022）　等々

〔主な受賞歴〕

Chambers Global 2022 Up-and-Coming（International Trade, Japan）、Chambers Asia-Pacific 2023 Up-and-Coming（International Trade, Japan）

渡邉純子（わたなべ・じゅんこ）　第2章担当

西村あさひ法律事務所　弁護士

〔主な業務分野〕

人権・環境関連規制等サステナビリティ一般、サステナビリティ関連ヨーロッパ法務・アジア法務

〔主な経歴等〕

The London School of Economics and Political Science（LL.M. 国際人権法専攻）（2019-2020）、Ashurst LLP（ロンドン）（2020-2021）、国際労働機関（ILO）コンサルタント（2021-）

〔主な著作等〕

「サステイナビリティと日本企業の海外進出―ビジネスと人権⑮　ロシアによるウクライナ侵攻と人権デューデリジェンス―」西村あさひ法律事務所企業法務／ヨーロッパニューズレター2022年12月21日号（2022）、「人権・環境デューデリジェンスに関するEU新法案の概要と日本企業への影響」ビジネス法務2022年8月号（2022）、「日本における人権デューデリジェンスの実務において見落とされがちな点～業界別ガイドラインの紹介を踏まえて～」海外投融資（2022）　等々

根本拓（ねもと・たく）　第1章、第8章、第9章担当
　西村あさひ法律事務所　弁護士
〔主な業務分野〕
　国際通商法、独占禁止法／競争法、ロビイング業務、ビジネスと人権
〔主な経歴等〕
　Harvard Law School（LL.M.）（2017-2018）、The Cohen Group（ワシントン D.C.）（2018-2019）、経済協力開発機構（OECD）（2019-2021）
〔主な著作等〕
　"Supply chains, international trade and human rights"（European University Institute、2022）、"Measuring distortions in international markets: Below-market finance"（共著）（OECD、2021）、"Mapping commonalities in regulatory approaches to cross-border data transfers"（共著）（OECD、2021）　等々

大島惇至（おおしま・あつし）　第5章担当
　Akin Gump Strauss Hauer & Feld LLP　弁護士
〔主な業務分野〕
　国際通商法（経済制裁、輸出規制、CFIUS、貿易救済措置、WTO協定／経済連携協定）、企業危機管理／コンプライアンス（マネーローンダリング規制、FCPAその他贈賄規制）
〔主な経歴等〕
　西村あさひ法律事務所（2013-2019）、Stanford Law School（LL.M. in International Economic Law, Business & Policy）（2019-2020）
〔主な著作等〕
　「国際通商政策の最前線（第7回）（第8回）　米国の通商政策(1)(2)」（共著）NBL 1204号・1206号（2021）、「TPP関連法の概要」（共著）NBL 1090号（2017）　等々

佐藤咲耶（さとう・さくや）　第6章担当
　西村あさひ法律事務所　弁護士
〔主な業務分野〕
　国際通商法（WTO／経済連携協定）、アンチダンピング／貿易救済、関税関連法、経済安全保障、安全保障貿易管理、国際環境法、独占禁止法／競争法
〔主な経歴等〕
　New York University School of Law（Jerome Lipper Award for distinction in the LLM International Legal Studies program）（2020-2021）、Van Bael & Bellis（2021-2022）

〔主な著作等〕

"EU's Carbon Border Adjustment Mechanism – Will It Achieve Its Objective (s) ?" Journal of World Trade, Volume 56, Issue 3（2022）、「Web 解説 TPP 協定」（共著）経済産業研究所ウェブサイト（2019）　等々

川崎勝暉（かわさき・まさき）　第4章担当

西村あさひ法律事務所　弁護士

〔主な業務分野〕

国際争訟、国際仲裁、投資家対国家紛争、投資協定

〔主な経歴等〕

東京地方検察庁（2015-2017）

〔主な著作等〕

「日・ASEAN 包括的経済連携協定におけるサービス貿易及び投資に関する規律（第一改正議定書の発効）〜(2)投資の保護及び自由化〔上〕〔下〕」国際商事法務 Vol.48 No.12・Vol.49 No.1（2020 、2021）　等々

木村響（きむら・ひびき）　第3章担当

西村あさひ法律事務所　弁護士

〔主な業務分野〕

独占禁止法／競争法、国際通商法（WTO 協定／経済連携協定）、国際争訟、ロビイング業務、自動車関連法務

〔主な経歴等〕

東京大学法科大学院（2014-2016）、経済協力開発機構（OECD）の国際交通フォーラム（ITF）における「地方・過疎地での革新的交通サービス活用ワーキンググループ」委員（2020-2021）

〔主な著作等〕

「車両データは誰のもの　EU データ共有義務化の法案」日経産業新聞朝刊（2022 年 10 月 20 日）、「国際通商政策の最前線（第3回）（第4回）　環境問題への通商政策的アプローチ(1)(2)」（共著）NBL 1196 号・1198 号（2021）、「Web 解説 TPP 協定」（共著）経済産業研究所ウェブサイト（2019）　等々

田代夕貴（たしろ・ゆき）　第1章担当

西村あさひ法律事務所　弁護士

〔主な業務分野〕

国際通商法（WTO 協定／経済連携協定）、国際争訟、ビジネスと人権、入管法関連業務

〔主な経歴等〕
　東京大学法科大学院（2014-2016）
〔主な著作等〕
　『円滑に外国人材を受け入れるためのグローバルスタンダードと送出国法令の解説』（共著）、（ぎょうせい、2022）、「国際通商政策の最前線（第1回）（第2回）　人権問題への通商政策的アプローチ(1)(2)」（共著）NBL 1192号・1194号（2021）　等々

稲岡優美子（いなおか・ゆみこ）　第1章担当
　西村あさひ法律事務所　弁護士
〔主な業務分野〕
　国際通商法、経済制裁、ビジネスと人権、サステナビリティ独占禁止法／競争法
〔主な経歴等〕
　東京大学法学部（2017）
〔主な著作等〕
　「Japan」『The International Comparative Legal Guide: Sanctions 2023（Fourth Edition）』（共著）（Global Legal Group Ltd.、2022）、「国際通商政策の最前線（第1回）（第2回）　人権問題への通商政策的アプローチ(1)(2)」（共著）NBL 1192号・1194号（2021）　等々

室町峻哉（むろまち・しゅんや）　第3章担当
　西村あさひ法律事務所　弁護士
〔主な業務分野〕
　国際通商法（WTO協定／経済連携協定、安全保障貿易管理）、独占禁止法／競争法、ロビイング業務
〔主な経歴等〕
　慶應義塾大学法学部（2017）
〔主な著作等〕
　「WTO電子商取引有志国間交渉の現在地（統合交渉テキストの概要）」国際ビジネス法エグゼクティヴ・サマリー No.48（2021）　等々

大和田華子（おおわだ・はなこ）　第6章担当
　西村あさひ法律事務所　弁護士
〔主な業務分野〕
　国際通商法（安全保障貿易管理、経済制裁、外資規制等）、独占禁止法／競争

法、M&A、コーポレート

〔主な経歴等〕

慶應義塾大学法学部（2017）

〔主な著作等〕

「Changing times, changing policies: recent developments in Japan's economic security regulations」（共著）WorldECR Issue 108（2022）　等々

吉井一希（よしい・かずき）　第6章担当

西村あさひ法律事務所　弁護士

〔主な業務分野〕

国際通商法（WTO協定／経済連携協定、経済制裁、安全保障貿易管理）、独占禁止法／競争法

〔主な経歴等〕

東京大学法学部（2019）

〔主な著作等〕

「Changing times, changing policies: recent developments in Japan's economic security regulations」（共著）WorldECR Issue 108（2022）　等々

人権・環境・経済安全保障
——国際通商規制の新潮流と企業戦略

2023年3月24日　初版第1刷発行

編　　者　　西村あさひ法律事務所
　　　　　　国際通商・投資プラクティスグループ

編 著 者　　藤　井　康次郎　　根　本　　　拓
　　　　　　中　島　和　穂　　平　家　正　博

発 行 者　　石　川　雅　規

発 行 所　　株式会社 商 事 法 務
　　　　　　〒103-0027 東京都中央区日本橋 3-6-2
　　　　　　TEL 03-6262-6756・FAX 03-6262-6804〔営業〕
　　　　　　TEL 03-6262-6769〔編集〕
　　　　　　https://www.shojihomu.co.jp/

落丁・乱丁本はお取り替えいたします。　　　印刷／広研印刷㈱
© 2023 西村あさひ法律事務所　国際通商・　　Printed in Japan
　　投資プラクティスグループ
　　　　　　　　　　　Shojihomu Co., Ltd.
　　　　　ISBN978-4-7857-3020-8
　　　　＊定価はカバーに表示してあります。